역사적 흐름으로 읽는 일본의 과거와 현재

심 기 재

단국대학교 사학과를 졸업한 후 일본 교토(京都)대학 대학원에서 문학 석사 및 박사학위를 받았다. 현재 단국대학교 인문과학대학 일본어과 교수로 재직하고 있다. 주로 일본 역사, 문화 분야의 강의를 하고 있으며, 지은 책으로 『幕末維新日朝外交史の研究』(臨川書店), 『それぞれの明治維新-變革期の生き方-』(吉川弘文館, 공저), 『韓日關係史研究의 回顧와 展望』(국학자료원, 공저), 『동아시아의 지역과 인간』(지식산업사, 공저) 등이 있다.

역사적 흐름으로 읽는 일본의 과거와 현재

지은이 _ 심 기 재
펴낸이 _ 장 호 성
펴낸곳 _ 단국대학교출판부
등 록 _ 1968.2.27 : No. 제03-00095호
주 소 _ 경기도 용인시 수지구 죽전동 126번지
전 화 _ 031-8005-2405 팩 스 _ 031-8005-2406
편 집 _ 성 두 현

2009년 12월 15일 초판 인쇄
2009년 12월 20일 초판 발행

인 쇄 _ (주)네오프린텍

[값 15,000원]

Published by Dankook University Press

Printed in Korea

ISBN 978-89-7092-435-9 93910

"The present research was conducted by the research fund of Dankook University in 2008"

역사적 흐름으로 읽는 일본의 과거와 현재

심 기 재

단국대학교출판부

책을 펴내며

대학교 때 일본 역사를 공부하기로 마음을 먹은 이래 어언 24년이라는 시간이 흘렀다. 교토에서의 일본 유학생활을 거쳐 현재 대학에서 근무하며 학생들을 가르치고 연구를 하는 입장이지만, 항상 머릿속을 떠나지 않는 꼭 해보고 싶은 일이 있었다. 그것은 다름 아닌 일본 역사에 관한 개설서를 쓰는 것이었다. 하지만 그것이 쉬운 일이 아니라는 것은 스스로도 익히 알고 있었기 때문에 마음만 있었지 정작 실행에 옮기지는 못하고 있었다. 그렇게 시간이 흘러갔으나 2007년 일본에 연구년을 가게 된 것을 계기로 이전에 조금씩 준비해오던 작업을 본격화시키기로 했다.

이 작업을 준비하는 데 있어 첫 번째로 부딪쳤던 고민은 어떤 방식으로 기술할 것인가 이었다. 개설서를 집필하는 방법에는 크게 두 가지가 있다. 하나는 통사 형식이고 다른 하나는 주제별 형식이다. 전자의 방식은 고대에서 현재에 이르기까지의 역사를 고찰해가는 것이고, 후자의 방식은 특정 주제나 특정 시기에 한정해서 다루는 것이 일반적이다. 필자는 후자의 방식을 선택하되, 특정 시기가 아닌 고대에서 현재에 이르기까지의 전체적인 흐름을 서술하고자 했다. 두 번째로 유의했던 점은 전체적으로 해당 주제의 시대적 흐름 속에서 찾아낼 수 있는 변화와 특징이 무엇이었느냐 하는 점이었다. 단순한 사실의 나열이 아닌 시대적 변화 속에 감추어진 역사적 의미를 찾으려고 미력하나마 노력했다. 이처럼 과거에 대한 고찰을 통해서 현재와 어떻게 연속되고 단절되느냐를 밝히는 점은 매우 중요하다. 그래서 책 제목을 『역사적 흐름으로 읽는 일본의 과거와 현재』로 정한 이유도 바로 여기에 있다.

이 책에서는 필자의 연구 대상인 정치·외교뿐만 아니라 평소 관심을 기울여 왔던 경제·문화 분야 등에까지 대상을 넓혀 고대에서 근현대에 이르기까지 일본 역사상의 흐름을 계통적으로 살펴보고자 한다. 각 장의 서술 목적을 설명하면 다음과 같다. 1장은 일본 역사 속에 나타난 정치권력의 변화 과정 즉 어떤 계층(집단)이 어떤 형태의 정권을 담당했는가. 2·3장에서는 섬나라 일본이 한국·중국 및 서양 각국과 어떤 형태의 외교 관계를 유지해 나갔는가. 4장에서는 각 시대의 정치 권력이 어떤 법과 제도를 가지고 국가를 운영했는가. 5장에서는 일본 사회 속에서의 토지란 어떤 의미를 가지고 있으며, 토지에 따른 과세 제도에는 무엇이 있었는가. 6장에서는 화폐와 상품유통의 입장에서 일본 경제는 어떻게 변화·발전되어 나갔는가. 7장에서는 일본 속의 비주류 지역이라 할 수 있는 홋카이도·오키나와는 어떤 과정을 거쳐 일본 영토로 편입되었는가. 8장에서는 천 여 년의 정치적·사회적 풍상을 견디어 온 천황제는 일본 역사 속에서 어떻게 변화되어 왔으며, 천황의 책임과 역할은 무엇이었는가? 9장에서는 일본(인)의 성 의식과 성(결혼·이혼) 풍속은 어떠했으며, 일본 사회 속에서 여성은 어떤 위치에 놓여 있었는가. 10장에서는 일본의 3대 종교에 해당하는 신도·불교·기독교의 토착·전래 사정과 일본인의 종교관은 무엇인가. 11장에서는 일본 문화는 외국 문화와 어떤 상관관계를 가지고 있고, 아울러 시대마다 어떤 문화유산과 특색을 가지고 있는가. 12장에서는 어떤 사상과 학문이 일본 사회 속에 존재했으며, 거기에 기초해 어떤 교육이 이루어져 왔는가를 중심으로 각각 고찰해보았다.

과거 한때 전문 학술서의 간행은 학자들만의 전유물이라는 인식이 지배적이었다. 그러나 역사의 대중화가 진행되고 있는 오늘날에는 전공자만의 공유라고 하는 좁은 테두리를 벗어나 역사에 관심을 가지고 있는 일반인이 쉽게 다가갈 수 있는 서술 태도가 역사학자들에게도 요구되고 있다. 이런 점에 유의해 저술된 이 책은 부족함이 많이 있지만, 그동안 침체되어 왔던 일본 역사에 관한 전문 학술서 발행 노력에 일조함과 동시에 일본에 관심을 갖고 있는 일반 독자들에게도 일본 역사를 포괄적으로 이해할 수 있는 좋은 기회가 될 것으로 믿는다.

2009년 가을

천호지 부근 연구실에서

차　　례

제3장 외교사적인 측면에서 본 일본과 서양

제4장 법제사적인 측면에서 본 일본

제5장 토지제도사적인 측면에서 본 일본

제1장 정치사적인 측면에서 본 일본

'국가'란 일정한 영토에 사는 국민을 주권자가 지배하는 사회집단을 말한다. 이런 의미에서 통치권의 존재 형태가 무엇보다도 큰 비중을 갖게 된다. 때문에 일본 사회의 전체적인 흐름을 생각하는 경우, 어떤 계층의 사람들이 어떤 형태의 정권을 담당해 통치해 나갔는가 하는 점은 매우 중요하다고 볼 수 있다. 그렇다면 정치사의 흐름에서 바라다 본 일본 정치는 어떻게 전개되어 나갔던 것일까?

1. 고대의 일본 정치

일본 고대국가 형성의 기원은 야요이(弥生) 시대의 소국(小國) 분립에서부터 시작된다.[1] 기원전 1세기를 전후하여

1) 어로·수렵·식물채집의 원시공동체(빈부·계급이 분화되지 않는 상태) 사회에서 농업경제 사회로 이행하면서 토지·노동력·물의 배분과 획득을 둘러싼 전쟁이 발생하면서 점차

100여 개국에 달했던 소국은 2세기 후반에 이르러 왜국대란을 겪은 후, 야마타이국(邪馬臺國)의 여왕 히미코(卑弥乎)를 맹주로 하는 지역적 통일국가(연맹왕국)를 탄생시켰다.[2] 그러나 266년 서진(西晋)에 대한 조공을 마지막으로 야마타이국의 소식은 끊기고, 이후 약 150년간 중국 역사서에서 왜국에 관한 기록은 보이지 않는다.

그러나 이 시기 동안 역사 문헌에 의한 기록은 남아 있지 않으나, 고고학적 유물과 유적으로 '수수께끼의 4세기'라는 공백의 시간을 추정해보는 것은 가능하다. 즉 3세기 말에서 4세기가 되면 기나이(畿内)와 세토나이카이(瀬戸内海)를 중심으로 각지에 고분이 출현하여 이후 전국적인 현상으로 되어간다. 특히 4세기에서 5세기 야마토(大和: 奈良縣)·가와치(河内: 大阪府) 등에서의 고분은 전방후원분[3]이라고 하는 거대 고분의 모습을 하고 있는데, 이런

마을국가(小國)가 형성되었다.

2) 야마타이국의 소재지에 관해서는 야마토설(大和說)과 규슈설(九州說)이 대립하고 있다. 1986년 사가현 요시노가리(佐賀縣 吉野ヶ里) 유적 발굴의 조사 결과, 모노미야쿠라(物見櫓: 망루), 거대한 다카유카시키(高床式) 창고 등이 있는 거대한 환호집락(環濠集落)이 확인되었다. 이것은 3세기의 중국사서 『위지(魏志)』 왜인전(倭人伝)에 기록된 야마타이국의 모습이라 하여 한때 규슈설이 각광을 받았으나, 현재는 나라현 사쿠라이시(奈良縣 櫻井市)에 있는 거대 전방후원분 하시하카(箸墓) 고분을 히미코의 묘로 보는 야마토설이 유력하다.

3) 전방후원분(前方後圓墳)이란 앞이 네모지고 뒤가 둥근 모양의 열쇠구멍형 고분을 말한다.

대형 고분의 조영은 인적·물적으로 엄청난 대역사였기 때문에 오키미(大王) 권력의 절대성과 위엄을 나타낸다고 하겠다.

이처럼 기나이(奈良·大阪·兵庫·京都·和歌山)를 중심으로 한 집중적인 거대 고분의 출현은 이 지역에 특정 정치 세력의 존재를 말해주는 것으로, 이 정치 세력은 다름 아닌 야마토 왕권이었다. 야마토 왕권은 중국의 남조에 조공하여 얻은 지위를 이용하여 각 지역 세력을 점차 압도해 나가면서 국내 지배 체제를 구축해 나갔다. 즉 5세기가 되면 야마토 왕권의 왕(특히 倭의 五王)들은 규슈(九州)에서 도호쿠(東北)지방 남부까지의 각 지방을 복속시키면서 오키미(大王)로 칭해졌다.

이처럼 국내 통일이 착착 진행됨에 따라 야마토 왕권의 정치조직도 정비되어 나갔다. 야마토 왕권은 복속한 소국의 슈쵸(首長)들을 씨세이 제도(氏姓制度)와 같은 새로운 정치조직에 편입시키고, 그들이 갖고 있던 토지와 백성을 베노타미 제도(部民制度)라는 사회조직을 통해 통치했다.[4)]

---

4) 씨세이 제도란 우지(氏: 동일한 조상 계보를 갖는 친족적 혈연조직)의 조직을 기초로 가바네(姓)에 의해 서열화 된 신분질서를 가리킨다. 지방에서 올라 온 우지(호족)의 대표자(우지노가미: 氏上)에 대해 야마토 왕권은 각 우지의 가계나 세력을 고려하여 오미(臣)·무라지(連)·기미(君)·아타이(直)·미야코(造) 등의 정치적 지위와 직무를 나타내는 가바네를 부여했다. 한편 베노타미 제도란 민중 통치 목적의 정치적 조직으로서, 야마토 왕권이 민중을 특정 베(部: 부서)에 집단적으로 예속시켜 각종의 공납이나 노역 등에 종사시킨 것을

이 정치 체제는 기본적으로 유력 호족의 연합 정권적인 성격을 띠고 있었기 때문에, 이때의 오키미는 호족 연합 왕권의 대표 격으로 그 직분은 세습되나 권위·왕권 자체는 불완전한 상태에 놓여 있었다.[5]

한편 오토모씨(大伴氏)·모노노베씨(物部氏)와 같은 기성 호족들과의 정쟁을 거쳐 6세기 말 스이코(推古) 천황 무렵에 이르러 정치적 기반을 확립한 유력 호족 소가씨(蘇我氏)의 전횡에 맞서, 천황 중심의 강력한 중앙 집권 국가를 수립하려는 유혈 쿠데타가 나카노오에노 오지(中大兄 皇子)·나카토미노 카마타리(中臣鎌足)를 중심으로 한 반소가씨 세력에 의해 645년 시도되었다. 다이카 개신(大化改新)이라 부르는 이 정치 개혁은 고대국가 확립의 토대가 된 일본 정치사상 첫 번째 전환기였다고 할 수 있다. 이후 나라(奈良: 710~94) 시대를 통해 고대 천황제는 율령(律令)이라고 하는 성문법전에 기초해 국가가 운영되는 이른바 율령체제라는 형태로 자리매김 되었다. 이때 오키미 권력을 종종 위협하곤 했던 종래의 구호족은 귀족이라는 조정내의 지배계급으로 재편성되었다.

여기서 유의해야 할 점은 천황 정치가 7세기 후반 이후부터 자리 잡혀 나가나, 그렇다고 해서 오랫동안 절대적 권력을 행사했던 것은 아니었다는 것이다. 9세기 후반 이후 처음 나타나 10세기 중·후반 이후 상설된 셋칸(攝關)

말한다.

5) 일본에서 덴노(天皇)라 부르게 된 것은 8장에서 언급하는 것처럼 대략 7세기 후반 덴무(天武) 천황 때부터이다.

정치[6]의 전개라든지, 11세기 말의 인세이(院政) 정치[7]의 개시는 율령체제의 동요에 따르는 귀족 정치의 변형이었다. 빠르게는 8세기 중반부터 서서히 나타나기 시작한 율령국가의 모순[8]은 새로운 시대를 태동시키는 계기로 작용되어 후술처럼 마침내 무사 정권의 수립을 초래했다.

한편 9·10세기 무렵에 이르면 주로 지방의 장원(莊園) 내부에서 무사가 발생하기 시작했다. 자신의 영지와 재산을 타인으로부터 지키기 위하여 무장한 재지영주와 같은 무사들은 점차 세력을 키워 나감과 동시에 중앙 정치 무대에서 벌어진 정쟁의 해결사 역할에 힘입어 마침내 천황가와 귀족 세력을 억누르고 11세기 후반 정권을 획득하기에 이르렀다. 그러나 태생적으로 무사 정권이면서도 귀족 정권의 성격을 극복하지 못한 다이라씨(平氏) 정권은 단명 정권[9]으로 끝나 바쿠후(幕府)라고 하는 무사 정권의 정식 타이틀을 얻지는 못했다.

---

6) 천황의 외조부인 후지와라씨(藤原氏) 세력은 나이 어린 천황을 대신하여 셋쇼(攝政)와 간파쿠(關白)라는 직책을 교대로 독점하며 권력을 행사했다. 셋칸 정치가 실질적으로 정착·확립되는 것은 10C 중·후반에서 11C 후반까지이다.
7) 천황의 아버지 등이 나이 어린 천황을 대신하여 원(阮)이라는 거처에서 정치를 독점하던 현상을 말한다.
8) 천황가·귀족·불교 세력 간의 정쟁, 경제제도(公地公民制)의 붕괴, 지방 정치의 혼란 등은 그 대표적 사례라 할 수 있다.
9) 다이라씨 정권은 셋칸 정치와 같은 외척 관계를 이용한 정치 독점의 답습, 일족의 집중적인 장원 독점, 정권 성립에 공헌한 무사 계층에 대한 홀대 등으로 불과 20여 년 만에 붕괴했다.

2. 중세의 일본 정치

가마쿠라(鎌倉)·무로마치(室町) 시대라고 하는 중세 사회는 무가(武家)세력이 공가(公家: 구귀족)세력과의 대립 상황에서 출발하여 봉건제의 수립에 매진했던 시대였다. 본격적인 첫 무사 정권이라 할 수 있는 가마쿠라 막부의 성립은 귀족 지배에 대신하는 무가 지배, 그리고 봉건사회의 성립을 알리는 일본 역사상 두 번째 전환기에 해당한다고 할 수 있다. 이러한 가마쿠라 막부도 성립 직후에는 카리스마가 강했던 초대 쇼군 미나모토노요리토모(源頼朝)의 쇼군(將軍) 정치가 제대로 실현하는 듯 보였으나, 사후 3대 만에 적통이 단절된 이후에는 미나모토의 부인 호죠 마사코(北條政子)의 친정 집안인 호죠씨(北條氏)를 중심으로 싯켄(執權) 정치[10]가 이루어지면서 쇼군 권력은 이내 유명무실해졌다.

미나모토노요리토모(源賴朝)

이와 같은 변질된 정치 상황이 계속되는 가운데, 정권 초

10) 호죠씨는 싯켄이라는 쇼군에 대신하는 고위 관직을 세습하면서, 허수아비에 불과한 쇼군을 섭관가(藤原氏)나 황족(親王)에게서 데려와 앉혔다.

기에는 교토의 공가 정권과 가마쿠라의 무가 정권이 병립하는 이원 정권의 모습이 잠시 나타나기도 했으나, 죠큐(承久: 1221)의 난[11]을 계기로 막부가 우위를 확보했다. 그리고 13세기 말 두 번에 걸친 몽고의 일본 침입(1274·1281) 이후에는 싯켄 호죠씨 적장자 가문에 의한 이른바 도쿠소(得宗) 체제 형태의 전제정치가 중앙과 지방에서 맹위를 떨쳤다.

그러나 다른 한편에선 이러한 독재 정권에 대한 무사들의 불만이 급속도록 고조되어 갔다. 특히 지방에서는 막부가 지방과 장원을 장악하기 위해 각각 파견한 슈고(守護)·지토(地頭)가 장원 영주와의 대립 끝에 장원을 잠식하기도 했으나, 몽고의 일본 침입 이후의 사회변동 즉 고케닌(御家人) 제도 속에 잠재되어 있던 내부 모순의 진행[12]에 효과적인 대응책을 강구하지 못한 채, 고다이고(後醍醐) 천황을 중심으로 한 막부 타도(討幕) 운동[13]에 의해 1333년 마침내 가마쿠라 막부는 붕괴되었다.

한편 14세기 중엽에서 16세기 후반에 이르는 약 250여

11) 교토의 고토바(後鳥羽) 상황이 일으킨 가마쿠라 막부 타도의 쿠데타를 가리킨다.
12) 호죠씨 적장자(得宗家) 집안의 전제정치, 논공행상에 대한 불만 그리고 쇼군과 주종 관계에 있었던 고케닌의 궁핍, 즉 분할상속에 따른 토지의 영세화 진행, 화폐경제의 농촌 침투, 몽고의 재침을 우려한 계속적인 군비 부담 등으로 막부에 대한 신뢰가 크게 저하된 상태였다.
13) 고다이고 천황이 무사들의 불만을 흡수하여 천황 정치의 부활을 목적으로 일으킨 쿠데타이다.

년 간은 고다이고 천황의 겐무 신정(建武新政), 남북조(南北朝)의 내란, 무로마치(室町) 막부의 성립, 오닌(応仁)의 난 등을 거쳐 하극상의 센코쿠(戰國) 시대가 숨 가쁘게 전개되는 일본 정치사상 격동의 시대였다. 가마쿠라 막부에 반대하는 지방 무사의 도움으로 정권 획득에 성공한 고다이고 천황은 기대와는 달리 오히려 천황 중심의 조정 정치의 부활을 꾀하려 하다가 불과 3년 만에 몰락했다.[14] 아시카가 타카우지(足利尊氏)는 고다이고 천황 세력을 몰아내고 교토에서 1338년 무로마치 막부를 창설했으나 안정적인 무사 정권을 이내 확립하지는 못했다. 그 이유는 다름 아닌 남북조의 내란이 시작되었기 때문이었다.

고다이고 천황 측의 남조(南朝)와 새롭게 북조(北朝)의 고묘(光明) 천황을 추대한 무로마치 막부 간의 정권 정통성을 둘러싼 60여 년에 걸친 치열한 대립은 1392년에 가서야 북조 측의 무로마치 막부에 의해 종식되었다. 남북조 통일을 이끌어 낸 3대 쇼군 아시카가 요시미츠(足利義滿) 무렵에 이르러 본격적인 무로마치 막부의 지배 체제가 확립되었던 것이다. 그러나 쇼군 권력은 기대한 만큼 강하지는 못했다. 특히 15세기 중반 8대 쇼군 아시카가 요시마사(足利義政) 이후는 앞서의 남북조 항쟁 동안에 영주화한

14) 토지 소유의 혼란을 초래한 린지(綸旨: 천황의 문서)에 의한 토지 보장 선언, 은상의 불공평에 따른 무사 내부의 분열, 그리고 수도의 다이다이리(大内裏: 천황의 주거 공간) 조영 목적에서의 지토(地頭)에 대한 세금부과 등으로 강한 불만이 제기되었다.

슈고 다이묘(守護大名) 측[15]의 절대적인 협력 없이는 정권을 유지하기가 힘들 정도의 취약 정권으로 전락하였다.

그러나 한때 쇼군 권력을 위협할 정도로 상당한 권력을 자랑했던 슈고 다이묘 세력도 쇼군 후계자·슈고 다이묘의 상속 싸움 등이 복잡하게 얽히어 일어난 오닌의 난(1467~77)을 계기로 하극상 풍조가 유행하는 센코쿠 시대에 들어가면서 대부분 몰락하고, 대신 등장한 센코쿠 다이묘에게 권력을 넘겨주지 않으면 안 되었다. 이들은 무로마치 막부의 권위 실추에 편승하며 영국(領國) 지배를 위한 기본법인 분국법(分國法)을 제정하거나 부국강병책 등을 실시하면서 지역적 독립성을 점차 강화해 나갔다.

3. 근세의 일본 정치

아즈치모모야마(安土桃山)시대에서 에도(江戶)시대에 이르는 근세 사회는 봉건국가의 완성기에 해당한다고 할 수 있다. 센코쿠 다이묘는 분국의 중심에 신도시 죠카마치(城下町)를 새롭게 조성하여 가신들을 거주시키고 상공업을 발전시키는 한편, 검지(檢知)라 부르는 토지조사사업의 실시와 분국법을 제정하는 등의 방법으로 영국 지배를 확립했다. 이 과정에서 한 낱의 지역 통치에서 벗어나 분열 양

15) 1185년 일개 지방 관리로 출발했던 슈고는 남북조 기간 동안에 장원 잠식(지토의 가신화 작업 등)을 통해 지역에 대한 지배력을 확대한 후, 슈고 다이묘로 성장하여 중앙의 중요 관직을 독점했다.

상의 일본을 종식시켜 천하통일을 꿈꾸는 사람들이 나타났다. 그 대표적인 인물은 흔히 쇼쿠호(織豊) 정권으로 부르는 오다 노부나가(織田信長)와 도요토미 히데요시(豊臣秀吉)였다. 오다는 천하통일 일보 직전인 1582년, 가장 믿었던 최측근의 아케치 미츠히데(明智光秀)에게 배신당해 교토 혼노지(本能寺)에서 자결하고, 그 후계자 도요토미도 1590년 천하통일을 이루었으나 두 차례에 걸친 무모한 조선 침략 전쟁으로 앞서의 다이라씨 정권과 마찬가지로 막부라는 정식 타이틀을 내건 본격적인 무사 정권을 출범시키지 못한 채 역사 속으로 사라졌다.

한편 앞서의 오다·도요토미와 동시대의 인물로 오랜 인질 생활 등으로 인고(忍苦)의 세월을 경험한 바 있었던 도쿠가와 이에야스(德川家康)는 마침내 이시다 미츠나리(石田三成) 등의 도요토미 추종 세력과 천하를 양분하는 세키가하라 전쟁에서 승리해 일본 역사상 세 번째로 1603년 도쿠가와 막부(德川幕府)를 출범시켰다. 취약했던 앞서의 두 무사 정권의 전철을 밟지 않기 위해 이에야스(家康)·히데타다(秀忠)·이에미츠(家光) 3대 동안 260여 년의 장기 정권 통치 기반이 되는 막번체제(幕藩体制)를 마련했다.16)

16) 강력한 영주 권력을 갖는 중앙(막부)의 쇼군과 지방(번)의 다이묘가 전국의 토지와 백성을 지배하는 막번체제의 특징으로는 병농분리(兵農分離)·石高制(수확량=생산고에 따른 세금의 차등 부과)·제한적인 쇄국제(鎖國制), 사농공상(士農工商)의 운영 등을 들 수 있다.

도쿠가와 이에야스(德川家康)

도쿠가와 막부는 종래의 기득권 세력이었던 조정·다이묘·사원 세력을 각각의 법률 제정과 제도 마련을 통해 중앙권력 아래에 통제·복종시키는 한편, 사무라이와 일반 백성을 사농공상(士農工商)이라는 네 개의 신분으로 고정시켜 일반 농민이 내는 세금(年貢)을 막부·번 운영의 주요 재정 수입원으로 삼았다. 그리고 지방 통치는 다이묘가 막부(쇼군)에 충성하는 것을 전제로 위임했다.

도쿠가와 막부와 제번(諸藩)은 정권 출범 후 약 100여 년 동안은 안정적으로 중앙 및 지방 정치를 운영했으나, 18세기에 들어와 적자재정으로 전환되면서 막번체제가 동요하기 시작했다. 그렇다면 막부와 제번이 적자재정에 빠지게 된 이유는 어디에 있었는가? 막부의 경우 5대 쇼군 츠나요시(綱吉) 무렵의 방만한 재정 운용과 막부 직할의 광산 수입의 격감이 직접적인 원인으로 작용했다. 이에 반해 제번은 산킨코타이(參勤交代) 제도[17]의 비용과 무사 봉녹의 지출 증가 등이 재정을 압박했다. 그리고 농촌의 경

17) 다이묘 규제의 막부법인 부케쇼핫토(武家諸法度)의 실시로 다이묘가 에도와 지방을 1년 교대로 왕복하는 제도를 말한다. 이 제도의 실시로 왕복에 드는 교통비가 크게 증가했으며, 이 외에 처자식이 인질로 잡혀 있는 에도 번저의 유지비 등도 번 재정 궁핍의 원인으로 작용했다.

우, 상품 경제의 침투18)와 빈번한 흉작・기근 발생 등이 농민 생활 궁핍의 주요 원인으로 작용했다.

이 같은 상황을 정권 위기로 판단한 막부는 막번체제의 근간인 농촌경제 재건을 통해 재정 안정을 확립함과 동시에 느슨해진 사회 기강을 바로 잡고자 18세기 전반의 교호(享保), 18세기 말의 간세이(寛政), 19세기 중반의 덴포(天保) 연간에 개혁을 각각 단행했으나, 교호 개혁을 제외하고는 그다지 뚜렷한 성과를 거두지 못하고 막번체제의 모순만 심화시킨 채 도쿠가와 막부는 급속히 쇠퇴해 갔다.

4. 근대의 일본 정치

이처럼 내부적으로 주종 관계에 기초를 둔 봉건사회 해체의 길을 걷고 있었던 도쿠가와 막부는 19세기에 들어와 설상가상으로 서양 열강의 외압을 받으면서 정권의 난맥상을 더욱 더 드러내고 있었다. 프랑스의 지원에 의한 군제개혁과 공무합체(公武合体) 추진을 통해 막번체제를 고수하려는 막부 측과 종래 막부 정치에서 철저하게 소외되어 왔으나 번정 개혁을 통한 재정 재건에 성공해 웅번(雄

18) 17세기 후반 이후 급속히 나타난 도시로의 인구 증가와 농촌으로의 상품경제의 침투가 상품의 수요를 자극했다. 쌀에 비해 기타 상품의 가격이 높았던 탓으로 농민으로부터 거두어들인 연공미를 팔아 지배와 생활에 필요한 상품을 구입해야만 했던 막부・제번(諸藩)의 쇼군과 다이묘는 물론이고 도시의 소비자였던 무사, 나아가 일반 농민의 생활까지도 압박해 경제적 궁핍을 초래했다.

藩)으로 성장한 쵸슈번(長州藩) 및 사츠마번(薩摩藩)측과의 대립이 불가피해졌다.

당초 배외주의적 성격의 존왕양이(尊王攘夷) 세력의 중심인 쵸슈번과 공무합체 노선을 취하고 있었던 사츠마번은 서로 경쟁 관계에 있었으나, 서양 열강과의 대외 전쟁을 각각 경험한 후, 도사번(土佐藩) 출신의 사카모토 료마(坂本龍馬) 등의 주선으로 1866년 1월 종래의 반목을 청산하는 삿쵸동맹(薩長同盟)을 맺고, 무능력한 도쿠가와 막부에 대신하는 정권 창출을 목표로 막부 타도 운동을 전개하여 마침내 1867년 12월 9일 왕정복고(王政復古) 즉 천황[19]을 중심으로 하는 중앙 집권적 국가체제를 지향하는 신정부를 출범시켰다.

이러한 일련의 과정을 흔히 메이지 유신(明治維新)이라 하는데, 전근대 봉건사회로부터 근대 국민국가로 변화하는데 결정적 계기가 되는 일본 역사상 세 번째 전환기에 해당한다. 메이지(明治) 초년 오쿠보 토시

삿쵸동맹(薩長同盟)의 숨은 주역인 사카모토 료마(坂本龍馬)

19) 봉건체제하에서 무가 세력의 권력을 보증해 주는 권위적 존재로서만 존속해왔던 천황이 이번에도 미천한 하급 무사 출신들에 의해 수립된 메이지 신정부(明治新政府)의 정당성을 보장해 주는 역할을 여느 때처럼 연출했으나, 종전과 달랐던 점은 권력의 정점에 섰다는 점이다.

미치(大久保利通)·사이고 타카모리(西鄕隆盛)와 기도 타카요시(木戶孝允)를 각각 대표로 하는 사츠마와 쵸슈 출신의 신정부의 고위 관료 사이에서는 국가 목표의 실천에 관한 시기·절차·운영방법 등을 둘러싸고 정치적 대립과 갈등이 존재했다.[20] 기도·사이고·오쿠보와 같은 신정부의 주요 인물들이 차례로 병사·자결·암살의 형태로 유명을 달리한 후, 메이지 14년(1881)의 정변으로 정국의 주도권을 장악한 이토 히로부미(伊藤博文)는 내각제도(1885)를 도입하고, 천황 주권을 주요 내용으로 한 대일본제국헌법의 제정(1899), 국회개설(1890) 등의 근대화 작업을 강력하게 추진했다. 이 결과 외견상으로 아시아 최초의 근대적 국가체제가 수립되었으나, 내용적으로는 국민주권에 기초한 근대 국민 국가의 실현에는 이르지 못했다.

한편 정국을 양분한 1873년의 정한론(征韓論) 정변 이후 하야한 이타가키 타이스케(板垣退助)·고토 쇼지로(後藤象二郞) 등을 중심으로 오쿠보 정권의 일방 독주에 대한 불평 사족의 반정부 운동이 시작되었다. 자유민권운동(自由民權運動)은 1877년 세이난(西南) 전쟁 이후, 정치 노선을 바꿔 언론을 통해 민중에 직접 호소하며 지지를 이끌어 내는 한편, 다른 한편으로는 헌법 제정과 의회 개설·조세 감면 등을 둘러싸고 신정부측의 사츠마·쵸슈 중심의 번

---

20) 이들은 신정부의 국가 목표인 부국강병(富國强兵)·식산흥업(殖産興業)·문명개화(文明開化)를 달성하기 위한 대내외 정책(개혁)추진을 둘러싸고 이견과 타협을 반복하고 있었다.

벌 세력과 첨예한 대립을 전개했다.

1890년 의회 성립 이후에도 자유민권운동 계열의 정당정치 세력은 번벌 세력과 대립을 계속했으나, 청일전쟁을 계기로 번벌 세력과 정당 세력간의 제휴가 이루어져 정당 세력이 신장되었으나 긴장 관계는 계속되었다. 이후 다이쇼(大正: 1912~26) 시대에 들어와 여전히 계속되는 번벌 중심의 관료정치에 반대하며 정당정치의 확립을 표방한 호헌(護憲) 정치운동 등에 힘입어 마침내 1924년 정당 내각제의 수립에 성공했다.[21] 그러나 정당 내각제도의 탄생은 의회 중심의 대의 민주주의 정치의 확립으로 곧바로 연결되지는 못했다.[22] 정당정치 정착 실패에 따른 후유증은 이내 사회적(노동쟁의·소작쟁의)·경제적 불안정(만성적 불황)과 맞물리면서 군부 세력의 등장을 가져왔다. 1931년의 만주사변, 1932년의 5·15사건 등을 계기로 정당정치 타도를 목표로 하는 군국주의·국가주의 혁신정치 세력이 급속하게 대두하면서 불과 8년 만에 정당정치는 붕괴하고, 아시아태평양전쟁이 종결될 때까지 군부를 중심으로 하는 파시즘 정치가 일본 사회를 지배했다.

---

21) 정당정치가 성립하게 된 주요 이유로는 일반 민중의 정치적 관심 증대, 선거권의 확대, 번벌 세력의 인물 부재 등을 들 수 있다.

22) 왜냐하면 정당정치의 난맥상이 드러났기 때문이었다. 당시 시데하라(幣原) 외상이 추진했던 국제협조외교는 군부·우익 측으로부터 연약 외교라 비판받고 있었고, 여기에 정치 부패에 따른 국민적 불신, 금융 불황 타개책의 미비로 인해 경제는 1920년부터 만성적인 불황 상태에 놓여 있었다.

5. 현대의 일본 정치

1945년 8월 15일 일본이 맞이한 패전은 군부·파시즘 지배정치의 붕괴, 민주주의 정치의 시작이라는 새로운 시대의 개막을 의미했다. 이때가 일본 정치사상 네 번째의 전환기에 해당한다고 볼 수 있다. 군부정치의 등장으로 본래의 역할을 다하지 못했던 정당정치가 부활되고, 종래의 대일본제국헌법과는 성격을 달리 하는 평화적인 일본국헌법이 1946년 11월 제정되어 정치를 일반 국민의 의지에 따라 운용한다는 의미의 국민주권(주권재민)의 원칙에 기초한 의회 민주주의 정치가 비로소 이루어지게 되었다.

1952년 샌프란시스코 평화조약의 발효로 일본은 미국의 점령 통치에서 벗어나 독립국의 지위를 회복한 데 이어, 1956년에는 국제연맹에도 가입하여 국제 무대에 다시 등장했다. 그러나 동아시아에 불어 닥친 미소 냉전의 영향으로 비군사화·민주화를 표방한 미국의 대일 정책은 크게 후퇴하고, 대신에 일본을 아시아 지역에서의 공산화를 저지하는 반공 기지와 자본주의 경제 첨병으로서의 역할이 강조되었다. 이에 일본은 발 빠르게 미국의 핵우산 보호와 한국전쟁이라는 경제 특수를 최대한 활용하면서, 안으로는 설비투자·기술 혁신을 통한 수출 위주의 고도 경제성장에 최대의 노력을 기울인 결과, 1960년대 후반에 이르러 세계 제2위의 경제 대국 지위를 확보하게 되었다.

한편 1955년에 형성된 보수 정치의 장기화에 따른 55년 체제[23], 즉 자민당 단독 정권에 의한 38년 간의 장기 집권 체제는 1989년 동서 냉전의 붕괴와 1991년 소련 붕괴라는 국제상황 속에서, 경제 대국 달성과 정치 부패라는 성과와 폐해를 동시에 낳은 채 1993년 일단 붕괴되었다. 그 결과 자민당에 반대하는 이른바 반자민 8개 정파 연립에 의한 호소카와(細川) 내각이 탄생되었으나, 정권 운영 및 정치 개혁 방법을 둘러싼 불협화음으로 불과 10개월 만에 무너졌다. 이후 하타(羽田) 단명 내각을 거쳐 이듬 해 만년 야당이었던 사회당 등과의 연립을 전격 추진해 정권을 되찾은 자민당은 이후 단독으로는 과반수 의석을 차지하지 못한 채 공명당과의 연립을 통해 장기 정권을 계속 유지해 왔으나, 2009년 8월 30일에 실시된 중의원 선거에서 제1야당인 민주당에 역사적인 대패를 당해 정권을 넘겨주었다.

현재 일본은 주변 국가의 우려 섞인 시선을 도외시 한 채, 경제 대국의 위상에 걸맞은 정치·군사 대국화의 길을 지향하고 있다. 국제연합 상임이사국 가입 시도를 통한 외교 발언권의 강화, 지속적인 군사력 강화와 함께 헌법 개정 노력을 통한 자위대의 국군화, 그리고 선거 감시·기뢰

23) 55년 체제란 샌프란시스코 강화조약 체결을 둘러싸고 좌파, 우파로 분열 상태에 있었던 사회당이 헌법 개정 저지 목적에서 재통합하자. 이에 자극을 받은 자유당과 민주당의 보수 합동으로 자민당을 정권 담당의 여당으로 하고 사회당을 주요 야당으로 하는 이른바 보수와 혁신의 대립 구조를 말한다.

(지뢰) 제거·해적 소탕·미군의 후방 지원(급유 지원 포함) 등, 이른바 '국제공헌'이라는 명분하에 자위대를 해외 파병하여 군사 대국의 입지를 강화하고 있다. 국내적으로는 금권 정치·파벌 해체·정관업(政官業) 유착, 관료 주도에서 정치 주도로의 전환, 아마구다리(天下り)·와타리(渡り)[24]·지방 분권 등의 정치 개혁, 소비세 증세를 포함한 세재 개혁, 연금·소자화(少子化)·고령화 사회에 대비한 사회보장 개혁, 그리고 정보화 사회에 대비한 효율적 IT 시스템의 구축, 온난화 방지 등의 지구 환경 대책 등, 54년 만에 실질적인 정권 교체를 이룬 일본의 민주당 정권이 21세기에 풀어 나가야 할 과제는 산적해 있다.

이상으로 고대에서 현대에 이르기까지의 일본 정치를 살펴보았다. 일본 정치는 기원 전후의 마을국가 정치(수장)를 시작으로 호족연합 정치(대왕·호족), 율령 정치(천황·귀족), 셋칸 정치(귀족), 인세이 정치(상황·법황)를 거쳐 중 ·근세의 막부 정치(무사), 근대의 천황 정치(번벌·관료), 정당내각 정치(의회·번벌·관료), 군부지배 정치(군인·관료), 패전 후의 정당내각 정치(의회·관료)의 과정을 거쳐 왔다. 이처럼 사무라이 지배 700여 년을 포함

24) 아마구다리는 퇴직 관료가 자신이 근무했던 정부 산하 기관이나 민간 기업에 취업하는 이른바 낙하산 인사를 가리킨다. 와타리는 낙하산 갈아타기를 말한다. 즉 낙하산 인사로 일단 취업한 퇴직 관료가 재단·법인·민간 기업 등에 재차 취업하는 관행을 말한다. 옮겨 다닐 때마다 고액의 연봉과 퇴직금을 챙기는 퇴직 관료들의 행위가 국민 불신을 낳아 관료 개혁의 핵심 대상으로 되고 있다.

한 일본 정치는 매 시기마다 정권의 주체 및 정치의 성격도 판이하게 달랐던 매우 드라마틱한 정치였다고 할 수 있다.

제2장 외교사적인 측면에서 본 일본과 동아시아

'外交'란 외국과의 교섭(교제)에 관계하는 정치적 활동을 가리킨다. 국제 정치 무대에서 양국 내지는 수개국 사이에 치열하게 전개되는 실제 외교 교섭에서는 각국이 자국의 이익을 최우선으로 하기 때문에 외교를 잘하느냐 못하느냐에 따라 국가의 운명이 달라질 수도 있다. 고대 이후 일본은 대외적으로 어떤 국가(민족)들과 어떤 모습으로 외교 관계를 맺어 왔으며, 또한 그 관계 속에서 국가 이익을 위해 어떻게 노력해 왔는가? 여기에서는 중국 및 한반도와의 관계를 중심으로 살펴보고자 한다.

1. 고대 일본의 대중국 외교

100여 개의 소국으로 나뉘어져 있었던 기원 전후 1세기 무렵에서 왜국 대란을 거친 3세기경까지의 왜국의 대중국

금인(金印 : 「漢委奴國王」)

외교는 한(漢)·위(魏)에 대한 조공 외교로 시작되었다. 기원전 1세기경 소국이 전한에 정기적으로 조공한 것을 시작으로, 57년에는 왜의 나코쿠(奴國) 왕이 후한의 수도 낙양에 사자를 보내 공물을 바치고 광무제로부터 금인(金印: 「漢委奴國王」)을 수령했다. 이어 107년에는 왜왕 스이쇼(帥升)가 160명의 노예를 후한의 안제에게 바쳤으며, 239년에는 야마타이국의 히미코 여왕이 위에 외교사절을 파견하여 친위왜왕(親魏倭王)이라는 칭호(작위)와 함께 금인·자수(紫綬) 및 동경(銅鏡) 100매와 견직물 등을 하사받은 기록 등이 중국사서[1]에 나타난다. 이처럼 왜왕이 중국에 조공 사절을 파견하여 중국 황제로부터 작위와 문물을 하사받는 일은 중국 황제의 권위를 빌려 자국 내에서의 불안한 정치적 입장 즉 왜왕의 권력·지위를 강화하는 데 일차적인 목적을 두고 있었다.

그러나 왜국과 중국과의 관계는 266년 야마타이국의 여왕 이요(壹与)가 서진(西晋)으로의 조공 사절 파견을 마지막으로 이후 약 150년간 중국에 대한 조공 외교가 일시적

1) 『漢書』 地理志, 『後漢書』 東夷伝, 『魏志』 倭人伝 등의 중국 사서에 전해지고 있다.

으로 중단되었다. 당시 중국은 후한 멸망 이후 위진남북조의 흥망성쇠가 거듭되고 있었고, 한반도에서는 고구려가 4세기 초에 낙랑군을 멸하고, 4세기 중반 무렵 백제·신라·가야제국이 제각기 지역적 연합에서 벗어나 고대국가 형성을 지향하고 있었다.

한편 왜국에서는 4세기 중반쯤에 기나이에 지역적 기반을 가진 야마토(大和) 왕권이 탄생했다. 특히 도호쿠(東北) 지방과 규슈(九州) 지방으로 세력을 확장 중이었던 야마토 왕권의 왜왕(대왕) 권력은 5세기 초에서 6세기 초까지 중국 남조를 상대로 조공 외교를 다시 전개하였다.[2] 약 150여 년 만에 부활된 조공 외교는 대내적으로 야마토 왕권

5세기의 동아시아

2) 중국 사서(『宋書』 倭國伝)에 등장하는 남조 입공 사절을 파

이 중국 황제의 권위를 빌어 국내 지배 질서를 구축하고, 대외적으로 조공 국가군 가운데 한반도 각국보다 서열상의 우위를 점하려는 의도적인 조치로 보인다.[3] 그러나 왜왕들의 조공 외교도 478년을 마지막으로 다시 중단 상태[4]에 들어가 왜국은 수조의 중국 통일 이후에나 외교 관계를 재개하게 된다.

이처럼 호족들에게 종종 휘둘려 왔던 오키미(大王) 권력 기반의 강화와 한반도 제국가에 대한 정치적·군사적 우위 등을 확보하기 위해 조공 외교를 펼쳐왔던 일본은 약

견한 5명의 왜왕은 찬(讚: 応神·仁德·履中)·진(珍: 仁德·反正)·제(濟: 允恭)·흥(興: 安康)·무(武: 雄略)로 추정된다.

3) 이재석 등의 연구에 따르면, 왜왕들은 조공 외교를 통하여 스스로 자칭한 칭호에 대해 승인을 얻고자 했다. 한반도 국가에 대한 우위를 나타내는 칭호(使持節, 都督倭·百濟·新羅·任那·秦韓·慕韓六國諸軍事, 安東大將軍, 倭國王)에 대한 자신들의 요구를 전부 관철시킬 수는 없었으나, 왜왕 무(武)에 이르기까지 왜국의 지위(작호)를 인정시키려는 승인 요청 행위는 계속되었다. 또한 왜왕 및 그 휘하의 신하 사이에 대한 칭호(장군호)의 제수 요청을 통해 왜 왕권 내부의 상하 지배 질서, 즉 제호족에 대한 지배의 정당성을 중국 왕조의 권위를 빌려 구현하려 했다.

4) 478년 왜왕 무가 조공 외교를 단절하게 된 이유로서, 이재석 등은 첫째 정치적 권위의 원천으로서 남조를 더 이상 인정해 줄 수 없는 상황의 발생으로 왜국이 조공을 포기하였을 가능성, 둘째 왜왕이 대중 통교에서 소기의 성과를 얻지 못하였거나 또는 한반도 정세의 변화로 왜왕의 조공 열의가 식어 버렸을 가능성, 셋째 왜국 내부의 혼란스런 정치 정세 혹은 국가의식의 변화(소중화 의식)로 대중 통교가 불가능하게 되었거나 불필요하게 되었을 가능성을 상정했다.

쇼토쿠(聖德) 태자

120여 년 정도의 외교 단절 기간을 거쳐, 야마토 왕권이 유력 호족 소가씨(蘇我氏)와 손잡고 천황 중심의 중앙집권적 국가 수립를 모색하기 시작하는 7세기 초반에 들어와 수조를 상대로 대등 외교를 지향했다.

즉 쇼토쿠(聖德) 태자는 특히 607년 견수사(遣隋使) 오노노 이모코(小野妹子)를 통해 "해 떠오르는 나라의 천자가 해지는 나라의 천자에 국서를 보내노라"라는 내용의 국서를 수조에 보내 대등의 자세를 나타냈다. 이러한 외교 자세는 당시 중국과 왜국의 국력으로 본다면 상당히 모순된 행위이나, 명분상으로나마 중국의 주변국(東夷) 가운데 왜국의 국제적 위상[5]을 과시하려는 의도적인 외교 행위로 보인다. 당시 수양제는 이러한 왜국의 외교 자세에 격노했

5) 견수사는 600·607·608·610·614년의 14년 동안에 5회 파견되었다. 이 가운데 쇼토쿠 태자는 608년에 "동쪽의 천황이 삼가 서쪽의 황제에 보내노라" 형식의 국서를 수양제에게 보냈다. 이 같은 대등 외교의 본질은 조공은 하지만 책봉(冊封)을 받아 정식의 신하가 되는 것을 거부함에 있었다. 이와 관련하여 이시이 마사토시(石井正敏)는 조선 삼국이 수조의 책봉 관계에 들어간 것과는 다르게 왜국이 수조와 대등의 관계를 가짐으로써 삼국보다 우위에 서려는 의도가 있는 것으로 추정했다. 한편 견수사나 견당사의 파견은 이러한 정치적 의도 외에도 지금까지 도래인에 의해 이루어진 선진 문화·제도를 직접 일본인의 손으로 수용하고자 하는 왜국의 실리적 욕구도 작용했을 가능성이 있다.

지만, 고구려 공격을 앞둔 시점에서 왜국과 우호 관계를 유지할 필요가 있었기 때문에 오히려 답례사를 파견할 정도였다.

그러나 왜국은 7세기 전반 무렵(630)에 이르러서는 다시 조공 외교로 전환했다. 견당사(遣唐使)[6]를 파견하여 당조의 뛰어난 기술·지식·제도를 계속적으로 받아들이고 공무역 체제를 가동시켜 고대 천황제 율령국가를 건설하는 데 최대한 이용하려고 했다. 당조와의 관계가 일시적으로 악화된 이후 702년에 파견된 견당사부터는 대외 호칭을 왜국에서 일본으로 바꾸고, 율령국가의 권위를 대내외에 과시하는 한편, 중국의 권위를 빌어 대신라 관계에 있어 우월적인 입장을 확보하려는 현실적인 국가 이익도 작용했다. 그러나 항해상의 어려움과 재정 상황의 악화 등으로 894년 견당사가 중지됨에 따라 양국 국교 관계는 다시 단절되었다.[7]

6) 630년부터 894년까지 견당사는 20회 계획되어 실제로는 16회 파견되었다. 8세기 나라(奈良)시대에는 약 20년에 한 번꼴로 파견되었는데, 그 규모는 유학승·유학생을 포함한 대략 250여 명 정도로 4척의 배에 분승하여 건너갔다. 당시 항해술이 발달하지 않은 관계로 어려움이 많았으나 약 260년간 계속된 견당사는 일본의 율령국가 확립 및 문화 발달에 큰 공헌을 하였다.

7) 비록 공적 교류는 단절되었지만, 사무역 형태의 민간 교류는 계속 이어지고 있었다.

2. 고대 일본의 대한반도 외교

약 1만 년 전 한반도와 일본열도가 분리된 이후 한일 양 지역에는 각기 서로 다른 문화가 형성되어 해민 집단의 교류가 간헐적으로 시작되었다. 기원전 3세기경에는 한반도 남부로부터 농경 및 금속기 문화 등이 일본열도에 전래되어 일본의 야요이(弥生) 문화를 낳았다. 4세기 이후 한반도 내의 고구려 · 백제 · 신라 · 가야와 왜국은 상호 인적 · 물적 교류를 활발히 하면서 지역적 통합을 뛰어넘어 고대국가를 각각 지향하고 있었다. 이 과정에서 오늘날 고대 한일 관계사 속에서 대립하고 있는 것 중의 하나가 광개토왕비문 문제이다.

광개토왕비는 고구려 19대 왕 광개토왕의 위업을 기리기 위해 그의 아들 장수왕에 의해 414년에 고구려 수도 환도(丸都: 현 중국 길림성 집안시)에 세워진 것으로, 높이 6.39미터에 무게가 37톤에 달하는 사면에 약 1,770자가 새겨진 장대한 석비다. 원래 광개토왕비가 세워진 장소는 청조의 발상지로 개간이나 접근이 금지된 봉금(封禁) 지역이었던 탓으로 오랜 동안 사람들의 기억 속에 잊혀 있었다. 그러다가 청조 말엽인 1880년 한 농민이 석비를 발견하여 관청에 신고하면서 처음으로 그 존재가 세상에 알려지게 되었다.

본격적인 연구의 계기는 만주 정세 파악을 위해 파견된

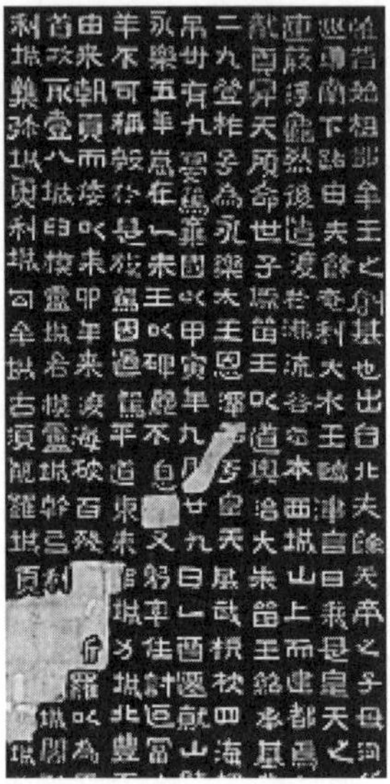

광개토왕 비문 신묘년조(辛卯年條) '百殘新羅舊是屬民由來朝貢,而倭以辛卯年來渡海破百殘□□新羅以爲臣民'

일본 참모본부 소속의 육군 포병대위 사코 가게아키(酒匂景信)가 1883년 석비의 탁본을 일본으로 가져간 뒤 약 5년 간 참모본부에서 관변 학자들에 의해 연구가 비밀리에 시작되었다. 당시 일본에서는 비문에 나타난 왜 기사(辛卯年條)를 조선에 대한 일본의 식민지 지배를 합리화할 수 있는 결정적 증거로서 중요시했다. 이후 신묘년(391)조의 해석을 둘러싸고 한일 양국 간에 치열한 논쟁이 전개되었다. 그렇다면 이 기사는 어떤 내용으로 되어 있으며, 또한 어떻게 해석되고 있는 것일까?

이 구절을 둘러싼 해석은 내용상 크게 두 가지로 나눌 수 있다. 첫째 "백잔(백제)은 옛날부터 고구려의 속민이어서 조공을 바쳐왔다. 그런데 왜가 신묘년에 바다를 건너와 백제, □□, 신라를 쳐서 신민으로 삼았다"는 해석이다. □□은 가야를 가리키며, 왜국이 백제·가야·신라를 지배했다는 설로, 황국사관을 나타내는 일본 학계의 전통적인 주장이다. 둘째 '辛卯年來'와 '渡海破'를 끊어 읽어 이 사이에 주어인 고구려가 생략되었다고 보는 설이다. 앞서의 일본의 논리에 당시 한반도 남부 삼국이 왜국의 통치하에 들어가는 것은 이치에 맞지 않는다는 전제하에 "신묘년에 왜가 건너왔으나 고구려가 도해하여 백제, □□, 신라를 쳐서 신민으로 삼았다" 든가 "신묘년에 왜가 왔으나 고구려가 도해하여 왜를 쳤다. 그러나 백제가 왜를 끌어들여 신라를 공격하여 신민으로 삼았다" 것이 한국 학계의 주장이다. 이러한 문제 제기는 왜의 실체를 지나치게 부각하거나 축소하려는 경향을 띠고 있다. 현재도 한일 양국 간에 논쟁[8]이 계속되고 있으나 종래의 자국 중심의 역사 인식을 과도하게 대변하려는 입장에서 벗어나 4세기 말 5세기 초의 고구려를 중심으

8) 이밖에도 1972년 재일 사학자 이진희씨가 제기한 비문 변조설이 있다. 비문의 주요 글자가 대륙 침략에 유리하도록 일본 참모본부에 의해 석회 작업을 통해 변조되었다는 것이다. 비문 변조설은 한일 양국 학계에 신선한 자극을 주었으나, 원석 탁본의 발견과 함께 중국 학자 왕건군(王健群)에 의해 석회를 바른 것은 탁본 편리를 위해 이용했을 뿐이었다는 주장이 등장하면서 설득력이 떨어졌다. 이후 한일 양국 학계에서는 왜의 한반도 침입 기사가 비문 전체 속에서 어떤 위치를 차지하고 어떤 입장에서 기록되었느냐는 점에 대한 연구가 활발히 이루어지고 있다. 예를 들면 신묘년조는 영락 6년(396)조의 기록(고구려가 백제를 쳐서 58성 700촌을 함락시킴)을 강조하기 위한 것이라는 1974년 하마다 고사쿠(濱田耕策)의 설이 있다. 하마다는 왜국이 백제와 신라를 신민으로 했다는 것은 역사적 사실이 아니라 백제 침공을 위한 명분용으로 고구려가 과장한 것이라는 점을 주장했다. 최근 한국 학계에서도 고구려의 남하 정책을 정당화·합리화시키기 위해 역사적 사실과 다른 왜의 한반도 침략 기사를 기록한 만큼, 비문의 한 구절로 고대 일본의 한반도 남부 지배의 증거로서 삼을 수는 없다고 하는 주장이 제기되고 있다.

로 한 동아시아 국제 정세, 고구려의 천하관(중화사상) 등을 충분히 고려한 신묘년조 32자의 올바른 해석이 요구되고 있다.

한편 광개토왕비문 해석과 함께 고대 한일 관계사에서 최대 쟁점으로 되어 왔던 것이 임나일본부문제이다. 임나일본부(任那日本府)란 4세기 후반(369)부터 6세기 후반(562)까지 200여 년 동안 고대 일본의 야마토 왕권이 가야 지역에 진출하여 일본부(日本府)라는 지배 기구를 설치하고 통치한 것을 가리킨다. 황국사관에 기초한 이 같은 출선기관설(出先機關說)은 1960년대 말에 이르기까지 일본 고대사학계의 통설적 위치를 차지해 왔다.[9] 1970년대 이후 일본에서의 동아시아사에 대한 관심이 한국사 연구의 재검토로 이어지는 한편, 한국에서도 일본보다 십여 년 뒤인 1980년대 이후 가야문화권의 본격적인 발굴 작업이 진행되면서 임나일본부 내지는 가야사에 대한 새로운 조명 작업이 시도되었다.[10]

---

9) 통설에서는 임나일본부의 성립을 『니혼쇼키(日本書紀)』 神功 49년(369)의 신라정토설화나 가야 7국 평정설을 근거로 하고 있으나, 실제 임나일본부의 표기와 관련된 내용의 대부분은 『니혼쇼키』 欽明紀(6세기 전반경)에 국한되어 있다. 일본에서는 이미 에도 시대의 『니혼쇼키』에 대한 연구 때부터 고대 야마토 왕권이 가야 지역에 임나일본부를 설치하고 지배했다는 견해가 제시되어 있었다. 이후 일제 식민지 시기를 거치면서 스에마츠 야스카즈(末松保和)의 통설로서 확립되었다.

10) 한일 양국 학계에서 주장되고 있는 주요 학설을 소개하면 다음과 같다. 먼저 일본 학계의 경우, 첫째 임나일본부는 가야의 재지호족에 의해 구성된 합의체라는 설, 둘째 왜왕

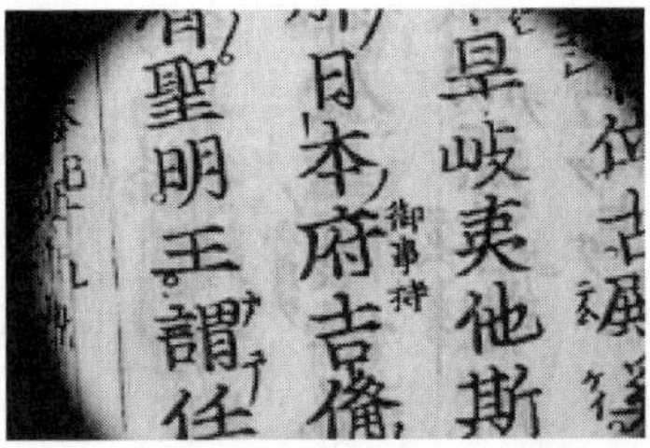

『니혼쇼키(日本書紀)』속의 일본부

임나일본부설은 광개토왕비문 문제와 함께 일제 식민사관의 대표적인 것으로 우리에게는 열등감을 조장하고, 일본인에게는 왜곡된 한국관을 심화시켜 왔음은 주지의 사실이다. 그러나 현 시점에서의 한일 양국 학계 주요 학설의 공통점은 야마토 왕권에 의한 가야 지배설의 부정, 특히 통설의 근거인 『니혼쇼키』 신공기 49년(369)의 신라정토설화 등을 채택하지 않고 있다는 것이다. 시기적으로는

권이 가야에 파견한 관인이라는 설, 셋째 가야제국이 대왜외교를 위해 설치한 외교 기관설, 넷째 가야제국이 독립을 유지하기 위해 가야제국의 왕과 일본부 관인이 합의체를 구성했다는 설 등이 제기되었다. 한국의 경우, 첫째 백제가 가야를 지배하기 위해 파견한 기관 즉 백제에 의한 지배기관설, 둘째 가야제국의 독립보존을 위해 주변 제국을 왕래하며 외교적 활동을 기울인 안라국 중심의 가야 재지의 인간 집단설, 셋째 가야 제국이 일본부(가야계 도래인)을 통하여 왜국으로부터 지원을 얻는 창구설, 넷째 백제가 왜계 관료를 파견하여 설치한 대왜 무역 중계소였으나, 후에 안라의 독립 보장을 위해 기능한 외교 장소로 변경되었다는 설, 다섯째 규슈의 왜왕권과 관련이 있는 문물 수용의 통로 역할의 기능설, 여섯째 야마토 정권이 아닌 규슈의 왜국이 가야 제국과의 교역을 위해 설치한 임시 교역소설 등이 있다.

6세기 전반 경으로 한정하고, 내용적으로는 안라국을 중심으로 전개된 사건으로 보는 데 대체적인 합의에 이르고 있다.

한편 기원 전후부터 한반도 각국과 관계를 맺게 되면서 철 자원 등의 선진 문물을 수입하고 있었던 왜국은 4세기 말 고구려 남정으로 한반도에서의 세력 균형이 파괴되어 선진 문물의 수입이 어렵게 되는 상황을 맞이했다. 야마토 왕권은 앞에서 언급한 대한반도 우위의 자칭의 작호 인정 요구사실 등에서도 알 수 있는 것처럼, 중국 중심의 동아시아 국제 질서(華夷秩序) 하에 속해 있으면서도 일본 중심의 소제국주의적 질서(小中華)를 지향하며 끊임없이 한반도 우위의 지위를 확보하려고 애를 썼다.[11]

한편 한반도에서는 고구려·백제·신라가 서로 치열한 각축을 계속한 끝에 6세기에 들어와 신라의 정복 활동이 활기를 띠면서 백제는 수세에 몰리게 되었다. 이에 백제는 중국의 남조에 적극적인 외교 활동을 전개하는 한편, 야마토 왕권과도 계속적으로 친교를 맺어 신라의 공세를 견제하려고 노력했다. 그러나 신라는 중국을 평정한 당조의 협력을 얻어 660년에 백제, 668년에는 고구려를 각각 붕괴시켰다. 통일신라가 삼국을 통일하자 백제의 유신들은 야마토 왕권에 구원을 요청했다.

---

11) 이러한 단적인 예로서 칭호 문제 이외에 광개토왕비문 해석 문제와 임나일본부 문제, 신라에 대한 번국(蕃國) 설정 등이 대표적이다.

오랜 동안 백제와 밀접한 유대 관계를 가져 왔던 일본은 663년에 27,000명의 군대를 파견하여 나당 연합군과 백촌강(지금의 금강 유역)에서 싸웠으나 대패했다. 백촌강 전쟁 패배로 잠시 악화되어 있던 통일신라와 일본과의 관계는 이내 회복되었으나(668)[12], 일본의 율령국가 성립을 계기로 율령 법전에 신라가 번국(蕃國: 오랑캐의 나라, 제후국)으로 조문화되는 등, 통일신라에 대한 우월 외교를 노골적으로 전개하면서 양국 관계는 점차 소원해지다가 779년을 마지막으로 통일신라와의 교류는 끊어졌다. 이후 양국 관계는 15세기 초까지 정식의 국교 관계를 갖지 못하였다.[13] 이처럼 친백제 · 반신라 · 고구려의 일본의 대한반도 외교는 한반도 정세를 포함한 동아시아 정세와 밀접한 관련을 맺으면서 국교 유지와 중단을 반복하고 있었다.

---

12) 패전한 나카노오에노 오지(中大兄 皇子: 후의 덴지=天智 천황)는 나당 연합군의 침공을 우려하여 서일본 각지에 성을 쌓고 규슈에 사키모리(防人: 병사)를 배치하여 경계에 임했으나 나당 연합군의 침입은 없었다. 왜냐하면 고구려가 멸망한 후 당조와 신라는 국경을 접하면서 당조의 영토적 간섭으로 인해 적대 관계에 들어가게 되었기 때문이었다. 676년 삼국을 통일한 신라는 당조를 외교적으로 견제하고 또한 무역 이익을 도모하기 위해 사절파견을 통해 일본과의 관계 개선을 꾀했다. 일본도 덴무(天武) 천황 즉위 후, 친신라 정책으로 전환하여 양국 간에 사절 및 승려 파견이 이루어졌다.

13) 신라는 외교 관계를 유지하면서도 교역 중심의 대일 관계를 펼치려고 했던 반면, 일본은 신라 및 발해를 조공국으로 간주하는 태도를 보였다. 이러한 소중화 의식에 입각한 일본의 고압적인 외교 자세가 국교 중단을 가져왔다.

3. 중세 일본의 대중국 외교

894년 견당사 파견이 폐지되고 나서 9세기 말에서 15세기 초까지의 공적인 중일 관계는 조일 관계와 마찬가지로 거의 단절에 가까운 상태에 이르게 된다. 그러나 국교 관계가 단절되었다고는 하지만, 견당사 폐지 이후 계속되어 온 사무역은 유지되었다. 즉 12세기 후반(1167)에 정권을 장악한 다이라씨 정권에 들어와서도 취약한 재정 기반의 강화 목적에서 대송 무역에 적극 힘써 송전(宋錢) 수입과 선종 전래라는 성과를 낳았다. 단명으로 끝난 다이라씨 정권에 이어 가마쿠라 막부의 남송과의 적극적인 접촉은 마침내 몽골 제국의 비위를 거슬러 13세기 후반 두 차례의 몽고 침입을 낳았다.14)

14) 원조(元朝)를 세운 쿠빌라이는 남송을 크게 신경 쓰고 있었는데, 남송이 일본과의 무역으로 이익을 올리고 있는 점(博多 ↔ 寧波 왕복)에 주목, 남송을 공략하기 위해서는 일본의 복속과 협조가 필요했다. 원조는 고려를 통해 복속을 요구했으나 일본이 거부하자 일본 침공을 결정하였다(1274・1281). 원조가 일본에 패한 결정적인 이유는 전투가 아닌 기상악화 때문이었다. 이때의 폭풍을 일본인들은 가미카제(神風)라고 부르며, 이후 일본은 신이 지켜 주는 나라라는 의미의 이른바 신국(神國)사상이 확대되어 태평양전쟁 발발 무렵까지 그 효과를 발휘했다. 한편 몽고 침입 후에 원조와는 일시적으로 외교 관계가 단절되었으나, 가마쿠라 막부 말기(建長寺船: 1325)나 무로마치 막부 때에는 天龍寺船(1341)을 원조에 파견하는 등 민간 무역은 계속

한편 중세 일본(무로마치 막부)의 남북조 내란(1336~92), 중국에서의 원조의 멸망과 명조의 성립(1368), 한반도에서의 고려 왕조의 멸망과 조선 왕조의 성립(1392)과 같은 격동의 14세기 동아시아 상황 속에서, 한반도와 중국 그리고 일본을 넘나들며 활약하는 일단의 무리들인 왜구(倭寇)가 출현했다. 특히 13~15세기의 전기 왜구는 해적의 수준을 뛰어넘어 고려 왕조를 위협할 정도로 악명을 떨쳤다.[15]

1368년 주원장(朱元璋)이 건국한 명조는 이듬해부터 중세 일본에 전기 왜구의 금압 및 조공을 요구하는 사절을 보냈다. 마침 남북조 합일(1392)을 통해 국내 통일을 달성하고, 1394년 쇼군 직책을 아들인 요시모치(義持)에 양도한 후에도 막강한 영향력을 행사하고 있었던 3대 쇼군 아시카가 요시미츠(足利義満)가 15세기 초(1401), 사자를 보내 신하(일본국왕)의 예를 취하는 형식으로 통교를 희망해 오자 이듬 해 왜구 통제를 조건으로 조공을 허용했다. 이로써 9세기 후반 견당사 폐지 이후 단절 상태에 있었던 공식 외교 관계가 조공 외교로 부활되어 중국 중심의 화이(華夷) 질서[16]에 재편입되었다.

유지되었다.

15) 왜구의 근거지는 규슈의 마쓰우라(松浦)·쓰시마(對馬)·이키(壹岐)·세토나이카이(瀬戸内海) 등, 식량 등의 경제적 사정이 매우 어려운 지역이 대부분이었다.

16) 국교 회복을 통한 책봉체제(冊封体制) 편입과 함께 이루어진 대명 무역은 조공 무역 형식으로 관세가 없을 뿐더러 체제비와 기타 경비, 나아가 반사품(頒賜品)까지 받는 일석

약탈을 자행하는 왜구

이처럼 요시미츠가 복속의 예를 취하면서까지 대중국 외교를 펼쳤던 이면에는 명조의 해금(海禁) 정책으로 해외 무역 활동이 어려워진 일본 상인들이 그 타개책을 막부에 호소하고 있었다는 점도 고려되었으나, 요시미츠 스스로도 남북조 내란으로 바닥이 난 막부의 재정 확립을 위해 국교회복이 절실한 상황이었다. 그러나 아들인 4대 쇼군 요시모치(義持)는 요시미츠의 명조에 대한 조공 자체를 굴욕적이라고 비판하며 1411년 국교와 감합(勘合) 무역을 중지했다. 이와는 달리 6대 쇼군 요시노리(義教)는 화폐 경제의 발전을 위해서는 명전이 필요하다고 판단하고 1432년

이조의 효과가 있었다. 1404년 시작된 조공 무역 [감합(勘合)무역, 일본: 유황·동·도검·부채 ↔ 명조: 생사·견직물·서적·회화]은 왜구와 사무역선을 구별하기 위하여 명조로부터 교부받은 감합부(勘合符)라 부르는 일종의 도항 증명서가 반드시 필요했다.

국교와 무역을 다시 재개했다. 그러나 영파(寧波)의 난[17] 이후 감합 무역은 오우치씨(大內氏)의 독점 무대가 되었으나, 1547년을 마지막으로 오우치씨의 멸망과 함께 중지되고 말았다(1551).

4. 중세 일본의 대조선 외교

한편 요시미츠는 조선 정부의 왜구 근절 요구를 계기로 1404년 조선과의 국교 관계도 재개했다. 다시 말하면 중국 중심의 화이질서 하에 들어간 일본 국왕과 조선 국왕과의 대등한 교린(交隣) 관계가 시작되었던 것이다. 조일 무역은 처음에는 국왕사를 비롯한 다양한 세력이 참가했으나 점차 쓰시마(對馬)의 소오씨(宗氏)가 조정(통제)권을 장악해나갔다. 무역 활동은 활발했으나 전기 왜구의 약탈이 끊이지 않자, 조선 정부는 세종 원년(1419) 쓰시마를 공격하기도 하고, 투항한 왜구에게는 생활 보장과 관직까지 하사하는 회유 정책을 전개하였다.[18] 하지만 교역이 이루어졌

17) 1523년, 이전부터 정치적으로 대립하고 있었던 호소카와씨(細川氏)와 오우치씨(大內氏)간의 대명 무역 주도권을 둘러싸고 일어난 사건을 말한다.

18) 무로마치 막부의 국왕사 이외에 교토의 구게(公家), 오우치씨(大內氏) 등의 슈고 다이묘(守護大名), 규슈 단타이(九州探題) 및 쓰시마의 소오씨, 제상인 등이 조선에 사절을 개별적으로 파견했다. 조선 정부는 무로마치 막부 쇼군의 국내 통제력이 약화되었음을 간파하고 효율적인 왜구 단속을 위해 개별 도항을 받아들였다. 그러나 왜인들의 무질서한

던 삼포[19]에서의 조선 거주 왜인들의 폭동(1510)이 있은 후 조일 무역은 급속히 쇠퇴해갔다.

하극상 풍조가 일본 전국을 강타한 센코쿠 시대가 진행 중인 16세기 중반에 들어와 다시 왜구가 등장한다. 전기 왜구와는 달리 후기 왜구는 중국은 물론이고 동남아시아에까지 그 활동 범위를 넓히며 약탈 행위와 밀무역을 병행했다. 그러나 명조가 1567년 밀무역에 대한 단속(해금령)을 완화하고, 도요토미 히데요시가 1588년 해적 금지령을 발령하면서 왜구의 활동은 자취를 감추었다.

왕래가 계속되자 삼포개항(1426), 계해약조(1443) 체결을 계기로 고민거리였던 왜구를 평화적 통교자로 유도하는 한편, 통교 규정을 성문화하여 국왕사 이외의 모든 통교자에 대한 관리는 쓰시마의 소오씨를 통해 체계적으로 이루어지도록 했다. 즉 적례교린(敵禮交隣: 대등한 위치에서 대외적으로 일본국왕으로 호칭되는 막부 쇼군과의 교류, 즉 막부 쇼군의 사망·교대 시에 사절을 파견)과 기미교린(羈縻交隣: 일본의 지방호족들로 하여금 조선을 상국으로 받드는 조공 의례를 하도록 함, 즉 조선국왕에게 진상하고 진상한 만큼보다 더 큰 경제적 혜택을 주는 회례의 형식)의 이원적 통교 구조 하에서, 소오씨에게 문인(文引)이라 부르는 도항증명서의 발행권 부여, 조선 국왕에게 알현시키는 상경 제도의 의무화, 접대 규정, 도항 선박의 크기, 도항 횟수 등의 세부적인 통제 규정이 운용되었다.

19) 도항자의 통제와 무역 거래(일본: 동·유황·염료·향료 ⇔ 조선: 목면·대장경)를 위해 1407년 부산·제포(진해), 1426년에는 염포(울산)에 왜관이 각각 설치되었다.

5. 도요토미 히데요시(豊臣秀吉)의 동아시아 패권외교

아즈치모모야마(安土桃山) 시대는 전근대 일본 역사상 가장 대륙 팽창적인 모습을 보였던 때였다. 오다 노부나가의 사후, 국내 통일을 강력히 추진하고 있었던 도요토미는 명조의 국력이 크게 쇠퇴해 가자, 종래의 중국 중심의 화이질서에 도전하여 일본 중심의 동아시아 질서 재편에 나섰다. 천하통일 과정 단계에서부터 이미 다이묘들에게 침략전쟁을 통한 영토 분배 약속을 공언하고, 다이묘의 군역(軍役) 동원을 통해 권력 집중을 꾀하고자 했던 히데요시는 천하 통일에 협조하는 호상들의 대외 교역 희망[20]을 고려하여 16세기 중반 이후 끊겨진 감합 무역의 부활을 명조에 요구했으나 거절당하자 대륙 정복계획을 세웠다. 그것에 앞서 쓰시마의 부속 지방 정도로 인식하고 있었던 조선에 대하여 복속과 명조 정벌의 안내를 요구했다.

도요토미 히데요시(豊臣秀吉)

20) 도요토미는 천하 통일로 차단된 지방 다이묘의 영지 욕심을 해외로 눈을 돌려 대신 충족시켜 주려는 영토적 야심과 정권창출에 협력한 호상의 경제적 욕구를 아울러 충족시켜 주려는 의도 등을 함께 가지고 있었던 것으로 보인다.

명조와의 관계를 고려한 조선이 거절하자 1592·98년 두 차례에 걸쳐 조선 침략을 감행했다. 그러나 두 번에 걸친 무모한 침략은 조선·명조와의 외교 단절의 초래는 물론이고 도요토미 정권 붕괴의 결정적 계기로도 작용했다. 이밖에 인도·필리핀·대만에 각각 조공을 요구하고 나아가 특정 상인에게 주인장(朱印狀: 해외 도항증)을 부여하여 동남아시아 지역 등으로의 무역 확대를 꾀하는 등 패권 외교를 추구했다.

6. 도쿠가와(德川) 막부의 동아시아 외교

도쿠가와 막부는 도요토미 정권과는 달리 대외 침략 전쟁으로 인한 동아시아에서의 외교적 고립에서 벗어나고자 적극적인 외교를 전개했다. 이미 조선과의 교섭을 시도하고 있었던 쓰시마번(對馬藩)에 중앙정부를 대신해 적극적으로 조선과의 국교 재개 교섭을 하도록 지시해 마침내 국교 회복(1607)과 무역 협정(기유약조: 1609)이 체결되었다. 이후 1811년까지 회답겸쇄환사를 포함한 조선통신사가 일본을 방문하게 되면서 조선과 일본은 대등한 교린 관계를 유지했다.[21] 막부는 조선에 이어 류큐(琉球)를 통해 명

21) 12회의 통신사는 3회의 회답겸쇄환사와 9회의 통신사를 합친 것이다. 1607년·1617년·1624년의 3회 일본에 파견된 회답겸쇄환사(回答兼刷還使)는 국교 회복을 위해 일본 측이 보낸 도쿠가와 막부 쇼군의 국서에 회답함과 동시에 임진왜란 때 잡혀간 조선인 포로를 송환하는 임무를 띤 사절로

4개의 대외 창구

조와의 국교 회복을 시도했으나, 이때 일본은 중국의 화이 질서 체제로 들어가는 것이 아닌 대등한 국교 관계를 원했기 때문에 실현시키지는 못했다.

한편 오다·도요토미 정권하에서 급성장한 기독교(카톨릭)의 존재가 정권 위기로까지 발생할지 모른다는 우

서, 엄밀히 말하면 신의로 통하는 통신사는 아니었다. 조선 후기의 통신사는 1636년부터 1811년까지 9회 파견되었는데, 이때가 실질적인 통신사의 부활이었다. 통신사의 편성과 인원은 각 회마다 약간의 차이는 있으나 대략 300~500여 명 정도로 편성되어, 왕복하는 데 5개월에서 8개월이 걸리는 대장정이었다. 한편 도쿠가와 막부는 후술의 일본형 화이의식(日本型 華夷意識)에 입각해 통신사를 조공 사절로 인식하고 있었다. 일본은 도쿠가와 막부의 쇼군 즉위를 축하하기 위해 찾아 온 통신사를 조선에 대한 우월적 지위와 일본의 통치권·외교권자로서의 막부(쇼군)의 권위를 지방 영주 및 백성 등에게 과시하여 정권을 안정시키려는 데 이용했다.

려가 1637년 기독교도 농민 폭동의 시마바라(島原) 반란으로 현실화되고, 중국 대륙에서 명조에 대신해 청조가 등장하자 도쿠가와 막부는 기독교 금압과 무역·해외 정보 독점의 목적에서 쇄국(해금) 체제를 구축했다(1641). 이 시스템은 무위(武威)의 쇼군 권력·천황의 존재 등에 기초한 우월의식[22]을 토대로 일본과 주변 지역·민족을 자국 중심으로 편성하려는 일본형 화이질서(日本型華夷秩序)로 4개의 대외창구에 의해 운영되었다. 즉 쓰시마를 통한 조선과의 공적인 외교·무역관계, 나가사키(長崎)의 데지마(出島)·도진야시키(唐人屋敷)를 통한 네덜란드와의 공식적 통상 관계 및 청국과의 비공식적인 제한적 통상 관계, 그리고 1609년 사츠마(薩摩)의 시마즈씨(島津氏) 복속하의 류큐 왕국을 통한 청일 양속의 조공 무역 용인[23], 그리고 마츠마에씨(松前氏)를 통한 아이누 통제·북방과의 교역 등, 4개의 외국과 타민족에 대한 대외 관계를 형성했다.

22) 이것을 흔히 일본형 화이의식(日本型 華夷意識)이라고 한다.
23) 경제적 실리를 고려하여 대외적으로는 독립을 유지시킨 채 예전처럼 중국과의 조공 무역 실시를 허용했다. 또한 국왕 교체시마다 사은사(謝恩使), 쇼군 취임을 축하하기 위해 경하사(慶賀使)의 에도 상경을 의무화했다. 두 행렬 풍속은 중국풍으로 강제하여 이민족인 류큐인이 막부(쇼군)에 조공하는 것으로 연출했다.

7. 근대 일본의 대조선 외교

쓰시마번은 1862년 7월 존왕양이운동의 중심축이었던 쵸슈번(長州藩)과의 존양 동맹 체결을 계기로, 근세 한일 양국의 교린 관계를 조정해왔던 중개자적 입장을 버리고 정한(征韓)의 선도 역할을 자처하기 시작했다. 경제적 궁핍[24]과 열악한 방비 상황[25]이라는 절박한 현실에 직면해 있었던 쓰시마번은 1863년 5월 재정 원조 요구를 목적으로 막부에 제출한 정한건백서에서 일방적으로 고대 이래

쓰시마섬(對馬島)

24) 쓰시마번은 이제까지 통신사 외교를 명분삼아 한일 양국을 중개하면서 받아 온 경제원조와 왜관에서의 무역거래 이윤으로 번 경제를 운용해왔으나, 18세기 후반에 이르러 조일 무역의 쇠퇴로 경제적 어려움에 처하게 되었다.

25) 1861년 러시아 함대의 대마도 불법 점거에 따른 방비 비용이

의 우월적인 대조 인식을 강조하며, 이제까지 조선으로부터 받아 온 재정원조와 신하 관계가 번 입장에서 굴욕적인 외교였음을 밝히고, 더 이상 경제적으로 조선에 의존하지 않고 또한 서양 열강의 공격에도 군사적 억지력을 충분히 갖출 수 있을 정도의 재정 지원을 요구했다.

이때 쓰시마번은 조선이 서양 열강의 위협에 직면하고 있음을 이유로 서양 열강에 앞선 조선 선점을 강조하고, 조선이 신의에 입각한 일본의 군사지원을 거부할 경우에 조선과의 단교는 불가피하며, 나아가 단호한 군사 행동까지도 일으킬 필요가 있다는 정한론을 주장해 이후의 근대 한일 관계에 적지 않은 영향을 미쳤다.

한편 쇼군의 권위 약화와 만성적인 재정 궁핍 상황에 놓여 있었던 도쿠가와 막부는 존왕양이운동의 중심 세력이자 동맹관계에 있었던 쵸슈번의 정치적 지원을 배경 삼아 끈질기게 청원하는 쓰시마번의 재정 원조 요구를 마지못해 수용하면서도, 국위(國威)의 해외 과시 일환책에서 조선 복속을 달성하기 위한 군함 및 막부 관리의 조선 파견을 예정하는 등, 종래의 교린 관계에서 크게 벗어난 정한 정책을 전개하고 있었다.

1854년 이후 서양 열강의 불평등 조약 체제에 들어가 있었던 막부는 특히 1866년 병인양요로 초래된 조선과 프랑스·미국과의 분쟁 조정을 위해 근세 조일 관계상 전례가 없는 약식의 막부 사절단을 조선에 파견하려고 계획했

크게 늘어나면서 쓰시마번은 더욱더 곤경에 처하게 되었다.

다. 성공적인 중재 외교 성과를 토대로 추락한 쇼군 권력의 기반과 조선에 대한 정치적·외교적 영향력을 강화시켜 궁극적으로 일본 우위의 만국공법에 기초한 근대적 조약 체결을 지향했으나, 1867년 막부 붕괴로 끝내 성공하지는 못했다.

한편 정권 성립 초기부터 조선과의 새로운 근대적 국교관계[26]를 원했던 메이지 신정부(明治新政府)는 쓰시마번을 통해 국서를 보내 조선 정부의 의사를 타진했다. 도쿠가와 막부 말기부터 신공황후의 삼한정벌설이나, 임나일본부·도요토미 히데요시의 조선 침략과 같은 조선에 대한 역사적 우월성을 들먹이며 굴욕적인 대조 외교·무역 개혁을 강조하고 있었던 쓰시마번은 1607년 국교 재개 이후 한 번도 사용한 적이 없었고, 더구나 전통적 조청 관계에서만 인정되는 '황(皇)'·'칙(勅)' 등의 문자를 의도적으로 삽입하는 등, 종래와는 전혀 다른 형태의 서계 초안을 만들어 신정부의 승인 하에 조선 정부에 전달하려고 했다. 신정부와 쓰시마번 모두 중국의 황제와 대등한 천황 중심의 근대 정부가 들어선 이상, 조선 국왕은 당연히 한 단계 낮추어 상대해야 한다는 논리에 이해와 행동을 같이했다. 260여 년에 가까운 세월 동안 대등의 교린 관계를 유지해왔던 조선 정부가 서계를 거부한 데에는 이러한 일본의 정치적

---

26) 종래의 쓰시마번을 매개로 하는 한일 교린 관계가 아닌 만국공법에 기초한 일본 우위의 근대적 국교 관계를 추진하려 했다.

의도를 우려했기 때문이었다.

이후 쓰시마번은 조선에 대한 외교·무역 일원화를 둘러싸고 신정부와 갈등을 일으키면서도, 번 주선 하에 통신사를 초빙한 다음 전권 대사를 조선에 파견하여 궁극적으로 일본 우위의 근대적 조약 체결의 필요성을 설득하나, 조선이 끝내 이를 수용하지 않을 경우에는 단호한 군사 행동도 불가피하다는 도쿠가와 막부 말기 이래의 정한론을 계속 주장했다. 1871년 7월 단행된 폐번치현(廢藩置縣: 번을 폐하고 현을 설치한 정치 개혁)으로 쓰시마번은 역사 속으로 사라지게 되나, 번의 생존 전략 차원에서 전개한 대조 외교·무역 개혁 주장 속에 나타난 정한론은 메이지 신정부의 조선 정책에도 그대로 반영되어 1873년의 정한론 정변[27]을 거쳐 1875·76년 강화도사건·강화도조약 체결로 이어지게 되었다. 이후 청일전쟁에서 승리함으로써

정한론 정변도(征韓論 政變圖: 1873)

27) 정한론 정변은 1873년 서계 수리를 계속 거부하는 조선에

도요토미 히데요시가 이루고자 했던 일본 중심의 동아시아 질서 재편에 성공했다. 러시아에 의해 주도된 삼국간섭 이후 일본의 팽창 외교는 잠시 주춤한 듯 보였으나, 러일전쟁을 거쳐 1910년 한일합방에 의해 조선을 식민지로 확보하는 등, 서양 열강에 버금가는 제국주의 팽창 노선을 추구했다.

8. 근대 일본의 대청국 외교

메이지 신정부의 동아시아 외교정책은 처음부터 서양에 대한 외교 방침과는 달라 있었다. 일본의 대조선 및 대청국 외교는 서양 열강에 대한 저자세와는 달리 상당히 고압적이면서도 강경한 자세였다.[28] 근세 도쿠가와 막부의 쇄국 완성 이후 나가사키에서 청국과 비공식의 사무역 관계만을 유지한 채 오랜 동안 공식적인 국교 관계를 맺고

대한 응징을 둘러싸고 즉각적인 정한 실행을 주장하는 사이고 타카모리(西鄕隆盛) 측과 정한 그 자체에는 반대하지 않으나 서양 열강에 뒤쳐진 일본의 근대화 추진이 선결이라는 정한 연기파 즉 오쿠보 토시미치(大久保利通)·기도 타카요시(木戶孝允) 측 사이에 벌어진 정치적 대립을 가리킨다. 이 정쟁에서 승리한 오쿠보 정권에 의해 강화도사건·강화도조약으로 현실화되었다.

28) 전근대 조일 관계의 특수성을 인정하지 않고 일방적으로 근대적 국교 관계(불평등 조약 관계)를 강요했으며, 청국에 대해서도 처음에는 서양과 동등한 내용으로 조약 체결에 임하려고 했던 점, 결과적으로 대등한 조약 체결로 끝나자 여기에 반발하여 비준 처리에 늦장을 부린 점 등을 들 수 있다.

있지 않았던 청일 관계는 메이지 신정부에 들어와 정체되고 있는 조선과의 국교 재수립을 이끌어내려는 목적에서 청국과의 국교 교섭이 급속히 진행되어 1871년 대등한 조약 체결(日清修好條規)에 이르렀다.

대등한 근세 교린 관계에서 정한의 근대 조일 관계로의 변질에 이어, 조약 체결 이후 대등한 상태에 있었던 청일 관계도 대만 침략(1874), 류큐 병합(1879)으로 점차 악화되기 시작했다. 일본의 적극적인 조선 진출 강화 정책에 대해 의심의 눈길을 보내면서도 관망 상태에 있었던 청국은 임오군란(1882), 갑신정변(1884)을 계기로 적극적인 개입을 통한 일본의 조선 진출 억제 정책으로 전환했다. 천진조약 체결로 양국 간의 긴장은 일시적으로 봉합되었으나 동학농민전쟁 발생(1894)을 계기로 재차 조성되었다. 일본의 기습으로 시작된 청일전쟁의 결과, 일본은 서양 열강도 놀랄 만큼 청국에 압도적 승리를 거둠으로써 고대 이래의 중국 중심의 전통적 화이질서 체제를 무너뜨리고 새로운 동아시아의

시모노세키(下關) 청일강화기념관

패권 국가로 등장하게 되었다.

이후 중국에 많은 이권을 가지고 있었던 서양 열강이 제1차 세계대전 중, 유럽에서 격전을 치르며 중국에 대한 관심이 소홀해진 틈을 이용하여 원세개 정부를 상대로 과도한 21개조 요구[29]를 통해 국가 권익을 강화한 일본은 1920년대 말부터 이미 획득한 조선·만주에 대한 특수 권익을 보호한다는 명목에서 중국에 대한 대륙 침략을 본격화하기 시작해 만주사변(1931)·중일전쟁(1937) 등 돌이킬 수 없는 장기 대치 국면에 들어갔다.

9. 현대 일본의 동아시아 외교

1945년 8월 아시아태평양전쟁에서 패배한 일본은 8년간의 미국 점령 통치를 거쳐 1956년 국제 무대에 복귀한 후, 1965년·1972년 각각 한국·중국과의 국교 관계를 회복하여 오늘에 이르고 있다. 그러나 현재의 한중일 관계는 해결해야 할 많은 과제를 가지고 있다. 한일 관계만 보더라도 일본군 위안부·강제연행 등의 과거사 청산 문제, 역사 교과서 및 야스쿠니 신사 문제, 독도를 둘러싼 영유권 문

29) 21개조 요구란 산동성의 독일 이권 계승, 남만주·동부 내몽고 지역의 일본의 특수권익 승인, 여순·대련 및 남만주 철도의 99년 연장조차, 한야평 (漢冶萍)공사의 중일 공동경영, 중앙·지방정부에서의 일본인 고용 등을 가리킨다. 일본은 무력 행사를 시사하며 중앙·지방 정부에서의 일본인 고용을 제외한 나머지를 원세개 정부로부터 인정받았다.

제, 약 327억 달러(2008)에 달하는 무역 역조, 북핵 문제를 둘러싼 한미일 공조 문제 등이 가로 놓여 있다.[30] 중일 관계도 한일 관계에 못지않게 야스쿠니 신사 문제, 영토 분쟁, 군비 경쟁, 동지나해에서의 석유 채굴을 둘러싼 대립 등의 현안 문제가 아직 남아 있다. 앞으로 일본 정부가 과거사 문제 등을 포함한 대한국·대중국과의 동아시아 관계를 어떻게 풀어 나갈지 매우 주목된다.

끝으로 일본의 동아시아 외교를 종합해 본다면, 고·중세에 있어서는 중국의 화이질서 체제 하에서 대중 조공 외교 내지는 대한반도 우위 외교, 조일 교린 외교 등을 시도했으나, 근세에 들어와서는 중국의 화이질서 밖에 위치해 있으면서 일본 중심의 화이질서를 구축하여 조선 등과 명목상의 대등한 교린 관계를 맺기도 했다. 근대 이후에 들어와서는 서양 열강의 동아시아 진출과 연동하면서 국제 정세를 능동적으로 이용하고, 또한 침략 전쟁이라는 수단을 통해 최대한 국가 이익에 유리한 방향의 강경 외교를 전개했다는 점에서 일본의 대동아시아 외교의 특징을 찾을 수 있다.

---

30) 새로 출범한 하토야마 민주당 정권이 야스쿠니(靖國)신사 참배에 반대하고 재일 한국인을 포함한 외국인의 지방 참정권을 인정하려는 자세를 보이는 등 한국과의 중요성을 강조하고 있어 보수적이었던 자민당 정권과는 차별성이 엿보이나, 독도를 여전히 일본 영토로 인정하고 있는 등 과거사와 관련된 변수가 여전히 잠재해 있다는 점에서 과도한 기대는 금물이다. 기본적으로 일본 민주당은 진보 정당이 아니라 보수 성향의 구성원들이 다수를 차지하는 정당이기 때문에, 정책 실현의 추이를 계속 지켜볼 필요가 있다.

제3장 외교사적인 측면에서 본 일본과 서양

서양 근대세계의 발전은 15~16세기 단계에서 중상주의 정책을 표방한 스페인·포르투갈 왕국의 급속한 해외 발전, 16세기 후반부터 영국·네덜란드의 해상권 장악과 해외 식민지 쟁탈 경쟁, 18세기 중반 이후의 영국의 산업혁명, 그리고 프랑스·미국 등지에서 전개된 산업·시민혁명과 자유주의·국민주의의 신장, 그리고 19세기 후반 이후 20세기 중반까지에 이르는 제국주의·파시즘 시대의 전개 등으로 정리할 수 있을 것이다. 이러한 서양 세계의 움직임에 대응하여 일본은 언제부터 어떤 계기로 서양 각국과 외교·통상 관계를 맺고 현재에 이르게 되었던 것일까?

1. 서양과의 첫 접촉

앞서 언급했던 것처럼 중국·조선 등의 동아시아 세계와 오랜 관계를 유지해오고 있었던 일본 사회에 서양인이 처음으로 등장하게 된 것은 하극상의 센코쿠 시대 무렵인 15 43년 포르투갈인이 승선한 무역선이 규슈의 다네가시마(種子島)에 표착하면서부터다. 이때 도주(島主)였던 다네가시마 토키타카(種子島時曉)는 포르투갈인으로부터 조총[1]을 입수하고 아울러 가신들에게 조총의 조종과 제작법을 배우도록 하였다. 이것을 계기로 포르투갈선은 규슈의 여러 항구를 드나들게 되었다.

이어 1584년에는 스페인 선박이 규슈 히젠(肥前: 佐賀縣)의 히라도(平戶)에 나타나 일본 상인을 상대로 난반(南蠻) 무역[2]을 펼치기 시작했다. 이 무역은 중계 무역의 형태로 기독교(카톨릭)와 직접적인 관련을 맺고 있었다. 대항해 시대, 국왕의 적극적 후원 하에 무역선의 해외 파견을 통해 중상주의 무역을 전개하고 있었던 포르투갈은 인도의 고아 → 마카오 → 일본 → 마카오 → 고아 루트를 3년에 걸쳐 한 차례 항해하면서, 명조의 생사·견직물을 중심으로

---

1) 이때 구입한 2자루의 조총은 구경 16mm, 총신 71mm의 다네가시마총으로 불리었다.

2) 난반인이란 남쪽에서 온 이민족(南方의 外夷)이란 의미로, 난반 무역은 아즈치모모야마(安土桃山) 시대의 사회와 문화에 영향을 끼쳤다.

일본에 찾아온 남만선(南蠻船)

조총·화약·피혁·납·금·약재·향료 등을 일본에 내다 팔고, 그 대신에 일본의 은을 손에 넣어 막대한 이익을 챙기고 있었다. 당시 일본은 은·동 외에 도검·해산물·칠기 등을 수출하는 정도로 무역 규모나 내용에 있어서는 매우 빈약했다.

이 같은 난반 무역은 1549년 예수회 선교사 프란시스코 사비에르가 일본인 안지로의 안내를 받아 가고시마에 상륙한 이후, 무역선의 입항지가 선교사의 의사에 좌우될 정도로 기독교 포교와 밀접한 관계를 맺고 전개되고 있었다. 무로마치 막부의 쇼군 권력 기반이 크게 약화된 이후, 천하 패권을 서로 다투고 있었던 센코쿠 다이묘들은 조총과 화약이 수입되는 것을 환영해, 그들의 관할 지역 내에서 기독교 포교와 교회 건설을 인정하고 또한 적극적으로 기독교의 보호에 앞장서기도 했다.

이처럼 포교와 무역상의 이익을 노리는 포르투갈과 스페인·이탈리아 국적의 선교사·무역상과 천하 통일의 향방을 좌우할 조총·화약의 입수를 목적으로 하는 센코쿠 다이묘간의 이해 관계가 맞아떨어지면서 기독교 교세의 발전[3]은 일본 총인구의 1퍼센트에도 미달하는 현재의 일본 기독교 교세와 비교할 수 없을 정도로 빠른 속도로 확산되었다. 특히 규슈지방의 기독교 신자 출신의 일부 다이묘들은 이탈리아 선교사의 권고로 1582년 로마에 소년 사절단을 파견할 정도로 신앙심이 깊었다.[4]

---

3) 난반인이 전개한 무역과 포교의 밀접성, 센코쿠 다이묘의 적극적인 보호, 기존의 불교가 민중 구제에 미흡하다고 느낀 일본인들이 신 앞에서 누구나 평등하다는 기독교 교리에 매력을 느끼고, 여기에 서양 문명의 매력이 가미되면서 신자 수가 급증하기 시작했다. 또한 선교사들의 헌신적인 포교 노력, 오다 노부나가(織田信長)의 불교 세력 억압을 노린 기독교에 대한 관용과 보호정책도 신자 급증에 일조했다. 한편 도요토미 히데요시는 처음에 오다 노부나가의 기독교 보호정책을 답습했으나, 포교를 둘러싼 분쟁, 다이묘에 대한 신자들의 불복종 경향, 나가사키(長崎)의 예수회 기증, 포르투갈인의 일본인 노예 판매설에 접하자, 기독교 자체가 스스로의 천하통일에 장애가 될 것을 우려하여 1587년 규슈 정벌 도중인 하카다(博多)에서 선교사 추방령을 발령했다. 1596년에는 산페리페호 사건(일본 점령설)이 결정적 계기가 되어 선교사·신자 26명이 나가사키에서 사형당하는 순교 사건이 처음으로 발생했다. 그러나 도요토미의 기독교 억압 정책도 천하 통일에 불가피한 무역상의 이익이 우선되면서 흐지부지되고 말았다.

4) 분고(豊後)의 오토모 요시시게(大友義鎮)·히젠(肥前)의 아리마 하루노부(有馬晴信)·오무라 스미타다(大村純忠)를 말한다. 1582년 이들의 추천으로 4명의 소년들이 로마에 파견되어 1585년 교황 그레고리 13세를 알현한 후 1590년 귀국했다.

2. 근세 일본의 서양 외교

도쿠가와 막부 출범을 3년 앞둔 1600년의 일본에 신교국 네덜란드·영국이 새롭게 찾아 왔다. 1588년 스페인의 무적함대를 물리친 후 새로운 강자로 부상하고 있었던 양국은 각각 동인도회사를 설립한 후 동양 무역에 참가하여 선발주자 스페인·포르투갈의 상권을 점차 잠식해 나갔다. 동방에 파견되었던 5척 중의 한 척이었던 네덜란드 상선 리후데호가 태풍을 만나 규슈의 분고(豊後: 大分縣)에 표착했다.

도요토미 히데요시가 죽은 후 새로운 권력자로 부상하고 있었던 도쿠가와 이에야스는 이 배에 타고 있었던 네덜란드 항해사 얀 요스텐과 영국인 윌리엄 애덤스 두 사람을 에도로 초청하여 외교고문으로 임명한 후, 네덜란드·영국과의 통상을 각각 주선시켰다. 빨간 수염과 머리털을 가졌다고 해서 고모진(紅毛人)이라 불렀던 네덜란드인과 영국인은 각각 1609년·1613년에 막부로부터 통상허가를 받아 규슈의 히라도(平戶)에 쇼칸(商館: 통상 무역 대표부)을 열었다.

한편 1603년 출범한 도쿠가와 막부는 기독교 금교와 무역 통제·해외 정보 독점을 통해 정권 기반을 조기에 확립하려는 목적에서 제한적인 쇄국 정책을 전개했다. 막부는 스페인·포르투갈이 무역과 한 세트로 전개했던 기독

나가사키에 설치된 인공섬 데지마(出島)

교 포교를 목적으로 하지 않겠다고 선언한 네덜란드·영국과의 무역관계에 호의적인 태도를 보였다. 이후 영국[5]과의 자체 경쟁에서 살아남은 네덜란드를 서양 국가로서는 유일하게 인정하여 1641년 네덜란드 쇼칸을 히라도에서 나가사키의 인공섬 데지마(出島)로 옮겨 공식적인 통상관계를 맺게 되었다.

한편 스페인과 일본과의 관계는 이미 도요토미가 기독교 포교에는 일본을 식민지화하려는 의도가 개입되었다고 의심하여 1596년 스페인 선교사를 처형한 이후 악화일로를 걷고 있었으나, 막부가 앞서의 쇄국 정책을 추진함에 따라 회복되지 못한 채, 1624년 내항 금지로 관계를 단절하기에 이르렀다. 포르투갈도 이제까지 중계 무역으로 막대한 이익을 올려 왔으나, 막부가 무역 통제 정책의 일환인 잇토와푸(糸割符)제도[6]를 실시함에 따라 막대한 손실

5) 네덜란드와의 무역 경쟁에서 패배한 영국은 1623년 쇼칸을 폐쇄하고 이후 인도 경영에만 몰두했다.

6) 잇토와푸란 막부가 포르투갈의 일방적인 생사 가격 폭리를

이 불가피해졌다. 이후 막부가 1639년 포르투갈선의 일본 입항을 금지함에 따라 관계가 자동적으로 단절되었다.

3. 개국 전후의 일본과 서양

앞서의 일본형 화이의식(日本型華夷意識)에 입각하여 화이질서 내에 위치시킨 네덜란드만을 서양 국가 중 유일한 통상 상대국으로 했던 일본의 대서양 관계는 19세기에 접어들면서 크게 흔들리게 된다. 18세기 중반 영국을 선두로 하는 서양 열강은 산업 혁명의 지속적인 발전을 유지하기 위해 원료의 안정적인 공급과 상품 판매 시장의 확보가 절대적으로 필요하였다. 이에 유럽 각국은 15·16세기 단계보다 더욱 더 아시아 시장 진출에 박차를 가하게 되었다.

이런 의미에서 일본도 서양 열강의 사정권에서 벗어날 수는 없었다. 18세기말부터 러시아를 선두로 프랑스·영국·미국의 일본 근해 접근이 시작되었던 것이다. 여기에 맞서 막부는 출범 초기에 정한 대외 원칙 즉 조법(祖法)을 엄격히 지킨다는 원칙하에, 근본적인 대책이 아닌 외국선무혈령(外國船撫恤令: 1806)·이국선타불령(異國船打拂令: 1825)·

막아 보자는 의도에서 1604년에 실시한 수입 생사의 전매 특권을 보장하는 증서를 말한다. 막부로부터 허가를 받은 특정 상인들(교토·오사카 등 5개의 지역 유력상인)이 수입 생사를 일괄 구입한 후, 동료 상인들에게 분배하는 제도이다. 막부는 잇토와푸 상인을 통해 무역 지배권을 장악했으나, 포르투갈은 이전에 비해 무역 손실이 매우 커 일본 도항의 필요성이 사라졌다.

일본에 개국을 강요한 페리 제독

천보신수급여령(天保薪水給與令: 1842) 등과 같은 임시미봉책으로 일관했다.

이런 안이한 대응은 1844년 막부와 통상 관계를 맺고 있던 네덜란드 국왕의 서양 각국과의 개국 권고 때에도 그대로 이어졌다. 그 결과, 1853년 미국의 동인도 함대 사령관 페리 제독이 이끄는 미국 함대의 일본 입항을 계기로 1854년의 미일화친조약, 1858년 미일수호통상조약을 포함한 안정(安政) 5개국조약 체결로 이어졌다. 이로써 일본은 세계 자본주의 시장 질서에 강제로 편입되어 영사 재판권의 허용과 관세 자주권의 상실이라는 불평등 조약 체제에 놓이게 되었다.

4. 근대 일본의 서양 외교

메이지 신정부는 불평등 조약 개정·영토 확정·주변 국가와의 관계 설정[7]이라는 3대 외교 목표를 내걸었다. 먼저 영토 확정 과정을 살펴보도록 하자. 러시아가 크리미아 전쟁(1853~6) 이후 부동항을 획득하기 위해 가라후토(樺太: 사할린)에 적극적으로 진출하기 시작하자, 도쿠가와

7) 여기서 주변 국가와의 관계 설정이란 조선·청국과의 근대적 국교 관계로의 개편을 의미한다.

막부는 1854년 12월 러시아와의 사이에 러일화친조약을 체결했다. 이때 양국은 치시마(千島)의 에토로후(擇捉島)와 우룻푸(得撫島) 사이를 러일 양국의 국경으로 정하고 사할린을 양국의 공동 거주 지역으로 정했다.

그러나 신정부 수립 후, 러시아인들의 가라후토 진출이 강화되자 신정부 내에서는 홋카이도(北海道) 개척에 전력을 쏟기 위해 가라후토를 포기하고, 그 대신 치시마 열도 전체를 양도받아야 한다는 구로다 키요타카(黑田淸隆: 홋카이도 개척차관)의 주장이 설득력을 얻게 되면서, 1874년 에노모토 타케아키(榎本武揚: 러시아 공사)를 러시아에 파견하여 교섭시킨 결과, 이듬해 가라후토·치시마 교환 조약이 조인되었다.[8] 또한 신정부는 오가사와라 제도(小笠原諸島) 영유권 확보에도 나섰다. 현재 동경도에 속하는 30여 개의 작은 섬들로 이루어진 이곳[9]은 한때 영국이 영유

8) 가라후토를 러시아령으로 하고 치시마 열도 전체를 일본령으로 정했다. 이 지역은 1905년 일본의 러일전쟁 승리로 일본 영토로 귀속되었으나, 1945년 일본의 패전으로 다시 러시아 영토로 귀속되었다. 그러나 재차 귀속을 둘러싸고 양국 간에 영토 문제가 재연되고 있다. 즉 일본은 북방(남쿠릴)열도 4개 섬(하보마이·시코탄·구나시리·에토로후)섬의 완전 반환을 요구하고 있는 반면, 러시아는 하보마이와 시코탄 2개 섬의 반환을 명기한 1956년의 '일소공동선언'에 기초하여 양도 교섭에 전향적으로 대응하겠다는 자세로, 아직까지 이렇다 할 진전이 없는 상황이다.

9) 종래에는 1593년 오가사와라 사다요리(小笠原貞頼)라는 일본인이 처음 발견한 것으로 알려져 왔으나, 가공의 인물로 현재는 부정되고 있다. 그 보다 50여 년 앞선 1543년 스페인인에 의해 처음 발견되었다는 설이 새롭게 설득력을 얻고 있

권을 선언하거나(1827), 미국이 저탄소를 마련하며 자국민을 거주시킨 적이 있었다(1830). 또한 1861년에는 도쿠가와 막부가 일본 영유를 선언하고 이듬해 막부 관리가 직접 순시하기도 했다. 정권 교체 후인 1875년 신정부가 개발에 착수하면서 일본 영유를 선언했으나 미국과 영국이 적극적으로 반대 의사를 밝히지 않자, 이듬 해 대외적으로 일본 영토임을 공식 선언했다.

한편 메이지 신정부가 영토 확정보다 더 중요하게 생각했던 것은 불평등 조약 개정 문제였다. 1871년 12월 이와쿠라(岩倉) 사절단 파견을 시작으로 데라지마 무네노리(寺島宗則: 1873~79)·이노우에 카오루(井上馨: 1879~87)·오쿠마 시게노부(大隈重信: 1888~89)·아오키 슈조(青木周藏: 1889~91)·무츠 무네미츠(陸奥宗光: 1892~94)·고무라 쥬타로(小村壽太郎: 1911)의 역대 외상 재임 기간에 불평등 조약 개정을 위한 노력을 거듭한 끝에 1894년 영사 재판권(치외법권)의 철폐를 실현하고, 1911년에 이르러 관세 자주권의 회복을 달성했다.

조약 개정의 성공은 실로 미국에 의해 강제 개국 당한 지 50여 년이 지나고 나서였다. 이때 메이지 정부는 불평등 조약 개정을 달성하기 위해 서양 열강에 대해서는 시종일관 저자세로 일관하면서도, 서양 열강이 불평등 조약

다. 사다요리의 자손을 칭하는 자가 1727년 사다요리의 탐험 사실 확인과 섬 소유권을 주장하며 막부에 진정했으나 인정되지 않았다. 이때부터 오가사와라 섬으로 불려졌다.

개정의 전제 조건으로 암암리에 요구하고 또한 일본 스스로도 그 필요성을 인식하고 있었던 조선·청국 등의 주변 국가와의 국교 수립 및 국내 제도의 개혁·정비에 대해서는 고압적이면서도 강한 자세로 임했다.

한편 청일전쟁 이후 조선은 물론이고 만주의 요동반도 일부까지도 차지하여 대륙 침략의 교두보를 마련한 일본은 제국주의 국가의 일원으로서 적극적으로 대륙 침략 정책을 추진하기 시작했다. 그 이면에는 서양 열강과 마찬가지로 안정적인 원료 공급지의 확보와 상품 판매 시장 확보라는 경제적 목적과 함께, 한반도의 지배권을 확고히 함과 동시에 열강의 쟁탈전이 되어가고 있는 중국에서 경제적 가치가 큰 만주 지역을 일본의 세력권 하에 두겠다는 전략적 목적이 포함되어 있었다.

그러나 팽창 일변도의 제국주의 일본의 이권 추구는 아편전쟁 이후 중국 시장에 배타적 독점권을 가지고 있던 서양 열강의 권익과 필연적으로 대립할 수밖에 없는 구조적인 모순을 내포하고 있었다. 그 첫 상징이 삼국간섭이었다. 일본 못지않게 만주 진출에 가장 적극적이었던 러시아는 친러시아 경향의 독일과 프랑스를 끌어들여 시모노세키(下關) 조약 체결 6일 후인 1895년 3월 삼국간섭을 시도했다. 일본의 요동반도 점유가 북경을 위협하고 또한 장래의 동아시아 평화에 장애 요소로 작용될 가능성이 크다는 이유를 들어 중국에 반환할 것을 강력히 요구했던 것이다. 이에 일본은 하나도 아닌 서양의 강국 세 나라가 연대하여 외교적 압력을 가해오자 군사적으로 도저히 상대할 수 없음을 인식하고, 마지못해 요동반도를 중국에 반환했다.[10)]

이미 도쿠가와 막부 말기 무렵부터 러시아에 대한 경계심을 가지고 있었던 일본은 주도적으로 삼국간섭을 일으킨 러시아에 대해 와신상담(臥薪嘗膽)이라는 유행어를 낳으며, 청일전쟁의 후유증이 남아 있는 어려운 국내 환경에도 불구하고 군사 팽창 예산을 편성하는 등 개전 준비에 박차를 가하기 시작했다. 그리고 다른 한편에서는 국제 정세를 적극적으로 이용하며 러시아와의 전쟁을 대비하는 외교 정책을 추진했다. 아프카니스탄을 비롯해 세계 도처에서 이미 러시아와 대립 관계에 있었던 영국과 동아시아 지역에서의 대러시아 견제라는 면에서 이해 관계가 일치한 일본은 1902년 영일동맹을 체결하여 러시아를 외교적으로 압박했다.

당시 일본 국내에서는 1900년 북청사변 이후 러시아가 만주를 사실상 점령하여 러시아에 대한 반발이 거세지는 가운데, 이토 히로부미(伊藤博文)·이노우에 카오루 등의 만한교환론(滿韓交換論)에 기초한 러일협상론과 야마가타 아리토모(山縣有朋)·가츠라 타로(桂太郎) 수상 등의 영일동맹에 기초한 러시아 대항론이 대립하고 있었으나 결국

10) 이때 일본은 명성황후 살해 사건 등으로 조선에서의 영향력도 약화되어 이권을 둘러싸고 러시아와의 타협이 불가피해지는 등 외교적 열세가 계속되고 있었다.

러일전쟁론으로 기울었다. 1905년 9월 러일전쟁에서 가까스로 승리한 일본은 만주의 일부 지역(관동주)과 조선에서의 배타적 독점권 등을 획득하기에 이르렀다.

대전 참가를 국가발전 기회[天佑]로 간주한 이노우에 카오루(井上馨)

그러나 제국주의 일본의 대외 팽창 의지는 여기서 그치지 않았다. 러일전쟁 후의 군비 확장 목적의 증세로 민중의 부담이 증대되고 대외 무역도 수입이 수출을 능가하는 등의 경제적 불황을 겪고 있었던 일본은 1914년 제1차 세계대전이 발생하자, 이것을 국가 발전의 절대적인 호기[天佑]로 간주하고, 영일동맹을 명분 삼아 연합국의 일원으로 참가를 결정하는 등 철저한 국익 우선 정책을 추진했다.

즉 중국 산동성 및 남태평양 지역에서의 적대국 독일의 이권을 탈취했을 뿐더러 중국에 대해서도 21개조 이권을 강압적으로 요구하여 관철시켰다. 또한 일본은 21개조 요구 시에 중국 측에 동정하며 경계감을 표시하고 있었던 미국과의 사이에 이시이(石井)·랜싱그 협정(1917)[11]을 맺

11) 미국의 대일 불신을 완화시키기 위해 이시이 키쿠지로(石井菊次郎: 특파 대사)와 랜싱그(미국 국무장관) 사이에 체결된 협정으로, 일본은 미국이 주장하는 중국의 영토 보존·문호 개방 원칙을 확인하고, 미국은 중국에 있어서의 일본의 특수 권익을 승인했다.

고, 또한 소비에트 정권에도 간섭하여 미국·영국·프랑스 등과 공동으로 시베리아 출병(1918)을 단행하여 만주·조선으로의 공산주의 전파를 사전에 차단하고, 나아가 이 지역에서의 괴뢰 정권 수립을 기도하는 등의 과도한 팽창 외교를 전개했다.

한편 일본은 1919년 1월 체결된 베르사이유 조약에서 중국 산동성의 독일 이권의 계승과 적도 이북의 독일령 남양제도의 위임 통치를 국제적으로 인정받고, 나아가 새롭게 탄생된 국제연맹의 상임 이사국에도 선임되는 등의 외교적 성과를 거두었으나, 이러한 거침없는 팽창 외교에 대한 서양 열강의 반발도 현실화되었다. 미국은 아시아태평양 지역에서의 일본의 팽창을 더 이상 용인하지 않겠다는 의도에서 워싱턴회의(1921~2)를 주도하며 일본을 견제했다. 당시 미국·영국 등은 해군 군축 조약을 통하여 일본 주력함의 보유량에 제한[12]을 가하고, 4개국 조약을 통해서는 태평양의 현상 유지와 영일동맹 폐기를 실현시켰다. 또한 9개국 조약에서는 미국이 줄곧 주장해 왔던 중국의 영토 보존·문호 개방·기회 균등을 약속하고, 또한 일본이 인정받았던 산동성의 독일 이권을 중국에 반환시켰다.

이러한 미국·영국 등의 움직임에 당시 일본 정부는 국

12) 주력함이란 전함·순양전함·항공모함을 가리키며, 그 보유 비율을 미국·영국: 5, 일본: 3, 프랑스·이태리: 1.67로 각각 규정했다.

내 반발에도 불구하고 서양 열강 사이에 유행하고 있었던 전 세계적인 국제협조 분위기를 받아들였다. 특히 1920년대 중반부터 30년대 초년까지 외상을 역임했던 시데하라(幣原)의 협조 외교는 워싱턴 체제하에서 미국·영국과의 불필요한 외교적 마찰을 피하면서, 중국 내정에 노골적으로 간섭하지 않고 경제적 진출을 강화하려는 현실주의 외교 노선이었다.[13] 만성적 경제 불황으로 경제적 위기가 심화되어가는 가운데, 일본 정부가 선택한 국제협조외교는 중국에서의 민족 운동의 고조[14]와 일본 군부의 군축 반대의 움직임에 직면하게 되었다. 대일본제국헌법 구조상 내각의 지휘를 받지 않고 천황의 통수권을 따르게 되어 있었던 군부는 점차 세력을 강화해 1930년 하마구치(浜口) 내각이 강행 체결한 런던해군군축조약 자체를 통사권간범(統帥權干犯)이라 하여 맹렬히 비난했다.[15]

---

13) 당시 일본 정부가 대미·대영 협조 외교를 선택할 수 없었던 배경에는 무엇보다도 세계대전이 끝나고 나서 발생한 경제(전후) 불황을 극복하기 위해서는 열강의 협조가 절대적으로 필요했다는 점을 들 수 있다. 그리고 대전 종식 후 유행한 평화·군비 축소의 국제 여론도 무시할 수 없었다. 따라서 일본은 중국을 포함한 아시아 태평양 지역에서의 기존 이익을 확고히 지키면서 국제협조외교를 통해 새로운 경제적 권익을 추구하려 했다.

14) 중국에서의 일본 이권의 반환 요구가 거세지면서 만주 권익에 대한 위기 의식이 고조되고 있었다.

15) 영국의 주도로 열린 회의에서 보조함의 비율이 미국·영국 10, 일본 7로 정해졌다. 당시 해군 측에서는 강력히 반대했지만 당시 하마구치 내각은 사절단을 파견하여 체결을 강행했다. 이에 해군 군령부·정우회·우익은 통사권 침해라

한편 일본의 만주 권익을 회수하려는 중국의 국권 회복 운동이 거세지자, 만몽(滿蒙)에 대한 위기 의식이 고조된 관동군은 일본 국내의 육군·우익 세력 등과 연계하여 만주 전 지역의 실질적인 지배를 실현시키고자 1931년 9월 류죠코(柳條湖) 사건을 일으키며 만주사변에 돌입했다.[16)] 국제연맹은 관동군의 군사 행동에 반발해 중국이 제소해오자, 1932년 2월 상황 파악을 위해 영국인 리튼경을 단장으로 한 조사단을 중국에 파견했다. 그 결과, 1933년 2월 일본 정부에 대해 만주국의 승인 취소와 함께 일본군의 철수를 요구했으나, 일본은 이에 반발해 3월 국제연맹을 탈퇴하고 국제 고립의 길을 선택했다.

당시 유럽에서는 나치스의 독일과 파시스트의 이태리가 새로운 강국으로 급속히 부상하고 있었다. 스스로 국제적 고립을 자초한 일본은 소련의 국제공산주의 운동에 대항

하여 정부를 맹비난하고, 하마구치 수상을 우익이 저격하여 이듬해 사망케 하였다. 대일본제국(明治) 헌법에서는 천황이 육해군을 통솔하고, 육군의 참모본부와 해군의 군령부가 천황의 통사권을 대행하도록 되어 있었다. 이 점을 들어 해군의 군령부는 군함의 양(톤수) 조정은 통솔 사항이라고 주장하고, 런던 조약의 내용을 수용할 수 없다며 내각과 첨예하게 대립했다.

16) 1919년 관동도독부가 관동청으로 개편될 때, 소속 육군부가 독립하여 관동군이 되었다. 이후 관동군은 대륙 침략의 첨병 역할을 수행해 나가는데, 만주사변 및 만주국 탄생의 산파 역할을 했던 것은 당시 관동군 작전 주임 참모였던 이시하라 간지(石原莞爾)였다. 관동군은 순식간에 만주를 점령하고 이듬해 3월 청조의 마지막 황제 후기(溥儀)를 앞세워 괴뢰국 만주국을 세웠다.

도죠 히데키(東條英機)

한다는 명분하에 1936년 일·독 방공협정, 1937년 일·독·이 삼국 방공 협정을 잇따라 체결했다. 일본이 중일전쟁을 시작한 2년 후, 독일은 베르사이유 체제 타파의 기치를 내걸고 1939년 제2차 세계대전을 일으켰다. 독일의 초전 승리와 이태리 참전이라는 국제 상황에 크게 고무된 제2차 고노에 후미마로(近衛文麿) 내각은 기존의 삼국 방공 협정 체제를 삼국 군사 동맹으로 한 단계 발전시켰다(1940: 樞軸國체제). 그러나 미국·영국 중심의 세계 질서에 반발한 삼국 군사 동맹으로의 전환은 필연적으로 미국·영국 등의 반발과 대립을 가져왔다.

한편 중일전쟁의 예기치 않은 장기화로 활로가 막힌 일본이 자원 확보와 식량 문제를 동시에 해결할 목적에서 북부 및 남부 인도차이나 반도를 차례로 점령하자(1940~1), 미국·영국·중국·네덜란드 4개국은 대일 석유 수출 금지 등의 경제적 봉쇄를 단행했다. 1941년 10월 출범한 대미 강경파인 도죠 히데키(東條英機) 내각은 진전 없는 대미 교섭을 진행하면서도 다른 한편에서는 개전 준비에 착수했다. 애초부터 전력상 승산이 없었던 터라 청일전쟁·러일전쟁 때와 마찬가지로 기습작전에 의한 대미 공격을 염두에 두고 있었던 일본은 1941년 12월 8일 진주만

기습을 시작으로 말레이 반도와 태평양 지역에서의 군사 공격을 일제히 감행했다. 그러나 개전 초기의 승전과는 다르게 1942년 6월 미드웨이 해전 패배를 계기로 제공권·제해권을 장악한 미국의 공격 앞에 일본의 열세는 불가피해졌다.

5. 현대 일본의 서양 외교

1945년 8월 미국의 히로시마·나가사키에 대한 원자폭탄의 연속 투하와 소련의 참전을 확인한 일본은 무조건 항복을 권고한 포츠담 선언을 마침내 수락하고 항복했다. 패전 후의 일본은 맥아더가 지휘하는 연합국군최고사령관총사령부(GHQ)의 간접 점령 통치하에 놓이게 되었다. 맥아더는 점령 초반 군국주의·비민주적 유산 철폐에 노력해 일정의 성과를 낳았으나 '냉전'의 물결이 동아시아에 밀려들면서 점령 정책의 전환이 시도되었다. 일본을 공산주의 방어의 전초 기지로 삼으려는 미국의 전략적 의도하에 일본은 독립과 경제적 자립을 후원받게 되었다. 1951년 일본은 샌프란시스코 평화 조약 체결을 통해 주권을 회복해 독립을 달성하고 미일안전보장조약을 체결했다. 1956년에는 미국의 도움으로 소련과의 국교를 회복하고 국제연합에도 가입하여 20여 년 만에 재차 국제 사회에 완전 복귀하고, 1960년에는 미일안전보장조약을 발전적으로 확대시킨 신안보조약을 체결했다. 이후 일본은 미일동맹을 기초로 한 대미관계[17]를 일본 외교의 핵심 축으로 삼으며 대서양 외교를 전개하고 있다.

돌이켜 보면 16세기 중반에 포르투갈과 첫 접촉을 가진 이후, 19세기 중반에 들어와서 불평등한 조약 관계로 발전했던 일본과 서양 관계는 일본이 청일·러일전쟁에서 승리를 거두면서 국제적 지위도 상승되어 굴욕적인 불평등조약 관계는 일단 해소되었다. 그러나 그 전후 과정에서 일본의 계속되는 과도한 대륙 팽창 내지는 침략 외교에 대해 국익 우선의 협조와 견제(대립)를 반복했다.

앞서의 동아시아 외교와 마찬가지로 국제 정세의 변화를 능란하게 이용하며 자국의 이익을 극대화시켜 온 일본은 전후 고도 경제성장을 거쳐 경제 대국[18]이 된 이후에는 국력에 걸맞은 정치·외교·군사 대국화 노선을 추진하고 있다. 국제연합의 상임이사국으로의 참가 노력에 더해 자의적 해석 내지는 헌법 개정을 통해서라도 국제 공헌의 명분하에 일본의 외교적 입지를 확대하려고 하고 있다.

---

17) 하토야마(鳩山) 민주당 신정권은 대미관계에 있어서 '긴밀하고 대등한 외교'를 천명하고 있어 미일 관계의 향방이 주목된다.

18) 제1차 세계대전 때는 영일동맹을 명분 삼아 외교적·경제적 이익을 챙기고, 패전 후에는 '냉전'이라는 미소 대립의 영향으로 미국의 전폭적인 외교적·경제적 지원 속에 독립 달성과 국제연합 가입을 이루어냈다. 또한 한국·베트남 전쟁 특수와 함께 미국의 핵우산 속에 안주하면서 모든 여력을 고도 경제성장에 쏟은 결과 오늘날의 경제 대국으로 성장했다.

이러한 최근의 움직임을 놓고 볼 때, 이미 세계 5대 군사 강대국 대열에 오른 일본이 전후 독일처럼 과거 수많은 침략 전쟁을 통해 정신적·물질적 고통을 안겨준 주변 국가(민)에 대한 시효 없는 과거사 청산을 통해 동아시아의 평화와 안정을 추구하는 진정한 의미에서의 보통 국가[19] 일본의 길을 걸을 것인가, 그렇지 않으면 주변 국가에 고통을 안겨다 주고 또한 미국을 비롯한 주요 강대국과 대립과 마찰을 거듭하며 패전을 자초한 전전의 일본을 그대로 답습할 것인가는 21세기를 살아가고 있는 일본(인)·일본 사회 스스로의 선택에 달려 있다. 1990년대 초반 이후 경제적 장기 불황을 겪으면서 더욱 디 강화된 일본 사회의 전반적인 보수 우경화 현상은 그런 점에서 매우 우려되는 바가 크다.

---

19) 여기서 보통 국가론의 의미에 대해서도 생각해 볼 필요가 있다. 일본이 흔히 주장하는 보통 국가의 길이란 문자 그대로 평범한 국가가 아닌, 정치적·경제적·군사적으로 대국 체제를 유지하면서 거기에 걸맞은 국제 사회 공헌을 통해 자국의 국제적 입지와 국익을 최대한 추구하겠다는 논리임에 유의할 필요가 있다. 그러나 일본이 전전처럼 일방적인 대외 팽창 노선을 선택했을 때, 언제나 주변 국가는 물론이고 서양 열강과도 필연적인 마찰과 대립을 초래한 냉엄한 역사적 교훈에 일본은 유의해야 할 것이다. 현재 일본이 전후 일본의 극복, 미국과의 동맹 관계의 강화와 국제 평화 유지 활동의 참가 등을 내세워 일본국헌법을 개정하려는 움직임을 보이고 있으나, 이러한 대응이 궁극적으로 일본과 주변 국가 등에 어떠한 결과를 가져 올 지에 대해서 일본 사회 스스로가 냉철히 생각해 볼 필요가 있다.

제4장 법제사적인 측면에서 본 일본

일반적으로 통치권자가 권력을 가지고 일반 백성을 다스리거나 국가를 통치해나갈 때 필요한 통치 권력을 보장받기 위한 가장 유효한 수단은 '法'이었다고 할 수 있다. 그렇다면 고대에서부터 근현대에 이르기까지 일본 사회에는 어떠한 내용의 법률이 존재했고, 또한 그 법률을 어겼을 경우에는 어떤 형벌이 가해졌던 것일까? 법과 형벌의 제정과 운용이라는 측면에서 일본 사회를 살펴보기로 한다.

1. 율령법(律令法)·공가법(公家法)의 고대 일본 사회

야마토 왕권이 성립하기 이전의 고대 일본 사회는 아직 법제도가 완비되지 못했던 관계로 법과 종교가 분리되어 있지 않았다. 법과 종교가 분리되어 있지 않은 상황 하에서 죄(罪) 그 자체에는 자연 현상과 마찬가지로 인간의 힘으로는 도저히 어떻게 해결할 수 없는 불가항력적인 것이 포함되어 있었다. 따라서 죄를 벌한다는 의식보다는 죄를 씻는다는 관념, 다시 말하면 부정이나 더러움을 제거한다는 의식이 강했다.[1)]

한편 기나이의 야마토 왕권이 규슈와 도호쿠 지방으로 세력을 확대하고, 또한 한반도로부터 유교가 전래되는 5세기에 들어와 비로소 인간의 행위에 의한 죄와 자연 현상에 의한 재앙이 분리되면서 인간의 행위만이 벌로 다스려지기 시작했다. 이후 법과 종교가 분리되고 불완전하나마 성문법이 만들어졌던 것은 아스카(飛鳥) 시대 이후 중국의 율령법(律令法) 체계를 수용하면서부터였다. 592년 일본 역사상 최초의 여제인 스이코(推古) 천황이 즉위하고 그 이듬해 조카인 쇼토쿠(聖德) 태자가 섭정의 자격으로 천황에 대신하여 국가의 주요 정무를 관장하게 되었다. 태자는 호족 세력에 휘둘리지 않는 천황 중심의 국가 조직을 마련하기 위해 인척 관계의 유력 호족인 소가노 우마코(蘇我馬子)와 협력하며 정치 개혁을 추진했다.

이 개혁 과정 속에서 만들어졌던 것이 헌법 17조였다(604). 이것은 일본 최초의 성문법으로 불교 등을 국가의 기초로 삼아 장차 천황이 중심이 된 중앙 집권적 정치를 추진해나간다는 쇼토쿠 태자의 정치적 이상을 반영한 내용으로 되어 있다.[2)] 그러나 이때의 헌법 17조는 불완전

1) 일본어 표현 중의 하나인 게가레오 미소구('けがれを禊ぐ') 라는 뜻은 죄·부정·더러움·불결함을 씻거나 제거한다는 의미로, 일본어의 미소기(禊)·하라이(祓)가 여기에 해당한다.
2) 전문 내용은 다음과 같다. 제1조 화(和)를 존중할 것, 제2조

한 성문법이었다. 여기서 말하는 헌법이란 의미는 국가 조직에 몸을 담고 있는 관리의 소중한 마음가짐을 가리키는 것으로, 국가 조직 자체를 규정한 법을 의미하지는 않았다.

다이카 개신(645) 이후 덴지(天智)·덴무(天武)·지토(持統)·몬무(文武) 천황에 이르는 7세기 후반부터 8세기 초반이 되면 대략 고대 천황제 국가 권력이 확립되는데, 이를 제도적으로 뒷받침한 것은 다름 아닌 율령(律令) 제도였다. 특히 당조로부터 받아들인 율령은 일본의 실정에 알맞게 변형되어 덴지 천황 때의 오우미료(近江令: 668), 덴무 천황 때의 아스카기요미하라료(飛鳥浄御原令: 681)를 거쳐, 다이호(大宝: 701)·요우로(養老: 718) 율령 제정으로 완성되었다. 그렇다면 '율령격식(律令格式)'이란 무엇일까? 율이란 형벌법이고, 령이란 행정 기구와 그 운영을 규정한 행정법·민법을 가리킨다. 그리고 격은 율령의 추가법·수정법에 해당되며, 식은 각 관청에서의 시행 세칙

불교를 공경할 것, 제3조 천황에 복종할 것, 제4조 예(禮法)를 기본으로 삼을 것, 제5조 소송을 공평히 처리할 것, 제6조 권선징악을 철저히 할 것, 제7조 각자의 직무 분야를 지킬 것, 제8조 일찍 출근하여 늦게 퇴근할 것, 제9조 신(信)을 의(義)의 근본으로 삼을 것, 제10조 분노를 삼갈 것, 제11조 관리의 공적과 과실에 따라 상벌을 행할 것, 제12조 지방 관리는 세금을 부당하게 거두지 말 것, 제13조 관리는 소속 관청의 업무를 숙지할 것, 제14조 타인을 시기하지 말 것, 제15조 사심을 버릴 것, 제16조 백성을 부릴 때에는 시절(時節)을 고려할 것, 제17조 일을 독단으로 처리하지 말고 토의할 것 등이다.

이다.[3]

한편 율령 체제하의 형벌 제도에는 정형(正刑)과 윤형(閏刑)의 두 가지가 있었다. 당조의 5형(五刑)을 모방한 정형은 일반인을 대상으로 한 것으로, 태(笞: 회초리로 볼기를 침), 장(杖: 몽둥이로 볼기를 때림), 도(徒: 노역형), 류(流: 유배), 사(死: 교수·참수)의 다섯 가지 형벌이 있었다. 그리고 윤형은 관리나 승려 등 특정 신분에 있는 사람을 대상으로 했다. 관리의 경우는 죄의 경중에 따라 각각의 관위나 훈위의 일부 또는 전부를 박탈당하며, 승려의 경우는 경전을 베끼고 본당의 청소를 하거나 시골 벽촌의 절로 보내지기도 하고, 심한 경우에는 승려 신분을 박탈당하기도 했다. 특히 중대 범죄라 해서 군주와 부모에 거역하는 죄 등을 포함하는 8학(八虐)이 있었다.[4] 8학은 황족이나 귀족과 같은 특권 계급도 감형되지 않는 중죄였다.[5]

---

3) 율은 오늘날의 형법(범죄·형벌에 관한 금지법)에 해당되며, 령은 관제(국가 통치 조직·관리 복무 규정 등의 행정법 일반)·지방 행정·가족법·토지제도·세제 등을 말한다. 이밖에 율령에 관한 주석서로는 헤이안(平安) 초기의 영의해(令義解)·영집해(令集解)가 있다. 또한 사가(嵯峨) 천황의 홍인(弘仁) 격식, 세이와(淸和) 천황의 정관(貞觀) 격식, 다이고(醍醐) 천황의 연희(延喜) 격식을 가리켜 흔히 3대 격식이라 한다.

4) 8학이란 모반(謀反: 천황을 위태롭게 하거나 살해음모죄)·모대역(謀大逆: 산릉·황거 파괴죄)·모반(謀叛: 국가반역죄)·악역(惡逆: 존속살해죄)·불도(不道: 일가친척 3인 이상을 살해한 죄)·대불경(大不敬: 신사를 파괴한 죄)·불효(不孝: 조부모·부모를 비난한 죄)·불의(不義: 주인이나 지방영주를 살해한 죄)를 가리킨다.

그러나 율령 정치의 기능이 상실되어 가는 고대 사회 후반의 혼란스러운 헤이안(平安) 시대에 이르면 불교사상(정토교・말법사상)의 확대로 형벌을 가벼이 다루는 경향이 나타났다. 사형의 경우 811년 이후 1156년까지 약 350여 년 간 집행되지 않았다는 점에서 이를 엿 볼 수가 있다. 또한 율령법도 느슨하게 적용되어 범죄자의 관위 유무가 형벌을 적용하는 데 있어 크게 좌우되었다. 이처럼 고대의 일본 사회는 중국의 영향을 받은 율령에 기초한 공가법(公家法)에 따라 국가를 운영하고, 5형과 8학이라는 엄벌주의에 입각한 형벌 제도를 실시하고 있었다.[6)]

2. 무가법(武家法)의 중세 일본 사회

가마쿠라・무로마치 막부의 일본 중세 사회에는 무가법이 존재했다. 지방에 산재하는 장원(莊園) 내부로부터 발생한 무가 사회의 전통적 도덕이나 관습은 애초부터 공가 사회의 그것과는 다른 경우가 많아서, 무사들은 앞에서 언급한 '율령격식'의 공가 사회 법률이 아닌 자신들의 판단 기준(관습, 도리, 도덕)에 따라 재판을 하였다. 1192년 미나모토노요리토모(源頼朝)가 가마쿠라 막부를 창설하고 나서도 얼마동안은 쇼군과 직접적인 주종 관계를 맺은 엘리

5) 5형의 경우 특별한 사정이나 신분이 높은 자는 감형되었으나, 8학의 죄는 감형되지 않았다.

6) 이때 형벌 제도의 운용에 있어서는 사법과 행정의 구별이 없이 주로 행정관청이 재판을 담당했다.

트 무사 고케닌(御家人)들의 사소한 다툼이나 분쟁 처리는 이 기준에 따라 재판되었다.

초대 쇼군 요리토모와 같은 강력한 카리스마를 가지고 있었던 가마쿠라 막부의 중심 인물들이 하나둘씩 사망하자 그 공백을 메울 새로운 규범 제정의 필요성이 제기되었다. 게다가 1221년 죠큐(承久)의 난 승리로 막부가 교토의 공가 정권을 제압하고 막부 우위의 전국 정권의 모습을 갖추게 되면서 새로운 무가 사회에 적용할 법률이 필요했다.[7] 율령을 계승한 공가법에 대항할 만한 무가사회를 규제할 수 있는 법률, 다시 말하면 토지의 세분화에 따른 빈번한 상속싸움으로 막부에 대한 소송이 급증하면서 공정한 재판 기준의 마련이 필요했다. 이에 싯켄(執權) 호죠 야스토키(北條泰時)는 지배 체제의 재정비를 서둘러 종래의 판단 기준을 법적으로 체계화한 최초의 무가법에 해당하는 전문 51개조의 고세이바이시키목쿠(御成敗式目)를 1232년 제정했다.[8]

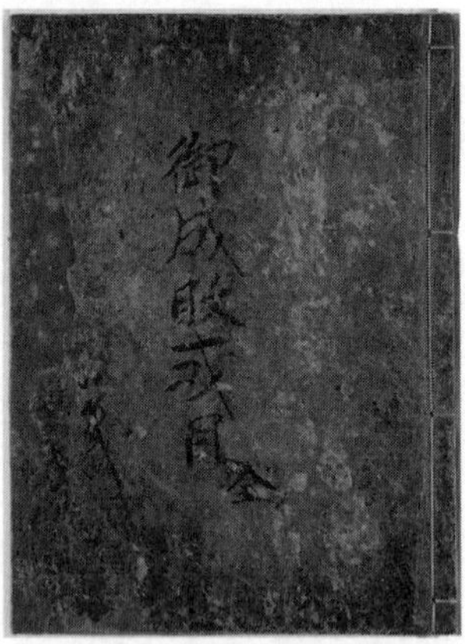
고세이바이시키목쿠(御成敗式目)

7) 막부의 세력 범위가 서국(西國)에까지 미치게 되자, 장원 지배를 위해 파견한 지토(地頭)와 구게(公家) 등의 장원 영주, 그리고 현지 백성 사이에 법적인 분쟁이 증가하게 되었다.

8) 이때 무가법(막부법)의 제정은 공가법으로부터의 독립을 의미하나, 법률이 적용되는 범위는 가마쿠라 막부의 세력 범

그렇다면 중세 일본 사회의 형벌 규정은 어떻게 운용되었을까? 가마쿠라 막부는 고대 율령의 5형 중 참수(死)와 유배형(流)을 제외한 나머지를 폐지시키는 대신에 토지 등을 몰수한 재산형, 지위를 박탈하는 신분형, 손가락을 절단하거나 볼에 인두 도장을 찍는 신체형을 새롭게 채용하는 등 고대 사회에 비해 점차 가혹한 방향으로 나갔다.

한편 가마쿠라 막부 멸망 후에 등장한 고다이고 천황의 건무신정정치에 반기를 든 아시카가 타카우지(足利尊氏)는 전쟁에서 승리해 규슈에서 교토로 돌아 와 1338년에 막부를 창설하나, 창설 2년 전인 1336년에 겐무시키목쿠(建武式目) 17조를 제정한다. 이것은 앞서의 무가의 기본법인 고세이바이시키목쿠를 모방하여 만든 것으로, 구속력이 있는 법령이 아닌 통치 목적의 시정 방침 성격이 강해 엄밀한 의미에서 새로운 무가법이라고 할 수는 없었다. 따라서 무로마치 시대 이후에도 기본적으로 막부가 재판의 기준으로 삼았던 것은 역시 고세이바이시키목쿠였다.[9]

위에서만 적용되었다. 공가에서 무가로의 정권 교체는 이루어졌으나 공가법은 여전히 기능했다. 한편 무사가 쉽게 이해할 수 있도록 간단하고 실제적인 내용으로 만들어진 고세이바이시키목쿠(어성패식목)의 조문 수는 제정 당시 51개조에 불과했으나, 지방과 장원의 행정관에 각각 해당하는 슈고(守護)·지토(地頭)의 직무 규정·토지 상속 규정·행정·민사·형사 재판의 일반규정 등이 추가되면서, 최종적으로는 600조에 달했다. 이것을 시키목쿠츠이카(式目追加)라 불렀다.

9) 고세이바이시키목쿠를 기본 법령으로 삼으면서, 필요에 따라 새로운 법령을 추가했는데, 이것을 겐무이라이츠이카(建武以

3. 분국법(分國法)의 아즈치모모야마 시대

15세기 후반의 오닌의 난을 거쳐 하극상의 풍조가 크게 유행한 센코쿠 시대로 접어들면서 일본 각지에는 센코쿠 다이묘가 천하 패권을 다투는 군웅할거의 시대가 되었다. 이때 센코쿠 다이묘가 영국(領國) 경영, 다시 말하면 가신단의 통제・영지(민) 지배를 위해 마련했던 법률이 분국법(分國法)였다. 고세이바이시키목쿠의 영향을 받은 이 법은 통치하는 다이묘에 따라 정도의 차이는 있었으나, 사원과 신사 지배, 토지 분쟁 억제, 군역(軍役), 영국 유지를 위한 농민의 도망 금지, 중세 이래의 실력행사에 의한 분쟁 처리를 억제한 쌍방 엄벌주의(喧嘩兩成敗), 혼인 간섭주의를 통한 가신 통제 등의 공통점을 가지고 있었다.[10)]

그렇다면 이 같은 센코쿠 시대의 형벌은 어떠했을까? 가장 큰 특징은 예방주의의 입장에서 가혹한 신체형이 강화되었다는 점에 있다. 예를 들면 톱으로 자르는 형벌, 죄인을 나무기둥에 묶어 놓고 찔러 죽이는 형벌, 창으로 찔러 죽이는 형벌, 수레로 밟아 죽이는 형벌, 끓는 가마에

來追加)라 불렀다.

10) 이밖에도 분국법에는 가신 지행지(知行地)의 자유 매매 금지・적자의 단독 상속(여자 상속의 불인정)・농민의 조세 미납이나 도망시 마을 전체가 연대 책임을 지는 연좌제 조항이 담겨 있었다.

넣어 죽이는 형벌, 불에 태워 죽이는 벌 등, 혼란스러운 하극상의 시대상을 반영이라도 하는 것처럼 그 잔혹함에 있어서는 일본 역사상 가장 심했다. '돈 열 냥을 훔치면 목이 날아간다'고 했을 정도로, 특히 타인의 재산을 훔치는 범죄의 경우는 가장 중히 여겨져 사형에 처해졌다. 또 범죄의 내용에 따라서는 무사와 타 계층에 대한 형벌의 종류도 달랐다. 이밖에 사형의 경우, 무사의 명예형에 해당되는 셋푸쿠(切腹)[11]가 정착되었다.

4. 무가법(武家法)의 근세 일본 사회

약 260여 년간 계속된 도쿠가와 막부의 막번체제 하에서 무가법으로서의 막부법은 중요한 정치적·사회적 의미를 갖는다. 도쿠가와 시대는 상당히 긴 봉건시대였던 만큼 법과 형벌에 있어서도 내용적으로 단계적 변화가 있었다. 초기에는 우선 쇄국과 관련해 기독교 박해를 포함한 잔혹한 형벌이 센코쿠 시대에 이어 계속 유지되었다. 그리고 중세 사회와는 달리 무사의 지배자 층과 농공상의 피지배자 층을 대상으로 한 법률이 확실히 구분되어 제정·실시되었다.

17세기 초반에 만들어진 부케쇼핫토(武家諸法度)와 같은 막부법 등은 막부의 전국 지배를 확고히 다지기 위한 다

11) 15세기 이후 유행한 스스로 직접 하복부를 칼로 가르는 할복 자살을 가리킨다.

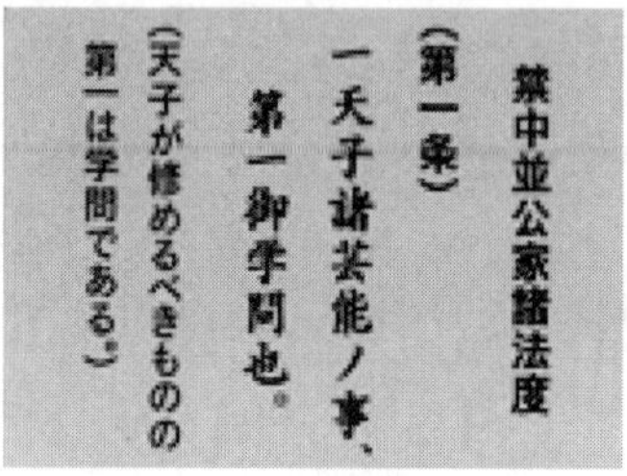
禁中並公家諸法度
(第一条)
一 天子諸芸能ノ事、
第一御学問也。
(天子が修めるべきものの
第一は学問である。)

긴츄나라비니구게쇼핫토
(禁中並公家諸法度)

이묘 통제법[12]으로서 제정되었고, 일반 백성 특히 막부가 농민통제 목적으로 발령한 법령으로는 전답영대매매금지령(田畑永代賣買禁止令: 1643)・분지제한령(分地制限令: 1673) 등을 대표적으로 들 수 있다. 전자는 막부의 재정 기반을 농민의 세금에 전적으로 의지하고 있는 상황에서 농민이 자유롭게 전답을 매매하는 것을 금지한 것으로, 전답 매매로 인해 발생하는 농민 간의 빈부 격차에 따른 농지 편중을 막는 데 그 목적이 있었다. 후자는 농지의 세분화에 따른 농민 영세화를 막기 위한 조치였다. 이밖에 후레가키(触書)[13]라 칭하는 각종의 규제법이 고사츠(高札)[14] 혹은 고닌구미쵸(五人組帳)[15]의 형식

---

12) 이밖에 조정 통제법으로 긴츄나라비니구게쇼핫토(禁中並公家諸法度), 사원세력에 대한 통제법으로 지잉핫토(寺院法度) 등이 있었다.

13) 사치 금지 등을 규정하는 형식으로 농민의 일상생활에까지 일일이 간섭한 막부의 농민 통제법의 일종으로, 1649년의 게이안노오후레가키(慶安の御触書)가 대표적이다.

14) 나무로 만든 판자 표면에 기재한 법령을 사람의 왕래가 잦은 곳에 내걸어 일반 백성에 주지시키는 방법을 말한다.

15) 도쿠가와 막부가 농민의 자치・연대 책임의 조직으로 만든 제도로, 농민 생활의 상호 부조, 세금 납부 책임의 공동 의무, 범죄・기독교도에 대한 색출 목적의 상호 감시 제도이다. 이밖에 가족법의 경우, 집안이 중시되고, 가장의 권한이 절대적이었다. 따라서 여자는 일방적으로 이혼당하고, 재산상속은 장자 단독 상속이 무가뿐만 아니라 일반 백성에게

으로 철저하게 농민에게 주지되었다.

그러나 근세 중기 이후가 되면 초기에 비해 형벌 제도는 차츰 완화되기 시작했다. 1742년 8대 쇼군 요시무네(吉宗)는 법전 정비에 나서 구지카타오사다메가키(公事方御定書)을 제정했다. 이것은 상하 2권으로 되어 있는 도쿠가와 막부의 기본 법전으로서, 상권은 81조의 행정 관련의 기본 규정, 하권은 형벌·형사민사법을 골자로 한 103조에 달하는 규정이 담겨있다. 이와 함께 형벌도 정비되었다. 예전보다는 일부 완화되었다고는 하나, 톱으로 자르거나 죄인을 나무기둥에 묶어 놓고 찔러 죽이거나 혹은 죄인의 목을 쳐 시중에 내걸어 보이거나 하는 등의 생명형이 아직 남아 있었고, 또한 문신을 새기거나 채찍질(태형)을 가하는 신체형, 먼 곳으로의 유배·추방 등 자유를 제한하거나 구속하는 자유형은 여전히 존재했다.[16)]

도 적용되었다.

16) 형벌로는 사형(死罪: 주인 및 친형제 살해·밀통·강도 등의 죄를 지은 경우에 해당되며, 죄의 경중에 따라 톱으로 자르기, 나무기둥에 묶어놓고 찔러 죽이기, 옥문에 매달아 내걸어 보이기, 불에 태워 죽이기 등), 방화범에 대한 처벌(火罪), 히키마와시(引廻し: 참수형 이상의 극형을 받은 죄인을 처형전에 말에 태워 조리 돌임을 시킴), 엔도(遠島: 과실 치상·살인 등의 죄를 짓는 경우 외딴 섬 또는 벽촌으로 유배 를 보냄), 이레즈미(入墨: 코·귀베기의 대체 형벌로 절도범 등의 신체에 문신을 새김), 사라시(晒: 동반 자살·승려의 강간·간통죄의 경우, 죄인을 묶어서 거리에 내어놓고 많은 사람들에게 보여줌) 등이 있었다.

후기로 접어들면 이제까지의 예방주의 정책에서 교화주의 즉 죄인의 갱생을 생각하는 형벌 정책으로 바뀌었다. 추방되거나 옥고를 치른 죄인이 범죄를 다시 저지르는 일이 빈번해짐에 따라 치안유지 차원에서 막부는 1778년 에도에 부랑자를 위한 단기 숙박 시설인 무슈쿠요이쿠쇼(無宿養育所), 1790년에는 닌소쿠 요세바(人足寄場)를 설치하여 떠돌이 노숙자나 가벼운 경범죄자들을 대상으로 직업교육을 실시했다. 이것은 오늘날 교도소와 같은 보호 시설에서 죄인의 갱생을 꾀하는 조치로서, 당시로서는 획기적인 시도였으나 수용자들이 사회에 복귀한 뒤에 재차 문제를 일으키는 경우가 많았다.

5. 불충분한 시민법의 근대 일본 사회

메이지 유신 직후 한때 고대 율령시대의 5형 등을 모방한 형법이 만들어지기도 했으나, 불평등조약개정의 필요성을 절실히 느낀 메이지 신정부는 헌법을 포함한 각종 근대법의 제정에 착수하기 시작했다. 우선 1880년에 프랑스의 영향을 받은 구형법·형사소송법(治罪法)이, 1890년에는 구민법 등이 각각 제정[17]되었으나 이내 반대에 직면했다. 특히 개인의 자유와 평등을 강조하는 프랑스법을 참고

17) 구형법·형사소송법·구민법의 제정에 주요 역할을 한 사람은 메이지 정부의 초청으로 일본에 온 프랑스인 법률 고문 보아소나드였다.

한 구민법 제정이 비판받았다. 그 이유는 부부 중심의 가족 구성이 충효와 가부장 제도를 중시하는 일본 고유의 가족제도를 파괴하는 것으로 간주되었기 때문이었다.

이른바 민법전 논쟁(1890)이 일어난 후에, 1896·98년 독일 민법을 참고한 신민법(1-3편·4-5편)이 각각 제정되어 98년부터 동시 시행되었다. 민법전 논쟁을 전후한 시기에 주로 독일법을 참고하여 천황 대권의 대일본제국헌법을 포함한 제법전이 일제히 정비되었다.[18]

특히 1889년 2월 11일에 선포된 대일본제국헌법(메이지 헌법) 하에서 일반 국민은 천황의 통치를 받는 신민(臣民)으로 규정되는 등, 일반 국민의 권리 보장은 매우 미약했다.[19] 이에 반해 천황은 입법·헌법·사법을 비롯한 모든

대일본제국헌법(大日本帝國憲法)의 발포 모습

18) 신형법은 1907(1908), 형사소송법은 1890(1890), 민사소송법은 1890(1891), 수정 상법은 1899(1899)에 각각 공포(시행)되었다.

19) 본래 헌법이란 통치자의 과도한 국가 권력 행사를 제한하고 국민의 인권을 국가 권력이 지켜주어야 한다. 그러나 메

권력을 장악하게 되었다. 전쟁선언・강화・조약 체결 등의 외교, 육해군의 최고 책임자로서 긴급 칙령을 명령할 수 있었고, 또한 천황의 지위는 신성하기 때문에 그 누구로부터도 침범당할 수 없었다. 특히 형법에는 천황・황후 등에게 위해와 모독 행위를 했을 경우에 적용되는 대역죄와 불경죄가 각각 신설되었다.

한편 메이지 신민법에서는 가부장적 가족제도를 중시한 탓으로 호주의 권리가 강하고, 이혼 문제에 있어서도 남자가 여자보다 유리했다. 재산 상속은 장자 단독 상속으로 남자는 여자보다 우선시되었다.[20] 그리고 형법에서는 주된 형벌이 사형・징역・금고・벌금・구류・과태료, 부가형은 몰수로 간소화되었다. 이처럼 근대 일본의 법체계는 1890년대 말쯤에 이르러 완성되나, 일반 국민의 권리 보장과는 일정 거리가 있는 불완전한 시민법이었다.

이지 헌법은 흠정헌법(欽定憲法: 천황이 국민에게 하사한 헌법)이라는 형태를 취했기 때문에 국민의 인권은 법률이 인정하는 범위 내에서만 보장된다고 규정했다. 따라서 법률 제정의 형식만 갖추면 의회(정부)가 악법을 만들어 인권을 침해 할 가능성이 존재했다. 실제로 후술하는 것처럼 악법이 만들어져 인권을 유린하기도 했다.

20) 호주권의 강화, 장남의 가독 상속, 가족제도 유지가 핵심 내용이었다. 이처럼 신민법에서 호주권과 가부장 중심의 봉건적 가족제도의 유지를 규정한 점은 근대 일본의 법체계에 있어 후진성이 일부 존재한다는 것을 말해주고 있다.

6. 시민법의 현대 일본 사회

패전 후 일본 현대법의 특징은 독일법의 영향을 받은 근대법과 다르게 미국법을 모방하여 인권 보장을 중심으로 법률 체계가 수정되어 갔다는 점에 있다. 우선 점령 통치하에서 치안유지법 · 치안경찰법 · 대역(불경)죄 · 간통제 등의 비민주적인 악법이 폐지되고, 노동 3법[21] · 자작농 창설 특별조치법 · 공직선거법 · 지방자치법 · 교육기본법 · 독점금지법 등의 새로운 법률이 잇따라 제정되었다. 특히 이제까지 근대 일본 사회를 강하게 규율해 왔던 대일본제국헌법이 폐지되고, 1946년 11월 3일에는 국민 주권 · 전쟁 포기 · 기본적 인권 보장을 강조한 일본국헌법이 새롭게 제정되었다. 이밖에 민법에서도 남녀 동등의 기본 원칙이 내세워져 호주권이 폐지되고, 재산 상속도 남녀 균등 상속이 이루어지게 되었다. 이처럼 현대 일본법에서는 천황 주권 · 가부장적 중심의 근대 일본 법률 체계에서 크게 결여되어 있었던 주권 재민과 남녀 평등이 강조됨과 아울러 그 책임과 실천이 요구되었다.

지금까지 살펴 본 것처럼 일본의 법률 제도는 고대의 율령법(공가법) → 중세의 무가법 → 근세의 무가법 → 근대 시민법(불충분) → 현대 시민법[22]이라는 형태로 변화되

---

21) 노동 3법이란 노동조합법, 노동관계조정법, 노동기준법을 가리킨다.

어 왔음을 알 수 있었다. 또한 해당 시대의 법제정에 따른 형벌의 역사도 부정을 씻거나 응보·위협(억제), 가혹한 처벌 위주의 전근대적 형벌에서 범죄 예방·교화의 근현대적 형벌로 바뀌어 왔음을 알 수 있었다.[23)]

---

22) 같은 시민법이라도 근대의 시민법은 인권 보장과 남녀 평등 의식이 매우 낮은 반면, 현대의 시민법은 강하다는 점에서 다르다.

23) 이와 관련하여 중세에서 근세로 넘어가는 과도기 때 형벌의 정도가 가장 극심했고, 공가·무사의 특권 계급과 피지배 계급에 대한 형벌 적용에도 차이가 있었다. 또한 근세 이후에는 지배자 계급과 피지배자 계급을 구분한 법률 제정과 적용이 이루어졌다. 그러나 근대 이후에 있어서는 법률에 따르지 않고는 어떤 죄도 처벌할 수 없다는 죄형 법정주의가 확립되어 오늘에 이르고 있다.

제5장 토지제도사적인 측면에서 본 일본

일본의 경우, 전근대 사회뿐만 아니라 근대 사회의 일정 기간까지도 농민들은 언제나 착취·희생의 대상이었다. 그러한 착취·희생의 토대는 기본적으로 토지에 있었다. 정권 운영의 핵심인 재정 확보를 위해 역대 정권은 어떤 토지 제도와 과세 제도를 운용했는가? 각 시대의 토지 제도와 과세 제도의 변화를 통해 일본 사회의 구조를 해부해 보기로 한다.

1. 원시시대의 토지 개념

자급자족이라는 형태로 수렵·채집 생활을 하고 있었던 센도키(先土器)·죠몬(繩文) 시대의 일본인들은 먹을거리를 찾아 이곳저곳으로 돌아다니는 이동 생활을 보내고 있었기 때문에 토지에 정착하는 일은 거의 없었다. 따라서 토지 소유라고 하는 개념은 애당초 가지고 있지 않았다. 하지만 일본인들이 한반도에서 건너 온 도래인(渡來人)으로부터 벼농사 기술을 배우고 금속기를 다루게 된 야요이(弥生) 시대에 들어와 집단적인 정착 생활에 들어가면서, 이때 처음으로 토지를 재산으로 생각하는 개념이 발생했다. 그러나 계급과 빈부의 차이가 발생하기 시작하고 있었던 야요이 시대 단계에서의 사유 관념이란 일반적으로 토지를 씨족공유제(氏族公有制), 즉 씨족이 함께 공동 이익을 내는 대상으로 간주하고 있었다.

2. 고대 일본의 토지 · 과세 제도

야마토 왕권 시대에는 대왕가나 호족들이 많은 토지와 백성을 소유하고 있었다. 제호족은 사유지인 다도코로(田莊)를 가키베(部曲)라 칭하는 예속민에게 경작시키고 있었다. 또한 대왕가도 또한 미야케(屯倉)라는 직할지와 다베(田部) 그리고 나시로(名代) · 고시로(子代)라는 직속의 백성을 소유하고 있었다. 요컨대 이 단계에서는 유력한 호족 · 왕족이 토지뿐만이 아니라 일반 백성까지도 마음대로 소유하는 사지사민(私地私民)의 시대였다.

그러나 이러한 사지사민제는 7세기 중반의 다이카 개신 이후 공지공민제(公地公民制)로 전환되었다. 즉 기존의 대왕가와 제호족의 사유민은 모두 공민(公民: 국가 백성)으로 편성되었고, 토지는 국가 소유로 되어 호적(戶籍) · 계장제(計帳制)에 기초한 반전수수법(班田收授法)이라는 토지 배분 제도에 따라 구분전(口分田)의 이름으로 율령 정부로부터 6살 이상의 일반 백성들에게 지급되었다.[1] 이 같은 반전제는 천황 중심의 중앙집권적 율령국가 존립의 기본 조건이 되었다. 그러나 노비에게도 토지가 지급되었던 관계로 노비를 많이 데리고 있던 지방의 유력 인사나 귀족들에게는 각종 명목의 토지[2]가 지급되었기 때문에 사회적 빈부의 차는 매우 컸다.

그러나 반전제는 영구 불멸의 완전한 토지 제도는 아니었다. 8세기 전반에 이르면 서서히 반전제의 실시가 곤란해지기 시작했다. 그것은 후술하는 것처럼 각종의 세금·잡역·군역 부담에 살기 어려워진 공민들이 스스로 일구던 농토를 내팽개친 채 도망가 버리거나 혹은 인구 증가로 지급해야 할 구분전이 턱없이 부족한 상황이 발생했기 때문이었다.

재정 확보가 곤란해진 율령 정부는 버려진 토지를 개간하여 조세 수입을 얻을 목적에서 성공 가능성이 전혀 없었던 백만정보개간계획(百万町步開墾計劃: 722)의 실패 후에는 삼세일신법(三世一身法: 723)을 제정하여 기한부로 토지 소유를 인정했다.[3] 그러나 국가로의 반환 기간이 다

---

1) 반전(班田)은 처음에는 호적 조사 후 6년마다, 그리고 801년 이후에는 12년마다, 6살 이상의 양민 남자에겐 2反, 여자는 남자의 2/3, 천민은 양민의 1/3의 구분전을 지급받았다.

2) 귀족들은 위전(位田)·직전(職田)·공전(功田)·사전(賜田) 등의 특권적 토지를 지급받았다.

가오면 농민이 토지 경작을 포기해버려 재차 황폐화되는 폐단이 발생하자, 율령 정부는 743년 간전영년사재법(墾田永年私財法)을 제정하여 개간한 토지에 대해서는 무기한의 소유를 인정하기에 이르렀다.

처음에는 신분에 따라 개간의 한도가 정해져 있었으나, 8세기말에 이르면 그나마 그것도 철폐되어 유력한 귀족·사원·신사 세력은 유랑하는 농민들을 받아들여 적극적으로 개간에 착수했다. 이 같은 일련의 과정을 통해 율령 정부는 재정적 이익을 크게 기대했으나, 오히려 정권 존립의 근간인 공지공민(公地公民)의 대원칙을 무너뜨려 토지사유제의 부활을 자초했다. 요컨대 토지의 소유형태가 공지공민제 이전의 상태로 되돌아갔던 것이다. 이러한 변화는 후술하는 장원제 발생의 계기로 작용했다.

한편 율령 정부 하에서의 일반 농민들은 얼마만큼의 과세부담을 지고 있었던 것일까? 율령 체제 하의 농민은 기본 세금인 조(租)이외에도 용(庸)·조(調)·잡요(雜徭)·운각(運脚)·출거(出擧), 그리고 병역 등의 각종 부담을 강제당하여 생활이 매우 어려웠다. 고대 사회의 과세 부담은 주로 물납(物納)과 노역(勞役) 부담이 중심이었다. 백성은

3) 백만정보개간계획이란 농민들에게 식량·도구를 대여하여 1인당 10일간의 노역으로 백만 정보를 개간한다는 무모한 정책을 말한다. 삼세일신법이란 개간지를 일정 기간 소유하는 제도로서, 황폐해진 반전(토지)을 재개간한 사람에게는 일생 동안, 그리고 새로운 황무지를 개간한 자에게는 3대에 걸쳐 토지의 사유를 인정한 제도이다.

양인과 천민으로 크게 구분되고, 양인은 또다시 관민과 공민으로 구별되었다. 천황에 봉사하는 관민은 세금을 면제 받았으나, 인구의 대부분을 차지하는 공민 즉 일반 농민은 과세 대상이었다.

토지는 국가의 소유로 공민은 한 사람씩 토지(구분전)를 국가로부터 대여 받아 수확량의 약 3%에 해당하는 조(租), 수도에서의 노역 10일 대신에 삼베로 대납하는 용(庸), 특산물 납입을 의미하는 조(調)를 각각 부담했다. 그 밖에 지방 관청의 잡역 등에 연간 60일의 노역이 강제된 잡요(雜徭), 납부 의무의 용・조를 농민 스스로가 수도까지 운반해야만 하는 운각(運脚), 병역[4], 사정(仕丁), 출거(出擧) 등으로 고통 받고 있었다.[5] 이처럼 물납세(조・용・조・출거)와 노역세(잡요・운각・병역)로 구분되는 율령 정부의 과세는 연령과 성별에 따라 차이가 있었으나, 농민 개개인에게 과세하는 인두세(人頭稅)의 성격이 강했다.

---

4) 각 지방의 상비군에 해당하는 군단 병사는 10번 교대로 매번씩 10일간 근무하며, 연간 1개월의 군사 훈련을 받았다. 이밖에 1년간 수도의 궁성(宮城)을 경비하는 에지(衛士), 3년간 규슈(九州) 지역을 방어하는 사키모리(防人)가 있었다.

5) 사정은 50호 당 두 사람 꼴로 3년간 징발당하여 관청의 잡역에 종사하는 것이고, 출거는 율령 정부 봄철에 반전 농민에게 볍씨를 대여하여 가을 수확기에 고리로 징수하는 것을 가리킨다. 율령 정부가 5부 이자였던 반면, 민간이 취급하는 경우에는 10부 이자였다.

3. 중세 일본의 토지·과세 제도

장원제(莊園制)는 고대 중반의 나라 시대부터 중세 후반의 센코쿠 시대까지의 토지 지배체제로서, 귀족·사원·신사세력의 경제적 기반을 이루며 무사 성장의 모태로도 되었다. 그렇다면 장원제는 어떻게 형성되어 발전·쇠퇴해 갔던 것일까?

8세기부터 9세기까지는 장원제 성립기로서, 개간 토지를 기반으로 하는 간전지계장원(墾田地系莊園)의 발달기이기도 했다. 간전지계장원이란 앞서의 간전영년사재법으로 개간이 자유로워지면서 재력이 풍부한 권문세가(황족·섭관가·사원·신사세력)에 의해 개간된 토지, 이른바 초기 장원을 말한다. 이들은 유랑 농민을 부려 스스로 개간하거나 사유지화한 국가 지급의 토지(구분전) 혹은 농민의 개간지 매입을 통해 사유지를 점차 확대했다. 그러나 이들 권문세가는 실제로 장원에 내려가 경영하지 않고 지방 영주에게 위임한 형태로 운영하거나, 율령국가의 지방 지배기구(國郡制)를 이용한 경영이었기 때문에 10세기 이후 율령 체제의 쇠퇴와 함께 붕괴했다.

한편 10세기에서 12세기까지는 장원의 발전기였다. 9세기 중반 이후 각지에 다수의 장원이 생기면서 각지의 지방호족이나 유력 농민에서 성장한 개발(재지) 영주들은 장민(莊民: 농민·농노)을 부려 토지를 경작하고, 토지에서 얻은 수입 혹은 토지 자체를 중앙의 권문세가에 명목상 기진(寄進)했다. 권문세가를 혼케(本家)·료케(領家)로 떠받들면서 그 권위를 이용하여 중앙에서 지방에 파견된 행정관 고쿠시(國司)나 다른 지방 호족의 간섭으로부터 토지를 지키려 했다. 이러한 성격의 장원은 기진지계장원(寄進地系莊園)[6]으로서 11세기 중반까지 전국적으로 확대되었다.

기진을 한 개발(재지)영주들은 장원을 책임지는 쇼칸(莊官)의 자격으로 실질적인 지배권 확보에 나섰다. 11세기 말까지 앞서의 권문세가의 정치적 지위를 이용하여 조세 면제의 불수권(不輸權)는 물론이고, 고쿠시의 장원에 대한 경찰권의 개입을 거부할 수 있는 불입권(不入權)까지도 획득했다. 율령 정부는 이 같은 성격의 장원 증대를 억제하기 위해 이따금 장원 정리령을 발령하여 단속에 나섰으나, 이미 율령 정치의 한계성을 노출한데다가 기득권 세력의 저항 앞에 별다른 효과를 거두지 못했다.

율령 정치가 한계성을 드러낸 10세기 초, 과세 체계에도 큰 변화가 일어났다. 종전의 농민 개개인을 대상으로 한 인두세에서 토지 면적을 기초로 한 세금 징수 체계가 적

6) 여기서의 기진이라 함은 명목적인 것으로, 실제의 소유권은 개발(재지)영주나 지방 호족에 있었다. 즉 자신들의 권익을 지방 관청의 부당한 세금 징수·전답 조사 명목의 간섭이나 다른 영주의 침해로부터 지키기 위해 토지를 중앙의 권력자에게 명목상으로 기진했던 것이다. 한편 혼케(本家)에는 황족·섭관가·대사원·신사, 료케(領家)에는 일반 귀족·사원·신사가 각각 해당된다.

용되었다. 이것은 사유지인 장원이 크게 발달했던 것과 관계가 깊다. 세금의 종류는 크게 두 가지로 장민의 경작지에 대한 기본 세금인 렝구(年貢)와 필요에 따라 징수하는 명목세[7]가 있었는데, 중세 이후 일반화되었다.

한편 13세기에서 14세기까지는 정치적으로 가마쿠라 막부시대와 혼란스러운 남북조 시대로 장원의 변질기에 해당된다. 죠큐의 난(1221)으로 공가 세력이 쇠퇴하고 무가 세력인 가마쿠라 막부가 전국적 우위를 확보함에 따라 무사 권력이 강화되면서 권문세가 소유의 장원에 대한 무사 침략이 본격화되었다. 이때의 장원은 처음에는 혼케・료케를 대표하는 쇼칸과 막부로부터 임명된 지토(地頭)와의 이중 지배하에 놓여 있었으나, 지토는 지토우케(地頭請)・시타지츄분(下地中分)이라는 방법을 통해 본래 쇼칸이 갖고 있었던 장원의 실권을 점차 잠식해 나갔다.[8] 또한 남북조

---

7) 구지(公事)는 부가세로서 각 지방의 특산물・수공업제품을 납부했다. 그리고 부야쿠(夫役)는 장원 영주・지토(地頭)의 지시를 받아 경작・잡역에 종사하는 일종의 노역세였다. 이 밖에 단센(段錢)은 임시세로서 논밭 1필지당 부과되며, 무나베츠센(棟別錢)는 임시세로서 가옥세의 납부를 가리킨다.

8) 가마쿠라 막부(쇼군)와 주종 관계를 맺은 엘리트 무사 고케닌(御家人)인 지토(地頭)는 1185년 가마쿠라 막부에 의해 전국의 장원 및 국아령(國衙領)에 설치된 직책으로, 장원 관리・세금 징수・장원 내의 치안 유지 업무를 담당했다. 지토우케(地頭淸)는 장원에 대한 렝구(세금)를 지토가 책임지고 징수하여 일정액을 장원 영주에게 납입하고 그 나머지는 지토가 갖는 것을 말한다. 시타지츄분(下地中分)이란 지토우케 실시 이후에도 지토우케의 세금 횡령과 같은 장원 영주와 지토와의 사이에 세금을 둘러싼 분쟁이 자주 발생하자, 양자

시대 이후 지방에서의 세력을 강화한 슈고 다이묘(守護大名)는 지배하고 있는 각 지역 장원의 지토·쇼칸 등을 가신단에 편입시키는 한편, 스스로 한제(半濟)·슈고우케(守護請)의 수단을 이용하여 장원을 빼앗아 슈고 다이묘 독자의 영국을 만들어 나갔다.9)

한편 15세기에서 16세기가 되면 장원은 붕괴기에 접어든다. 1467년의 오닌의 난은 정치적으로는 하극상의 센코쿠 시대의 진입을 의미하고, 사회적으로는 장원의 붕괴와 센코쿠 다이묘 일원 지배의 진행을 촉발한 계기가 되었다. 이러한 정치·사회 경제적인 변화 속에서 장원 내의 토지를 직접 경작하는 것은 농민이지만, 하나의 토지에는 농민의 혈세를 착취하는 개발 영주(莊官) → 료케(領家) → 혼케(本家)의 형태로 이루어진 중간 착취층이 존재했다. 이 같은 중세적 토지·과세 구조가 정권 창출의 장애라고 판

가 장원의 영지를 반절씩 나누어 관리하기로 약속한 것을 말한다. 이로써 당시의 장원은 종래의 장원 영주(혼케·료케) - 쇼칸 - 농민, 그리고 지토 - 농민이라는 두 가지 형태의 장원지배가 성립했다.

9) 가마쿠라 막부 시절에 고케닌 감시·지방의 군사·경찰권 장악이라는 임무를 가지는 것에 불과했었던 슈고는 남북조 내란기를 거치면서 슈고 다이묘로 성장했다. 슈고 다이묘는 스스로 지배하고 있는 지역 내의 장원을 슈고우케(守護請: 장원 영주 등으로부터 지역 내의 장원 경영을 위임받아 일정액의 연공을 납입하고, 그 나머지는 자기 수입으로 삼는 것)·한제(半濟: 장원 연공의 반절을 병량미라는 명목으로 강제 징수) 등의 방법을 통해 지배지역 내의 장원을 침식해 나갔다.

단한 도요토미 히데요시는 태합검지령(太閤檢知令: 1582~98)[10]을 발령하여 중간 착취층을 배제시키고, 실제 경작자를 세금 납입의 책임자로 삼아 마을 단위로 납입하게 하는 일지일작인제(一地一作人制)를 확립하여 복잡한 소유·권리 체계의 중세 장원제도를 붕괴시켰다. 이로써 고대 후반 이래의 중층적인 토지 소유 관계가 소멸되었던 것이다.

4. 근세 일본의 토지·과세 제도

중세 장원제에 대신하여 근세 도쿠가와 막부시대에 등장한 것은 향촌제(鄕村制)[11]를 토대로 한 다이묘 지행제(大名知行制) 즉 지방 영주 토지 소유제였다. 다이묘는 쇼군에게 충성을 맹세한 대가로 토지 지배권을 인정 받아, 지역 내의 직접 경작자인 농민들로부터 세금을 거두어 주종 관계에 있는 가신과 배하의 사무라이에게 봉녹을 지급했다.

---

10) 도요토미는 1582년부터 검지를 실시해 왔으나, 천하 통일 후에는 단위 통일·검지장(檢知帳: 위치·면적·토지 등급·생산량·경작자 등이 기재된 토지대장) 제출 등의 통일 기준을 강화해 전국적으로 실시했다. 즉 토지에 등급을 매기고 그 해의 수확량을 측정하여 과세하는 석고제(石高制)를 실시하여 지행(知行: 토지 지배권)과 군역(軍役: 군사적 동원)의 기준으로 삼았다. 수확량에 일정의 과세율을 적용한 연공액(年貢額)으로, 보통은 수확의 2/3를 영주에게 바치는 2公1民이었다. 납부는 마을마다 연대 책임 하에 이루어졌으며, 이 제도는 후대의 도쿠가와 막부에 의해 계승되었다.

11) 자연 집락적 농촌의 결합체로서 다이묘 지배하에 있었다.

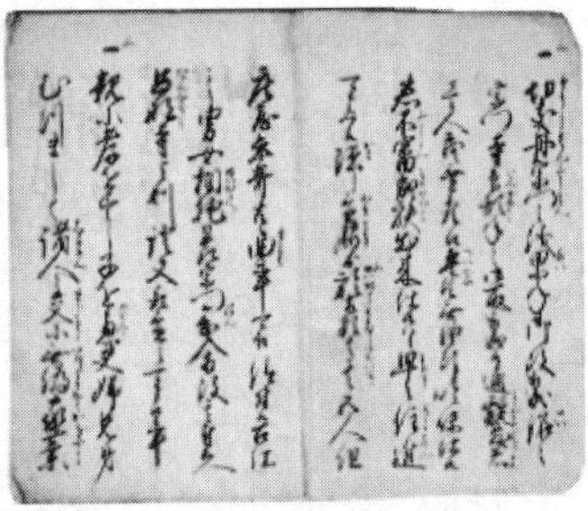

농민 생활의 통제법: 게이안노 오후레가키(慶安の御触書)

한편 전 인구의 80%에 달하는 일반 농민은 세금 납입자(本百姓)로서 지방 영주인 다이묘의 혹독한 통제 하에 놓여 있었다. 막번체제는 경제적으로 농민의 세금으로 유지되고 있었기 때문에 막부는 세수 확보를 위해 토지를 매매하거나 작은 단위로 나누는 것 자체를 엄격하게 금지하거나 제한했다.

그렇다면 막번체제 하에서의 농민의 과세 부담에는 어떤 것이 있었을까? 막부는 기본적으로 토지의 생산량에 따라 세금을 부과하고 있었다. 혼렝구(本年貢)는 논·밭 등에 부과되는 기본 세금으로, 세율은 처음에는 4公 6民이었으나 나중에는 5公 5民으로 농민 수탈이 더욱 강화되었다. 고모노나리(小物成)는 일종의 잡세로서, 산·바다·하천에서 얻는 수익이나 농민 부업에 대한 과세를 말한다. 그리고 다카가카리모노(高掛物)는 중요 간선도로의 숙박시설 정비 등에 과세하는 부가세로서, 노역 봉사가 원칙이나 실제로는 금납이었다. 구니야쿠(國役)는 막부가 각 지방의 하천 토목공사·닛코(日光)의 법회·조선통신사 접대비 등을 위해 임시적으로 부과한 세금이며, 스케고야쿠(助鄕役)는 주요 도로 근처의 농민들이 숙박시설에 사람과 말을 제공하는 것을 말한다. 이처럼 막번체제 하의 농민은 각종의 과세를 마을 단위로 연대 부담해 생활은 매우 어려웠다.

한편 18세기에 접어들면 화폐 경제의 농촌 침투로 농촌 분해가 시작되어 농촌은 더욱 어려워졌다. 불가피하게 토지를 내다 팔거나 저당 잡혀 소작인으로 전락하는 자와 이와는 반대로 기생지주로 성장하는 자가 나타나는 등의 계층 분화가 일어났다. 이러한 상황 속에서 막부는 세 차례에 걸쳐 상공업을 억제하고 정권 유지의 근간인 농촌을 진흥시키는 개혁을 추진했으나 대부분 실패로 끝났다.[12]

5. 근대 일본의 토지 · 조세 제도

도쿠가와 막부 시대의 현물 납부에 의한 조세 수입 체제는 쌀 가격의 변동이나 풍흉에 따라 크게 달라져 막부 및 번의 재정 운용에 큰 어려움이 발생하고 있었다. 메이지 초년에 일어난 내전인 보신(戊辰) 전쟁의 전비를 비롯

12) 특히 18세기 전반의 교호(享保) 개혁에서는 세제 개혁을 단행하였다. 이제까지의 검견법(檢見法: 매년 수확량을 조사하여 풍흉에 따라 과세하던 방법)을 폐지하고 정면법(定免法: 풍흉에 관계없이 과거 5~10년간의 수확량을 기준으로 과세했다. 이는 매년마다의 조세 수납액의 변동에 따른 징수 불안정을 해소하고 또한 지방 관리의 부정을 방지하기 위함)을 실시하는 한편, 세율도 4公6民에서 5公5民으로 세율을 인상함으로써 농민들의 원성을 샀다. 교호 개혁은 막부 재정 수입의 증가로 일부 성과를 거두었으나, 이후의 간세이(寬政) · 덴포(天保)개혁은 실패로 끝났다.

해 근대화 추진에 많은 비용을 필요로 했던 메이지 신정부는 재정 수입의 안정화와 종래의 번 마다 제각기 다른 조세 징수 방법을 통일하기 위해 1873년 7월 지조개정조례(地租改正條例)를 발표했다. 전국의 토지를 엄격하게 측량하여 지가(地價)를 산정하고, 수확량에 관계없이 일률적으로 지가의 3%를 지조(地租)로 현물이 아닌 화폐로 납입하도록 하고, 납세자에게는 토지 소유권을 인정하는 지권(地劵)을 발행했다.

그러나 현실적으로 정부의 재정 수입[13]은 안정되었어도 농민의 입장에서 보면 정부의 약속[14]과는 달리 세금 부담

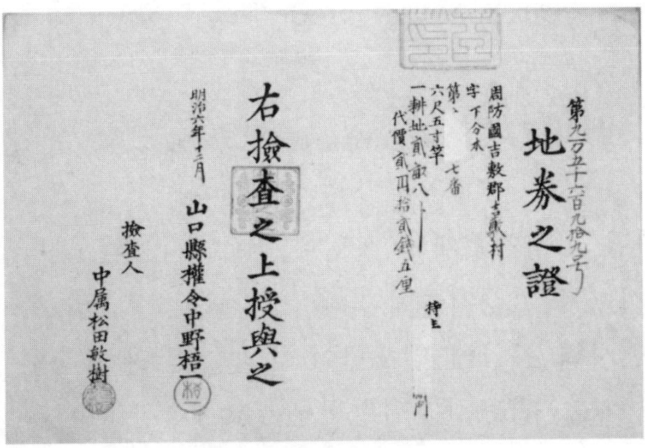

1873년 발행의 지권(地券)

---

13) 국가 재정상, 지조에 의한 조세 수입이 차지하는 비율은 상공업의 발달로 낮아져 1874년 81%였던 지조가 91년에는 36%로 격감되었다.

14) 신정부는 보신(戊辰) 전쟁 수행 시에 농민의 지지를 이끌어 내고자 세금 경감을 약속했었으나, 실제로 재정 상황의 악

은 경감되지 않았고, 도쿠가와 시대 후기 때보다 농촌 내부에서는 소작인과 기생지주 관계가 오히려 더욱 심화되었다. 그 이유는 실제 소작료는 물납으로 이루어졌기 때문에 지주는 쌀값이 오르게 되면 거두어들인 쌀을 내다 팔아 이익을 남기고, 반대로 쌀값이 떨어지면 소작료를 인상하는 방법으로 농민을 착취했던 것이다. 이러한 기생지주제는 대략 1890년대 후반쯤에 이르러 확립되었다. 19세기 후반이후 근대 100여 년 동안 통일적 조세 제도의 확립과 기생지주의 농촌 지배에 힘입어 일본의 자본주의는 크게 발달했으나, 내용적으로 볼 때 근대 이후의 토지 제도는 지주와 소작 관계의 악화라는 불안정 요소를 줄곧 내포하고 있었다.

6. 현대 일본의 토지 제도

이처럼 기생지주제의 확립이 자(소)작농의 몰락을 초래하고 나아가 기생지주에 의한 소작료의 상공업 투자가 일본의 군사력 증강에 일조하여 대외 침략의 중요한 동기로 작용했다고 판단한 연합국군최고사령관총사령부(GHQ)는 1945년 12월과 1946년 10월 두 차례에 걸쳐 농지 개혁을 단행했다. 부재지주의 폐지와 재촌지주의 소작지 보유 제한 등의 방법을 통해 자작농의 창설이 의도적으로 실시되었다. 이로써 1950년 8월까지 전 경지의 약 90% 정도가

화로 이를 실천하지 않아 농민의 반발을 불러 일으켰다.

자작농의 소유로 되어 마침내 기생지주제는 일본 사회에서 사라졌다.

지금까지 살펴 본 바와 같이 일본의 토지 제도는 토지 무소유제 → 씨족공유제 → 사지사민제 → 공지공민제 → 장원제 → 다이묘 영국제 → 토지 사유제의 형태를 거쳐 왔다. 또한 여기에 따른 과세 부담 체계도 사람에 대한 과세 → 토지 면적에 대한 과세 → 토지의 수확량에 대한 과세 → 토지 가격에 대한 과세 체제로 변화되어 왔음을 알 수 있었다.

이 과정에서 토지는 국가·권력을 유지하기 위한 수단으로서 각 시대의 역대 정권에서 매우 중요시되었다. 이에 반해 토지를 경작하는 입장의 농민들은 갖은 명목의 과세 부담에 착취와 희생을 크게 강요당하고 있었다. 때로는 이러한 억압에 견딜 수 없게 된 농민들이 중·근세 이후 근대 초기에 이르기까지 부당한 관리·권력에 대항하기 위해 잇키(一揆: 농민 봉기)[15]를 일으켰으나, 소규모적이고 단발적·비조직적이었던 탓에 대부분 실패하는 경우가 많았다. 이러한 일반 농민들은 전후가 되어서야 비로소 국가권력과 기생지주의 억압으로부터 벗어날 수가 있었다.

15) 부채 탕감·부정 관리 처벌·세금 감면 요구 등이 주된 요구였다.

제6장 경제사적인 측면에서 본 일본

현재 일본은 세계 제2위의 경제 대국으로서 미국·EU(유럽연합)와 함께 세계 3대 경제축의 하나를 이루고 있다.[1] 1991년 거품(버블) 경제의 종식 이후 10여 년 넘게 지속된 장기 불황을 겪었음에도 불구하고, 1968년 이래 유지해 온 경제 대국으로서의 위치에 변함이 없다는 점은 세계 경제에서 일본이 차지하는 비중이 그만큼 크다는 점을 입증하고 있다고 할 수 있을 것이다. 그렇다면 과거 농업사회 속에서의 일본 경제는 어떤 모습을 하고 있었을까? 고대에서 근현대까지의 일본 경제가 주로 화폐 및 상품 유통시장, 금융면에서 어떻게 기능해 왔는지 살펴보도록 한다.

---

1) 일본은 2008년도 기준으로 경제 규모(GDP)면에서 미국(14조 2,646억 달러)에 이어 2위(4조 9,237억 달러)로 세계 GDP의 약 8~9%를 차지하고 있다.

1. 물물 교환 경제에서 물품 화폐 경제로

우리의 구석기·신석기 시대에 해당하는 일본의 센도키·죠몬 시대에는 일본인들이 자급자족의 원시적인 이동생활을 영위하고 있었기 때문에 물건을 교환하거나 시장이 형성될 필요가 없었다. 그러나 한반도 남부로부터 전래되어 벼농사가 시작되는 기원전 4(3)세기경의 야요이 시대에 들어오게 되면 물물 교환 위주의 경제가 형성되는데, 적어도 그 형태는 6세기 야마토 왕권 무렵까지 계속되었다. 상품유통 면에서 보면 야마타이국이 존재하던 3세기 무렵부터 각 국마다 소규모의 시장이 형성되기 시작하여 야마토 왕권 시대에 들어오면 야마토(大和) 및 가와치(河內) 지역 내에 몇 개의 큰 시장이 생겨 그곳을 중심으로 물물 교환이 있었던 것으로 추정된다.[2)]

한편 645년 다이카 개신 이후 자리 잡혀 나간 율령 체제 하에서는 쌀이나 포(布)가 기본 세금을 대신하고 또한 화폐의 역할까지도 하고 있었다. 그러나 시장이 발달하고 상품 유통이 활발해지면서 이러한 물품 화폐는 여러 가지 점에서 불편했다. 이에 율령 정부에서는 화폐 발행을 생각하게 되었다. 여러 사람이 선호하며 귀하게 여길 만한 것으로 들고 다니기 편하고 보관하기 쉬운 것이 없을까 하

2) 야마토의 가루노이치(輕市)·츠바노이치(海石유市)와 가와치의 에가노이치(餌香市) 등의 민간 시장이 대표적이다.

와도카이친(和同開珎)

는 점과 국내 통화 부재에 따른 율령 정부의 위신 추락이 함께 고려되었다. 당시 당조에서는 화폐가 이미 통화 수단으로 이용되고 있었던 것에 반해, 일본에서는 화폐가 없어 대내외적으로 율령 정부의 위신을 세우는데 어려움이 있다고 판단했다. 그리고 가장 현실적인 이유로는 수도 헤이제이쿄(平城京) 건설 비용을 충당하고, 나아가 전화(錢貨) 발행 수입의 확보를 통해 국가재정 운용을 원활히 하기 위한 점이 최우선적으로 고려되었다.[3)]

이런 사정 때문에 일본에서 최초의 금속화폐, 즉 고대 천황제 율령국가체제가 확립되는 시점인 708년 겐메이(元明) 천황 무렵에 당조의 화폐를 모방한 일본 최초의 화폐 은·동 2 종류의 와도카이친(和同開珎)이 주조되었다.[4)] 당

---

3) 율령 정부의 국가재정은 잇따른 헤이제이쿄(平城京) 등의 대규모 토목공사, 대불조성으로 인해 수입보다는 지출이 급속히 증가하고 있었다. 따라서 그대로 방치하면 재정 위기에 빠질 위험성이 커지자, 율령 정부는 전화(錢貨) 발행에 따른 수입을 확보하거나 민간의 부를 헌납의 형태로 국가 재정에 끌어들이려 노력했다.

4) 은화는 709년 폐지되나 동화는 760년까지 계속 발행되었다. 최근 아스카 유적 발굴 조사로 다수의 후혼센(富本錢)이 발견되었는데, 이 동전은 『日本書紀』 기록(683)에 나타나는 일본 최고의 화폐로 추정되고 있다.

시 일본에는 상품 유통이 이루어지고 있었지만 주화가 그렇게 필요한 정도는 아니었다. 그러나 율령 정부에서는 화폐 유통을 꾀하기 위해 적극적으로 개입했다. 예를 들면 와도카이친을 많이 소유하고 헌납하는 사람에게 특정 지위(위계)를 수여한다든지, 또한 여행자에게 주화를 가지고 다니도록 유도했다. 그리고 아무리 유능한 인재라도 이 화폐를 소유하고 있지 않으면 지방 관리로 임명하지 않는 정책을 쓰기도 했다.

이러한 율령 정부의 편법적인 방법을 동원한 화폐 정책에도 불구하고 이용하는 사람은 소수 지배계급뿐으로, 주화 유통도 수도 주변의 기나이 지역에 한정되었다. 그 후 10세기 중반까지 약 250년간 황조 12전(皇朝12錢)이라 부르는 12종류의 주화[5]가 주조되었으나 널리 유통되지는 못했다.

그렇다면 이처럼 일반화되지 못한 이유는 어디에 있었을까? 사실 세금을 쌀이나 포로 대신하는 불편함을 일반 농민 스스로가 자연스럽게 느끼도록 시장 기능에 맡기는 것이 순리인데도 불구하고, 율령 정부의 졸속 화폐 정책이 오히려 주화의 신용을 떨어뜨리고 나아가 납의 함유량 과다로 인한 품질 저하 때문에 널리 유통되지 못했던 것이다. 화폐가 일부 지역에서밖에 유통되지 못했던 또 다른

---

5) 와도카이친(和同開珎) 이외에 万年通宝(760)·神功開宝(765)·隆平永宝(796)·富壽神宝(818)·承和昌宝(835)·長年大宝(848)·饒益神宝(859)·貞觀永宝(870)·寬平大宝(890)·延喜通宝(907)·乾元大宝(958)가 순차적으로 발행되었다.

이유로 치구센죠이레이(蓄錢敍位令: 711) 정책을 들 수 있다. 주화를 모아 율령 정부에 헌납하는 자에게 액수에 맞추어 위계를 준 이 제도는 800년에 폐지되었으나, 널리 유통되어야 할 주화가 관위 사기에 이용되었다. 요컨대 고대에는 여전히 물품 화폐(쌀·포)에 의한 교환 방식이 지배적이었고, 주화의 유통도 기나이 지역에 한정될 뿐 화폐의 사용은 그리 활발하지 못했음을 알 수 있다.

한편 시장 기능을 보면, 수도 헤이제이쿄에는 이치노츠가사(市司)의 감독 하에 좌경(左京)에 東市, 우경(右京)에 西市라는 관영 시장(官市)이 열려 지방의 산물이나 정부의 불하품이 활발하게 교환되었다. 12세기 무렵에 이르면 대도시를 중심으로 상설 점포도 생겨났으나, 이때의 상업 활동의 중심은 각지의 시장(市)이나 중앙의 물품을 지방에 팔러 다니는 후리우리(振賣)라 부르는 행상인이었다.

2. 장원 화폐 경제의 중세 일본

중세 무가 사회로 접어들면서 장원 영주들이 장원에서 거두어들인 연공미를 비롯한 각종의 생산물을 화폐로 바꾸려는 움직임이 일어나고, 또한 장원에서의 렝구(年貢) 및 토지 매매의 전납화 현상 등이 진행되면서 화폐 수요가 이전보다 크게 늘어났다. 그럼에도 불구하고 가마쿠라 막부는 화폐를 주조하지 않고 중국의 수입전(宋錢·明錢)을 대량으로 수입하는 데 그쳤다. 그렇다면 가마쿠라 막부는 도대체 어떤 이유로 중국 화폐의 수입 정책을 채용했던 것일까?

가마쿠라 막부가 화폐를 주조하지 않게 된 이유는 앞서의 화폐 수요의 증가 이외에도 교토나 가마쿠라에 상설 점포가 생겨 상품 거래가 빈번해지고, 12세기 후반 중국과의 비공식 무역이 활발해졌기 때문이었다.[6] 인기가 없는 국내 주화를 만드는 것보다 화폐가치가 높아 이익을 남길 수 있는 중국 화폐를 수입해서 유통시키는 편이 낫다고 보았던 것이다. 그래서 일본 상인들은 화폐 기능을 거의 발휘하지 못하고 있던 앞서의 황조 12전 대신에 수입 화폐인 송전을 환영했다. 또 다른 이유로는 가마쿠라 막부가 화폐를 발행할 만한 신용 능력과 재정 기반이 취약했고, 주화(동전) 주조 기술이 떨어졌기 때문이었다.[7] 따라서 대부분의 수출입품의 판매·구입 대금을 송전으로

---

6) 헤이안 시대 말기부터 가마쿠라 시대의 일본과 송조 사이의 무역(수출품: 사금·목재·유황·칼·부채·칠기 ↔ 수입품: 향료·약품·도자기·견직물·서적·송전)이 활기를 띠었다. 이 같은 일송 무역을 통해 다이라씨 정권(平氏政權)·가마쿠라 막부를 비롯하여 막대한 이익을 얻는 계층이 차츰 늘면서 일본 국내에는 자연히 송전 수입을 환영하게 되었다. 대량 수입된 송전은 상품 유통을 촉진하고 농촌에도 상품 경제를 촉진시키는 기폭제로 작용했다.

7) 특별한 주조 기술이 없었던 가마쿠라 막부는 금을 수출해서 화폐가치가 높았던 송전·명전 등의 중국산 동전을 수입했다. 예를 들면 1242년 구게(公家) 출신의 사이온지 킨츠네(西園寺公經)가 파견한 무역선은 한 번에 1억 개의 동전을 가지고 일본에 돌아 올 정도였다. 이러한 송전 등의 대량 수입이 중세 일본의 화폐 경제를 발전시켰다.

결제할 정도로 송전은 가마쿠라 시대 일본 통화의 중심 화폐로서 대량 유통되었다.

영락통보(永樂通宝)

한편 15세기 초 송조를 대신해 명조와의 국교가 회복되어 일명(日明)무역이 활발해지자 이번에는 명전이 일본에 다량 유입되었다. 그 중에서도 영락전이 가장 환영을 받았다. 그러나 송전·명전 외에 파손된 황조 12전, 조잡한 수입 사전(私錢) 등도 함께 유통되어 물품 거래에 상당한 혼란과 불편이 발생했다.[8] 이에 무로마치 막부와 슈고 다이묘는 화폐를 통한 원활한 상품 거래나 세금 납부의 혼란 방지를 위해 자주 에리제니레이(撰錢令)를 내려 주화를 정리했다. 즉 화폐의 좋고 나쁨에 따라 가격차를 두거나 양전만을 선택하고 악전을 받지 않는 에리제니 경향을 막기 위해 양전·악전의 선별 기준·종류·화폐간의 교환 기준의 법령을 마련했던 것이다.

에리제니레이는 센코쿠 시대에 이르기까지 20여 차례 더 발령되나, 화폐 수요의 증가로 인해 그 효과는 미미했

8) 조공 무역(감합 무역)은 명전 확보가 주목적이었다고 해도 과언이 아니다. 당시에는 永樂通宝·洪武通宝·宣德通宝 등의 명전을 중심으로 元祐通宝 등 70여 종에 달하는 송전, 그리고 사전(위조된 명전) 등이 유통되어 상품 거래 질서에 혼란이 초래되었다.

다. 무로마치 시대의 에리제니레이의 발령은 화폐 경제가 전국적으로 확대 보급되어 나갔음을 의미했다. 요컨대 중세 일본 사회에서는 중국 화폐가 일본 화폐에 비해 물품 거래에 더 유용했던 것이다. 이는 졸속의 고대 율령 정부의 화폐 정책을 불신해왔던 일본인들이 자국 화폐보다 가치가 있는 중국 화폐를 더 선호했기 때문이었다.

한편 금융 기능의 경우, 중국 수입전의 유입으로 상품 유통이 활발해지면서 가마쿠라 시대에는 가리아게(借上)라는 고리대금업자가 나타났다. 무로마치 시대에 접어들면 도시와 시장이 더욱 발달하면서 사카야(酒屋: 양조・고리대금업자)・도소(土倉: 고리대금업자) 등의 금융업자가 막부의 보호를 받으면서 활동했다. 민간에서도 서민 상호 부조적 성격의 금융 기관인 다노모시(頼母子) 등이 유행했다. 이때 금융업자들은 쌀・화폐 거래・운송 대금에 편리한 사이후(割符)[9]라는 어음을 발행하기도 했다.

그렇다면 시장 기능 즉 상거래는 어떻게 이루어지고 상품은 어떻게 유통되었을까? 장원 화폐 경제의 시대에 들어간 중세에는 농업 생산의 발전과 더불어 상품 거래 활동도 활발해지면서, 이전보다 각지에 시장이나 점포가 발달하기 시작했다. 가마쿠라 시대에는 상품 화폐의 발달이 시장 개설의 정기화를 촉진하여 매달 세 차례 정기적으로 열리는 시장이 발달했고(三齊市: 1・11・21일), 무로마치

9) 가와시(爲替) 제도의 하나로서, 원격지간의 금전 수송・대차 결제를 어음으로 처리하는 제도이다.

시대에는 여섯 차례 개설되었다(六齊市). 또한 상설 소매 점포에 해당하는 미세다나(見世棚), 쌀·생선 등과 같은 특정 상품을 취급하는 전문 시장까지도 등장했다.

이처럼 상공업이 발달하자 영업상의 이익을 독점하려는 상공업자들은 유력한 귀족이나 사원·신사의 정치적 보호를 토대로 동업 조합(座)[10]을 결성하고, 상품 조달·판매의 독점권, 영업세·시장세·세키센(關錢: 통행세) 등의 면세권을 얻어 활발한 상업 활동을 전개했다. 운송기능에 있어서는 이전부터의 화물 운송·보관·위탁 판매업자인 도이마루(問丸)가 배로 화물을 운송하면 바샤쿠(馬車)·샤샤쿠(車借)라는 육상 운송업자가 말이나 소를 이용하여 전국 각지로 운반했다. 이때 막부나 사원·신사가 재정 안정을 위한 통행세 징수 목적에서 설치한 세키쇼(關所)의 존재는 후술의 센코쿠 시대에 들어와 자유로운 상업 유통 발전의 장애로 간주되기 시작했다.

3. 전국적 화폐 경제의 근세 일본

동업 조합의 독점이나 통행세의 부과 등 장원 화폐 경제가 낳은 상업상의 여러 가지 폐해는 중세에서 근세로 넘어가는 과도기에 해당하는 오다 노부나가·도요토미 히

---

10) 상공업자의 특권적 동업자 조직(합)을 말하며, 그 기원은 헤이안 시대 말기 조정의 봉사자 집단에서부터 시작되었다. 상품 판매 영업자 성격의 가마쿠라 시대를 거쳐 무로마치 시대에 가장 발전했다.

데요시 정권 무렵에 들어와 폐지되기에 이르렀다. 오다는 중세 일본 사회의 기득권층인 권문세가를 후원자로 삼은 상공인들의 일체의 특권을 폐지하고, 기존의 동업 조합에 속하지 않은 신흥 상인의 자유로운 영업 보장을 꾀하고자 라쿠이치라쿠자(樂市樂座) 정책을 추진했다. 아울러 세키쇼도 철폐시켜 전국적인 상품 유통망의 형성이 가능하도록 했다.

한편 화폐제도의 혼란을 막기 위해 오다를 비롯한 센코쿠 다이묘들이 앞서의 에리제니레이를 발령한 후에도 1590년 일본을 천하 통일한 오다의 후계자 도요토미는 여기에서 한 걸음 더 나아가 통화의 통일을 꾀하기 위하여 덴쇼오반(天正大判)을 비롯한 각종 금·은화를 주조하여 국가 운영(군자금)의 재원으로 삼는 등 통일적 화폐제도 확립에 힘을 쏟았다. 이때 도요토미가 본격적으로 일본 화폐 발행을 생각하기 시작한 것은 수입에 의존하는 중국 화폐의 공급만으로는 증가 추세의 폭발적 화폐 수요를 감당할 수가 없다고 판단했기 때문이었다.

근세의 도쿠가와 시대에 들어가면 앞에서 언급한 정책의 가시적인 효과가 나타나 전국적인 상품유통 경제망이 확립되었고 또한 금·은·동 3 화폐의 사용이 정착되었다. 도쿠가와 막부는 17세기 초에 영락통보 등과 같은 중국 수입전이 아닌 3 화폐를 전국 통용의 공식 화폐로 정하고, 금·은·동좌(座)를 설치하여 주조하였다.[11] 그리고 1661

11) 화폐 주조권을 막부가 독점한 상태에서 특정 상인에게 위

년에는 각 지방 내에서만 사용할 수 있는 번찰(藩札)이 만들어져 유통되기도 했다. 이로써 수입전과 사주전에 의존하던 중세 화폐제도는 사라지게 되었다.

한편 17세기 고도 성장기의 비약적인 농업의 발달은 상품 작물의 생산을 가져와 수공업 분야에서도 도이야제(問屋制) 가내공업[12] 형태가 나타났다. 또 연공미뿐만 아니라 직물·양조·도자기·제지 등에서 많은 지방 특산물이 만들어졌다. 이러한 종류의 상품은 지방 다이묘의 구라모노(藏物)[13]로서 오사카나 에도에 설치한 번(藩) 보관창고인 구라야시키(藏屋敷)에 일단 운반되어, 구라모토(藏元)·가케야(掛屋)·후다사시(札差)와 같은 다이묘나 하타모토(旗本: 쇼군 직속의 사무라이) 등에 기생하는 상인 내지는 금

탁하여 발행·감독했다.

12) 도이야제 가내공업(18C)이란 상인이 농민에게 원료와 도구를 생산자에게 제공한 다음, 완성된 생산품을 수집하는 형태이다. 19C에 들어와서는 자본가(지주·도매상인)가 소규모 공장을 설립하여 분업의 형태로 운영하는 공장제 수공업이 등장했다.

13) 구라모노(藏物: 구라야시키에 보관된 번의 연공미·특산물) 이외에 민간 상인의 손을 거쳐 오사카나 에도에 반입된 상품인 나야모노(納屋物)가 있었다. 구라모노에 비해 수량적으로는 훨씬 적었으나, 일단 도이야(問屋)에 모아진 후 나카가이(仲買)·고우리(小賣) 판매 조직을 통해 전국에 유통되었다. 한편 구라모토는 구라모노의 출납·매각을 담당하는 상인이며, 가케야는 구라모노의 매각 대금 보관이나 매각 대금을 번에 송달하는 업무를 맡은 상인을 가리킨다. 그리고 후다사시는 하타모토·고케닌의 봉녹(쌀)을 매각해주거나 저당 잡아 돈을 빌려 주는 금융업자였다.

쵸슈번(長州藩)의 오사카 구라야시키(藏屋敷) 터

융업자[14]를 통해서 보관·운송·매각되었다.

한편 화물 운송[15]에 있어서는 천하의 주방으로 알려진 오사카의 니쥬시쿠미도이야(二十四組問屋: 화물 운반 도매집단)가 에도의 도쿠미도이야(十組問屋)[16]에 상품을 운송하는 한편, 쌀·생선 등의 특정 상품을 전문적 취급하는 도매시장이 오사카나 에도를 중심으로 발달했다. 이러한

---

14) 화폐 교환을 전문적으로 취급하는 오늘날의 은행 업무와 같은 역할을 하는 료가에쇼(兩替商: 환전상)가 존재했다. 금·은·동화의 교환 비율이 항상 변동하고 있었고, 금화(관동 권역)와 은화(관서 권역)의 유통권이 달라 있었기 때문에 에도의 미츠이(三井), 오사카의 고우노이케야(鴻池屋) 등과 같은 환전상이 등장했다.

15) 주요 항로로는 동항로[일본해 → 쓰가루(津輕) 해협 → 에도(江戶)]와 서항로[일본해 → 시모노세키(下關) → 오사카(大坂) → 에도]가 있었다.

16) 양조·간장 등의 도매상(화주)들이 운반상의 트러블을 해결하고자 조직한 운송 조합을 말한다.

활발한 상품유통·판매는 영업의 독점이나 가격 결정 등의 목적에서 동업 조합인 가부나카마(株仲間)의 결성으로 이어졌다(1721). 이후 가부나카마는 농업 경제 위주의 막번체제 하에서 물가 폭등(조작)의 주범으로 여겨져 폐지·부활의 과정을 반복했다.

4. 불철저한 자본주의 경제의 근대 일본

도시뿐만 아니라 농촌에까지 침투된 화폐경제와 활발한 상업 활동에 기초한 전국적인 상품경제 양상이 전통적인 농업경제 위주의 도쿠가와 막부를 괴롭혔으나, 그보다 더 결정적이었던 것은 개국(개항)으로 인한 일본 경제 및 전국적 유통망의 파괴였다.[17] 1854·58년 서양 열강과의 화친(和親) 및 수호(修好) 통상조약 체결로 인해 일본은 세계 자본주의 시장 질서에 강제 편입되었다.

이후 정권 교체를 거쳐 서양 열강에 뒤떨어진 산업·경제시스템을 따라잡기 위해 메이지 신정부가 선택한 길은 근대화, 다시 말하면 서양식의 자본주의 산업 육성이었다. 신정부는 먼저 상업상의 전근대적인 제한 조치를 모두 철폐하고, 공부성(工部省)의 지도하에 관영 공장을 운영하면

17) 그 원인으로는 금·은 비율 가격의 현저한 차이로 인한 금의 해외 유출, 생사·차 등의 주요 상품의 수출에 따른 국내 품귀 현상, 오사카·에도를 거치지 않은 수출품의 개항지(요코하마)로의 산지 직송에 따른 전통적 유통기구의 붕괴 등을 들 수 있다.

서 서양 열강의 선진 제도와 기술 그리고 고액의 월급을 받는 외국인 기술자를 초빙하여 기술 습득에 힘썼다. 또한 1884년 이후부터는 순차적으로 관영 공장 불하를 통해 민간 산업의 발전을 꾀하고, 청일전쟁과 러일전쟁을 전후해서는 각각 경공업·중공업의 발전을 통한 산업혁명을 달성했다. 그리고 러일전쟁·제1차 세계 대전을 통해서는 재벌[18]에 의한 독점자본이 형성되어 대륙침략 수행의 선봉이 되기도 했다.

한편 화폐·금융 분야에 있어서 신정부는 종전의 금·은·동의 3 화폐, 1800여 종에 달하는 번찰, 그리고 개항 이후 서양 상인이 일본에 들여 온 양은(洋銀) 유통에 따른 복잡한 화폐제도의 혼란을 방지하고자, 1871년 신화조례(新貨條例)를 공포하여 금본위제를 기초로 한 엔·센·린(円·錢·厘)의 십진법을 채용했다.[19] 이밖에 정부 발행

1871년 발행 당시의 10엔 금화

18) 미츠이(三井), 미츠비시(三菱), 스미토모(住友), 야스다(安田) 등이 여기에 해당되며, 금융·무역·운수·광산업 등의 다각적인 경영을 했다.

19) 이토 히로부미의 건의에 의해 엔(円)을 기준으로 한 십진법

지폐 이외에 국립은행의 화폐 남발과 유통으로 경제적 혼란[20]이 발생하자 신정부는 1882년에 중앙은행격의 일본은행을 설립하여 지폐 발행의 단일화를 꾀했다.

5. 자유민주주의 시장 경제의 현대 일본

이상으로 화폐·상품유통 등을 중심으로 일본 경제의 흐름을 살펴보았다. 고대 일본에서는 물물 교환 위주의 씨족경제에서 율령국가 성립기에 들어와 쌀과 삼베 중심의 물품 화폐 경제가 전개되었다. 이 시기 동안 와도카이친(和同開珎)을 포함한 황조 12전의 화폐 사용 시도가 있었으나 실패했고, 상업 활동은 기나이 등의 특정 지역을 중심으로 제한적 활동에 그쳤다. 이후 중세 장원 화폐 경제에 들어와 송전·명전 등의 중국 수입전이 대량 유통되어 상업 활동은 고대에 비해 지역적으로나 규모면에서 확대되었다.

근세에 이르러서는 전국적인 화폐 경제권 하에서, 금·

(100錢=1円, 0厘=1錢)의 신화폐가 오사카 조폐국에서 최초로 발행되었다.

20) 메이지 유신 이래의 근대화 정책, 사족(士族) 구제책, 세이난(西南) 전쟁 등의 사족 반란 진압에 재정 지출이 극심했던 신정부뿐만 아니라 국립은행(1883년 이후 보통은행으로 전환)도 비용을 마련하고자 지폐를 대량으로 발행하여 인플레이션이 발생하였다. 이에 마츠카타 마사요시(松方正義)를 대장경(大藏卿)에 등용되어 지폐 정리 등의 긴축재정을 실시했다.

은·동 3 화폐를 중심으로 번찰·양은 등이 제한적으로 유통되었고, 이전에 비해 상업 활동은 더욱 활발하게 전개되었다. 근대에 들어와서는 기생지주제의 심화와 함께 청일·러일전쟁을 계기로 일본 경제는 제국주의·파시즘 경제로 변질되어 국가의 대외 침략 활동과 밀접한 관련을 갖는 불완전한 형태의 자본주의 모습을 띠었다.

한편 패전 직후 일본은 식량난·인플레·실업자 증대 등으로 최악의 상태에 놓여 있었으나, 미국의 경제 원조와 지도, 특히 '냉전'의 동아시아 지역으로의 파급에 따른 점령 정책의 전환에 힘입어 본격적인 경제 재건의 기반이 만들어졌다. 이어 한국 전쟁·베트남 전쟁과 같은 뜻하지 않은 외부의 군사적 특수 경기가 침체기의 일본 경제를 자극하는 가운데, 대미 수출의 호조 등으로 1950년대 중반 이후, 진무(神武: 1955~7) 경기·이와토(岩戸: 1959~61) 경기·이자나기(1966~70) 경기와 같은 연평균 10%에 가까운 고도 경제성장을 이룩했다. 이후 두 차례의 석유위기(1973·79)를 극복하며 안정 성장기를 거쳐 오는 동안에 기술 집적 산업의 육성, 산업구조 전환(重厚長大型 → 輕薄短小型) 등의 정부 정책과 함께, 일본인 특유의 끈기와 노력도 더해져 자유민주주의 시장 경제 체제를 신봉하는 세계 제2위의 경제 대국의 지위를 확고히 굳히며 현재에 이르고 있다.

제7장 지역사적인 측면에서 본 일본

약 38만㎢에 달하는 일본의 영토 가운데, 삿포로 눈꽃 축제로 알려진 홋카이도(北海道)와 남국의 휴양지로 알려져 있는 오키나와(沖縄), 이 두 곳에는 알려지지 않은 우여곡절의 역사가 존재한다. 일찍이 일본의 선주민으로 알려져 있는 아이누인과 류큐인(琉球人)이 살고 있었던 홋카이도와 오키나와에는 도대체 어떤 역사가 숨겨져 있는 것일까? 오랜 동안 일본 내에서 '이국(異國)'·'이역(異域)'으로 취급되어 왔던 두 지역에 대한 발자취를 더듬어 보기로 한다.

1. 홋카이도의 과거와 현재
-에조치에서 홋카이도로-

1.1 고대의 에조치(蝦夷地)

고대의 아이누인은 일본 본토의 도호쿠 지방과 현재의

홋카이도 등을 포함한 북방 지역에 살고 있었다.[1] 이들은 7세기 중반 이후 율령 정부의 동화(同化)와 정토(征討) 정책에 굴복하지 않고 고유의 언어와 문화를 유지했다. 그러나 8세기 후반에 들어와 율령 정부가 복속을 거부하는 아이누 거주 지역을 본격적으로 정복해나가면서, 9세기 중반에 이르면 도호쿠 지방 대부분이 평정되었다.

이 과정에서 율령 정부는 이곳을 미개하고 본토와는 다른 풍속[2]을 가지고 있다고 해서 에미시·에비스(蝦夷) 혹은 와타리노시마(渡島)라 불렀다. 그리고 13세기에 들어와 오랑캐의 땅이란 의미에서 에조가시마(蝦夷が島)라고도 한때 호칭되었다. 17세기 이후 일반화된 명칭인 에조치(蝦夷地)는 아이누인들이 거주하는 곳을 의미하는 것으로, 현재의 홋카이도라는 명칭으로 바뀐 것은 1869년이었다.

1.2 중세의 에조치(蝦夷地)

이처럼 고대 이래 독특한 풍습과 언어를 가지고 있었던 아이누인들이 살고 있었던 에조치 남부에 일본인들이 건너가 살기 시작했던 것은 1200년 가마쿠라 막부의 싯켄(執權)이었던 호죠 요시토키(北條義時)가 안도씨(安東氏)를

1) 아이누인들은 역사적으로 혼슈(本州)의 도호쿠(東北) 지방·홋카이도(北海道) 이외에 가라후토(樺太), 치시마(千島) 열도에도 거주하면서 고유의 언어와 문화를 가지고 있었다.

2) 이곳은 본토에서 죠몬(縄文) 시대가 끝나고 야요이(弥生) 시대로 넘어갔을 때에도 농경문화가 도입되지 않은 채, 속죠몬(續縄文) 시대가 계속되면서 독특한 아이누 문화가 확립되었다.

에조치 간레이(蝦夷管領)에 임명하면서부터였다.[3)]

당시 에조치의 아이누인들은 수렵·어로와 같은 원시적 생활 외에 가라후토(樺太: 사할린)의 아이누나 중국 북부 흑룡강 유역의 소수 민족과 교류하면서 중국 산동 지방의 옷감(蝦夷錦) 등을 수입하고 있었다. 일본인이 에조치에 진출하게 된 이유는 아이누인을 복속시켜 그들이 행하고 있었던 교역을 관리하고 그 이익을 빼앗기 위함이었다. 15세기 초에 일본인들이 에조치 남부 오시마(渡島) 반도에 거점(十二館)[4)]을 마련하고 점차 아이누 민족을 착취하기 시작하자, 1457년 아이누의 대수장(大首長) 고샤마인이 봉기를 일으켰다. 대다수 거점이 함락되는 가운데 마지막으로 남은 하나자와노다테(花澤館)의 주인이자 안도씨의 가신이었던 호족 가키자키씨(蠣崎氏)가 봉기를 진압했다. 이후 안도씨로부터 독립한 가키자키씨는 1590년 도요토미 히데요시 정권에 복속하여 에조치의 지배권을 인정받았다.

1.3 근세의 에조치(蝦夷地)

도요토미 히데요시 사후, 새로운 실력자로 부상한 도쿠가와 이에야스에게 복속을 맹세한 가키자키씨는, 1599년

---

3) 당시 안도(安東=安藤氏)씨는 아오모리현 도사미나토(靑森縣十三湊)를 거점으로 세력을 확장시키고 있었다.

4) 쥬니타테(十二館)는 에조치 남부에 진출한 12개의 일본인 집단 거주지로, 각 館을 경영하던 호족들은 모두 안도씨의 지배하에 있었다.

아이누인

에조치 지배를 인정받은 후 성(姓)을 마츠마에씨(松前氏)로 바꿨다. 그리고 1604년 이에야스로부터 노동력·이익 착취의 어업 생산 및 어장 지배로 이루어지는 아이누 상대의 교역 독점권을 인정받았다. 이때가 막번체제 하에서의 마츠마에번(松前藩)의 출발이었다. 마츠마에번은 불과 1만 석 정도의 가장 작은 번으로, 주요 지배 대상은 에조치 지역의 아이누 민족이었다.

마츠마에번은 현재의 홋카이도를 일본인이 거주하는 마츠마에 지역(松前地)과 아이누인들이 거주하는 에조치(蝦夷地) 동서로 분단하여 지배했다. 지배 형태에 있어서는 우선 에조치의 주요 어장·촌락을 중심으로 바쇼(場所)를 설정, 그 바쇼마다의 교역 독점권을 번주·상급 가신이 분할 독점하는 형태인 아키나이바치교세이(商場知行制)를 실시했다.[5] 아이누인과의 교역 구역인 아키나이바(商場)는 하천이나 강 입구에 있는 아이누인의 촌락에 설치되어, 아이누인들로부터 연어·청어·다시마·중국산 옷감(蝦夷錦)을 얻었다.

이후 마츠마에 번주 등은 교역 독점권을 운죠킨(運上

5) 이때 번주는 아이누인과 교역할 수 있는 특정 장소인 아키나이바를 봉녹 명목으로 상급 가신에게 수여했다.

金: 영업세)을 납부하는 특정 상인들에게 넘겨 아키나이바(商場)를 운영토록 했다. 이 시스템을 바쇼우케오이세이(場所請負制)라고 한다. 이때 청부 상인들은 더욱 더 가혹한 이윤 추구에 혈안이 되어 아이누인을 탄압했다. 당시 에조치에서 생산되는 청어·연어·다시마 등의 해산물은 아이누인들을 착취하거나 고용한 어장 경영으로 이루어진 것이었다.6)

이처럼 아이누인을 관리하려는 마츠마에번의 억압적인 지배에 대항해 아이누인들은 종종 반란을 일으켰다. 1669년에 일어난 샤크샤인의 난은 그 최대의 봉기로서, 그 진압 처리에 한계를 느낀 마츠마에번은 중앙 정부에 지원을 요청했다. 도쿠가와 막부는 이전부터 나가사키를 통해 비공식 교역을 해왔던 청조가 아이누와 제휴하는 것을 두려워하여 쓰가루(津輕)·아키다(秋田)·이와테(岩手) 등 도호쿠 지방의 각 지역 군사를 동원하여 2년 만에 가까스로 진압했다. 1789년 쿠나시리·메나시의 반란을 마지막으로 아이누 민족은 마츠마에번의 완전 지배하에 들어가 생활상의 자유를 상실하고 민족적인 쇠퇴가 불가피하게 되었다.

이후 에조치는 마츠마에번의 관리 하에 두어져 중앙정부의 관심을 끌지 못했으나, 18세기 후반에 들어와 막부

---

6) 청어는 간사이(關西) 이남의 지역에서는 비료로, 도호쿠 지방에서는 식량으로 사용되고 있었다. 그리고 연어는 일본인들의 겨울철 보존식료로 이용되고 있었고, 다시마는 막부의 대외 공식항구 나가사키를 통해 청조에 수출되고 있었다.

가 심각한 재정적 어려움에 직면하자 관심을 보이기 시작했다. 당시 10대 쇼군 도쿠가와 이에하루(德川家治) 치세 하에서 막정을 장악하고 있었던 로쥬(老中) 다누마 오키츠구(田沼意次)는 에조치 개발[7]에 주목하여 모가미 토쿠나이(最上德內) 등을 에조치에 파견했다. 그러나 부패 정치로 비판받아 실각하는 바람에 러시아와의 교역을 통한 상업상의 무역 이익 창출 계획은 실패로 돌아가고 말았다.

그 후 에조치는 잊혀져가는 대상이었으나 재차 주목을 받게 되었다. 그것은 18세기 후반 서양 열강이 일본에 접근해올 무렵에 러시아인이 남하하여 마츠마에번에 교역을 요구하게 되면서부터다. 1792년 러시아 사절 라크스만이 네무로(根室)에 내항하여 일본 표류민을 송환한 후 통상을 요구하고 근해 측량을 실시하자, 막부는 공식적인 통상국 네덜란드 이외의 서양 국가와의 통교 금지가 '조법(祖法)'임을 이유로 통상 요구를 일단 거부했다. 그러나 러시아의 일본 접근을 대외 위기라고 판단한 막부는 1799년 에조치 경영의 중요성을 재차 인식하여 에조치의 태평양 쪽에 해

7) 로쥬 다누마가 에조치 개발 및 러시아와의 교역을 구상하게 된 계기는 센다이번(仙臺藩) 의사 구도 헤이스케(工藤平助)의 건의 때문이었다. 당시 러시아의 치시마(千島) 남하에 자극 받은 구도는 러시아와의 통상 및 에조치 개척을 다누마에 건의했다. 재정 재건을 위해 중상주의 정책을 추진하고 있었던 다누마는 이 건의를 받아들여 1786년 에조치에 모가미 토쿠나이 등을 파견한 후, 대규모 이민·개간 계획을 세웠으나 정치적 실각으로 중단되었다.

당하는 동에조치를 직할지로 삼고, 1802년에는 에조치 부교(蝦夷奉行)를 설치하여 관할시켰다.

1804년 러시아 사절 레자노프가 막부의 대외 공식항구인 나가사키에 내항하여 통상을 재차 요구하였으나, 막부는 이번에도 '조법'을 이유로 단호하게 거절하고, 이번에는 일본해 쪽의 서에조치를 막부 직할지로 삼았다(1807).[8] 이후 러시아가 나폴레옹 전쟁에 전념하여 남하의 움직임이 뜸해지자 동서 에조치의 관할권을 원래의 마츠마에번에 되돌려 다시 지배토록 했다(1821). 이후 막부는 1854년 러시아와 화친조약을 맺고 국경을 확정지었으나, 이때 가라후토(樺太: 사할린)를 양국 공동 거주 지역으로 정했기 때문에 분쟁의 소지를 남겼다.[9]

1.4 근대의 홋카이도(北海道)

그 후 가라후토에서의 러시아인들과 일본인들과의 분쟁이 끊이질 않자, 메이지 신정부에서는 가라후토를 포기하고 에조치의 개척에 비중을 두어야 한다는 의견이 대두되어, 1875년 에노모토 타케아키(榎本武揚)를 특명 전권 공사로 러시아에 파견하여 가라후토·치시마 교환 조약이

---

8) 레자노프의 내항 이외에 러시아인들의 가라후토(1806) 및 에토로후 섬(擇捉島: 1807) 습격 사건이 일어나는 등, 북방에 대한 위기 의식이 고조되어 영토에 대한 자각심이 점차 나타나고 있었다.

9) 치시마 열도의 에토로후(擇捉島) 이남은 일본령, 우룻프(得撫島) 이북은 러시아령으로 하고, 가라후토는 공동 거주 지역으로 확정되었다.

맺어졌다. 이후 가라후토는 러시아의 영토가 되었으나, 이 때 이 지역에 살고 있었던 선주민 아이누 민족의 거주권은 무시되었다.

그렇다면 에조치에 대한 러시아의 남하 정책에 자극받아 시작된 메이지 신정부의 에조치 개척은 어떻게 추진되었을까? 신정부는 1869년 7월 개척사(開拓使)를 설치[10]하고 8월에는 지명을 에조치에서 홋카이도(北海道)로 개칭하였다. 에조치 개척 정책은 동화 정책과 함께 추진되었다.

전통 복장차림으로 외출하는 아이누인

10) 초대 차관에 강화도조약 체결 시에 일본측 전권 대표로 온 구로다 키요타카(黑田淸隆)가 임명되었다. 그는 매년 100만 엔을 10년간에 걸쳐 홋카이도에 투자하여 개발하는 정책을 추진했다. 이러한 계획의 일환으로서 서양의 많은 기술자·전문가들이 초빙되어 개척 정책에 대해 자문했다. 이처럼 홋카이도 개척을 이끌었던 개척사는 1882년 폐지되었다. 이후 홋카이도청(1886)으로 바뀐 후, 1950년 각료급 행정 기관인 홋카이도·오키나와 개발청이 설치되었다. 2001년 행

본래 아이누 민족은 본래 수렵과 어로를 생업으로 하면서 귀고리·문신 등의 전통적인 풍습이 있었으나, 이를 금지시키는 한편 익숙하지 않은 농업과 일본어 습득을 강요하고 척박한 내륙으로 강제 이주 등의 조치를 단행했다.

한편 신정부는 이른바 기생지주제의 피해자인 영세 농어민을 집단으로 이주시켜 개척을 위한 노동력을 확보하고 국영 공장의 설치, 서양식 농법의 도입, 탄전 개발, 철도 및 도로 건설 등에 착수했다. 아울러 신정부의 근대화 정책에 불평이 많았던 사족(士族)에 대한 무마와 분산책의 일환으로 가난한 무사들을 집단 이주시켜 농지 개척과 국경 경비의 이중 효과를 거두기 위해 둔전병(屯田兵) 제도를 제정했다(1874).[11]

이 같은 과정을 거쳐 아이누 민족의 오랜 삶의 터전이었던 에조치는 메이지 신정부의 개척 정책에 의해 현재는 일본 농·축산업 생산의 주요 부분을 차지하는 지역으로 탈바꿈했으나 그 개척 과정의 이면에는 아이누 민족에 대한 차별과 억압, 그리고 전통적 생활 기반의 파괴가 숨겨져 있었다. 1899년 '홋카이도구토인보호법(北海道舊土人保

정 개편에 의해 오키나와·북방 담당성으로 바뀐 후, 현재는 내각부 특명 담당 대신(內閣府 特命担当大臣)이 오키나와·북방 문제를 다루고 있다.

11) 1875년에 첫 모집을 실시한 이후, 1890년부터는 응모 자격을 사족에서 일반 영세민으로까지 확대시켜 1904년 폐지될 때까지 30년 동안에 이주자가 4만 명에 달했다.

護法)'이 제정되었다. 이 법은 아이누를 구토인(舊土人)이라 칭하며 농업에 종사하려는 아이누인에게 15,000평 이내의 토지를 무상으로 나누어 주는 것 등을 주요 내용으로 하고 있다. 그러나 이 정책은 아이누인에게 토지를 스스로 선택할 수 있는 권리 부여 없이 농업을 강제적으로 장려하고, 일본인으로의 동화를 강제하려는 경향이 강했다. 그리고 19 97년에 일본 정부는 뒤늦게 선주 민족을 보호한다는 '아이누 신법'을 재차 제정했으나, 이미 아이누인은 일본인으로 동화되고 그들의 전통과 문화·언어를 잃어버린 지 한참 뒤였다.

일찍이 일본의 선주 민족 내지는 일본인의 원형으로까지 일컬어지기도 했던 아이누인의 존재 가치는 일본의 동화 정책 앞에 유명무실해진 것이다. 이처럼 본래 일본의 선주 민족의 하나로서 고유한 언어와 풍속을 가지고 있었던 아이누 민족과 그들의 고향 에조치는 사라지고 현재의 홋카이도만이 존재하게 되었다. 고대 이래의 굴곡의 역사를 거치며 일본인으로 동화되고 수만 명 정도밖에 남지 않게 된 아이누인은 현재 홋카이도 우타리 협회 등을 중심으로 그들의 문화 보존·복원에 힘쓰고 있다.[12]

---

12) 필자는 2007년에 홋카이도를 여행하면서 시라오이쵸(白老町)에 위치한 아이누 민족박물관을 방문할 기회를 가졌다. 아이누 유산을 보존한다고는 하나 관광지화 된 아이누 민족의 현실 앞에 안타까운 마음을 금할 수가 없었다.

2. 오키나와(沖繩)의 과거와 현재
-류큐에서 오키나와로-

일본 전체 면적의 약 0.6%(2274㎢)이자 일본 전체 인구의 약 1%(137만)에 해당하는 오키나와는 지리적으로 일본보다는 중국이나 대만에 더 가까운 지역이다. 근세의 에도 시대까지는 류큐(琉球)라 부르며, 독자적인 문화를 가지고 16세기까지만 해도 중국과 조선[13] 그리고 동남아시아를 연결하는 해상 중개 무역의 중심으로서 류큐 왕국을 형성하고 있었다. 수 년 전 여중생 사망 사건 이후 사회적 이슈가 되었던 미군 장갑차 사건과 관련해 시민단체 등의 불평등 소파(SOPA) 개정 요구가 거세어 질 때, 곧잘 유사 사례로서 비교되었던 지역으로도 유명하다.

2.1 고중세의 류큐(琉球)

류큐가 역사서에 처음 등장하는 것은 7세기 초로, '수양제가 류큐에 사자를 보냈는데 언어가 통하지 않았다(607)'든가, '수양제가 복종하지 않는 류큐를 침략하여 3000명을 포로로 잡아 갔다(608)'고 『수서』 동이전(『隋書』 東夷伝)에 전해지는 것처럼, 중국 사서에서는 속국(屬國)의 모습으로

13) 고려 창왕 원년인 1389년, 류큐 츄잔(中山) 왕국의 왕이 사신을 고려에 보내어 첫 관계를 가진 이후로, 류큐는 조선시대에 37차례나 사신을 보내왔고, 조선도 4차례 사신을 파견한 일이 있는 우호 국가였다.

그려져 있었다. 7세기부터 8세기에 걸쳐 『수서』·『니혼쇼키(日本書紀)』·『쇼쿠니혼기(續日本記)』에 등장한 이후, 한동안 나타나지 않다가 다시 등장하는 것은 12세기에 들어오면서부터였다.

류큐 민족은 아이누 민족과 마찬가지로 원시적인 어로·채집 생활을 보내다가 일본 내의 다른 지역보다는 훨씬 늦은 12세기 무렵에 들어와서야 비로소 벼·보리 농사와 철기의 사용이 시작되었다. 본격적인 농경 사회의 시작으로 빈부의 차가 점차 발생하게 되면서 각지에서 안지(按司)라 부르는 정치적 지배자(수장)들이 나타나 성을 쌓고 세력 항쟁을 벌인 끝에, 14세기에 이르러 호쿠잔(北山)·츄잔(中山)·난잔(南山)의 3 세력으로 통합되어 약 100여 년 동안 서로 대립했다. 특히 1372년 츄잔 왕 삿토(察度)가 명조에 건너가 중국과 첫 조공 관계를 맺게 된 것을 계기로 입공을 경쟁하며 내부적 대립이 더욱 치열해졌다.

이후 츄잔 지역의 한 어부의 자식이었던 쇼하시(尙巴志)가 대량의 철을 농구로 만들어 농민에게 배분하여 민심을 얻은 끝에 1406년 학정을 계속하는 츄잔 왕 부레이(武寧)를 무너뜨리고 거점을 슈리성(首里城)으로 옮겼다. 이 여세를 몰아 1416년에는 호쿠잔 왕을, 1429년에는 난잔 왕을 제거하고 류큐 전체를 처음으로 통일했다. 이때 명조로부터 쇼씨(尙氏)의 하사와 더불어 지배권을 인정받고 류큐 왕국을 정식 출범시켰는데, 이때가 제1기 쇼씨 왕조에 해

류큐 왕국의 황금기를 구축한 쇼신왕

당한다. 그러나 쇼하시의 혈통을 잇는 제1기 쇼씨 왕조는 내란 등의 정정 불안을 계속한 끝에 1469년 7대 국왕 쇼토쿠(尙德) 대에서 끝나고, 이듬해 유력 농민 출신의 고위 관리였던 가나마루(金丸)가 중신들의 추대로 실권을 장악해 쇼엔(尙円)이라 칭하며 제2기 쇼씨 왕조를 열었다. 이 왕조는 3대 쇼신(尙眞)왕 취임(1477) 이후 아마미(奄美)에서 야에야마 제도(八中山諸島)까지를 지배하는 류큐 왕국의 황금기를 구축했다.

이처럼 류큐 왕국이 번성할 수 있었던 이유는 명조의 해금(海禁)과 책봉(冊封) 체제로 대표되는 동아시아 국제 정세 하에서 벌인 해외 각국을 상대로 한 교역 때문이었다. 명조가 해금 정책을 통해 자국민의 해외 도항과 교역을 금지하는 한편, 다른 한편에선 책봉 체제의 구축을 통해 주변 국가들에게 조공을 허용하자, 류큐 왕국은 이러한 동아시아 국제 정세를 십분 이용하여 15세기부터 16

세기 전반에 걸쳐서 명조에 대한 조공 무역을 중심으로 조선·일본·동남아시아 각국과의 적극적인 중계 무역으로 번영을 구가했다. 그러나 이 번영은 16세기 중반에 이르러 포르투갈 등을 비롯한 유럽 무역선의 동양 진출로 점차 쇠퇴했다.

2.2 근세의 류큐(琉球)

한편 류큐 왕국은 일본 본토와는 중세의 남북조 시대에 한때 교류가 단절된 적이 있었으나 이후 교류를 계속했다. 도요토미 히데요시가 명조 정벌에 앞서 조선 침략을 시도할 때, 사츠마번(薩摩藩)을 통해 류큐 왕국에 복종과 병량미 공출 등을 요구했으나 류큐 왕국은 이를 거부했다.[14] 아마도 이것은 14C 후반 이래의 조선과의 신의 내지는 명조의 책봉국임을 중시했기 때문으로 보인다. 1603년 도쿠가와 막부 출범 후에도 중앙정부의 간섭에 개의치 않고 독자노선을 계속 유지했으나, 이러한 행동은 결국 미움을 사 이전부터 류큐 공략을 계획하고 있었던 사츠마 번주 시마즈씨(島津氏)의 침략을 받게 되었다.

1609년 3,000여 명의 군사와 100척의 군선을 동원한 사츠마번의 류큐 정복은 앞서의 요구에 불응한 징벌적 조치 외에 번정에서 비롯된 내부 모순을 외부로 돌리려는 정치

14) 사츠마번은 도요토미로부터 할당받은 15,000여 명의 군사 일부를 류큐 왕국에 강제 배당하고, 만약 병력 동원을 원치 않으면 7,000명분에 해당하는 식량 10개월 분, 금·은 등을 바치도록 요구했다.

류큐 왕국의 수도 슈리성(首里城)

적 의도도 작용했다. 이전부터 조공·중계 무역으로 막대한 이익을 올리고 있었던 류큐 지배에 대한 욕심을 가지고 있었던 사츠마번이 번의 재정 문제·가신단 통제에 어려움이 발생하자, 내부 모순을 외정으로 해소하기 위해 침략을 단행했던 것이다.

그런데 여기서 유의할 점은 류큐 침략은 시마즈씨 단독으로 이루어진 것이 아니라 그 배후에는 도쿠가와 막부의 개입이 있었다는 점이다. 도요토미의 대륙 정복 실패 이후 동아시아에서의 외교적 고립을 회피하려 했던 도쿠가와 막부는 명조와의 외교·무역 관계의 부활을 꾀하고자 명조와 책봉 관계에 있는 류큐 왕국에 그 중개 역할을 기대하고 있었다. 마침 1602년·1603년 연이어 일본 본토에 표착한 류큐 어민의 송환을 시마즈씨에게 명령하고, 아울러 류큐 왕국에 대해서도 송환에 감사하는 사절 파견과 일명 관계(감합 무역) 부활의 중개 교섭을 명하였으나, 류큐 왕국이 사절 파견을 거부하고 또한 중개 교섭도 난항에 봉착했다. 그러자 막부는 그 책임을 류큐에 돌리기로 결정하고 1609년 시마즈씨의 류큐 침략을 허가했던 것이다.

한편 도쿠가와 막부는 중국과의 조공 무역으로 얻어지는 이익을 고려하여 외관상으로는 400여 년 전통의 류큐 왕조체제를 유지토록 했으나, 내부적으로는 사츠마번을 통해 수도 나하(那覇)에 자이반부교(在番奉行)를 설치하여 정치와 조공 무역을 감독하고 세금도 징수했다.[15] 사츠마번에 의한 일종의 간접 지배인 셈이다. 그리고 도쿠가와 막부 쇼군과 류큐 국왕의 취임 때마다 사절(慶賀使·謝恩使)이 에도까지 올라가 공순(恭順)의 예를 취하도록 했다.[16] 요컨대 류큐 왕국은 대외적으로는 중국(명조·청조)과 일본(도쿠가와 막부)을 상대로 양속(兩屬) 외교를

15) 사츠마번은 류큐에 대한 겐치(檢知: 토지조사사업)를 완료하고, 아마미 제도(奄美諸島)를 시마즈씨의 직할지로 삼았다.

16) 쇼군 취임 축하 목적의 경하사(慶賀使)와 류큐 국왕 취임 보고 목적의 사은사(謝恩使)는 중국풍으로 강제되어 이국(異國)의 류큐 왕국이 쇼군에게 조공의 예를 취하도록 연출되었다. 이 사절은 1634년부터 1850년까지 총 18회 파견되었는데, 이때 막부는 류큐 사절을 외국의 사자로 환대함으로써, 하국의 류큐 왕국이 상국인 도쿠가와 막부의 쇼군에 인사하러 올라옴을 대내적으로 과시하려 했다. 또한 사츠마번도 류큐 사절이 에도에 올라가는 것을 계기로, 막부·타번에 대해 종속하는 외국을 가지고 있음을 과시하고, 그것을 시마즈씨의 관위 승진에 이용하려 했다.

펼치고 있었으나, 국내적으로는 사츠마번의 착취와 압정에 시달리고 있었다.

19세기 중반 이후 류큐 왕국은 도쿠가와 막부에 개국을 요구하는 서양 열강의 첫 시험 무대가 되고 있었다. 1844년에 프랑스 군함이, 46년에는 프랑스와 영국 상선이 통상 목적으로 류큐를 잇따라 찾아오자, 류큐 왕국은 섬나라로 무역을 할 만큼의 자원이나 산물이 없음을 이유로 거부했다. 그러나 상황을 무시할 수 없다고 판단한 사츠마번은 막부에 보고하고 그 대응 방법을 물었다.17) 이에 아편전쟁의 소식을 이미 전해 듣고 있었던 막부는 서양 열강의 외압을 류큐 왕국 선에서 차단하고자 사츠마번에 류큐 왕국과 프랑스·영국간의 통상 허가를 지시하여 1847년 개항에 이르렀다. 그리고 1853년에는 일본 내항에 앞서 미국의 동인도함대 사령관 페리가 류큐의 슈리성에 무단 상륙하여 미국 대통령의 친서를 전달하고 개국을 독촉했다. 이때 류큐 왕국은 페리의 요구를 일단 거절했으나, 페리가 1854년 우라가(浦賀)에 재차 내항하여 도쿠가와 막부와 미일화친조약을 맺은 후, 류큐를 재차 방문했을 때는 미국의 요구를 받아 들여 류미(琉美)수호조약을 체결했다. 이처럼 류큐 왕국은 대내외적으로 도쿠가와 막부·사츠마번의 권

17) 사츠마번은 네덜란드 이외의 서양 열강과의 무역은 국법상 금지[祖法]되어 있으나, 프랑스의 요구를 계속 거절하면 사츠마뿐만 아니라 막부에도 그 피해가 예상된다며 류큐에 한정하여 통상을 허가하는 것이 바람직하다는 의견을 막부에 제시하고 있었다.

력과 서양 열강의 외압 앞에 서서히 무너져 갔던 것이다.

2.3 근대의 류큐(琉球)

그렇다면 청일 양속 입장의 류큐 왕국의 운명은 메이지 신정부 탄생 후에는 어떻게 달라져 갔던 것일까? 1871년 12월 태풍을 만나 대만에 표착한 류큐 어민 66명 중 54명이 대만 원주민에게 피살되는 사건이 발생했다. 그러자 신정부는 오쿠보 토시미치(大久保利通: 내무경)를 청국에 파견하여 종래 청일 양속 관계에 있었던 류큐 왕국의 영유권을 확실히 하고자 청국에 배상과 범인 처벌을 요구했다. 이에 대해 청국은 대만과 류큐가 모두 청국의 영토로 국내문제에 불과하니 일본이 나설 일이 아니라고 거부했다. 그러자 신정부는 정권 탄생에 크게 공헌했으나 근대화 정책 추진으로 특권을 상실하고 실업자 신세로 전락한 사족(士族: 구무사)들의 정부에 대한 불만이 1873년 정한론 좌절로 최고조에 달하자, 그들의 불만을 외부로 돌리고 류큐인 살해에 대한 보복 차원에서, 1874년 신정부 최초의 대외 침략 전쟁인 대만 침략을 단행했다. 이것을 통해 일본은 청국과의 류큐 영유권 주장에서 일단 유리한 위치를 차지하게 되었다.[18]

---

18) 영국·미국 그리고 신정부 지도자 기도 타카요시(木戸孝允)의 반대에도 불구하고, 사이고 츠구미치(西郷従道)와 오쿠보(大久保) 정권에 의해 감행된 대만 침략은 류큐와 류큐인이 일본의 영토·국민에 속하는 주권 행사 차원에서의 행동임을 대내외에 과시하는 기회로 작용되었다. 7차례에 걸

한편 신정부는 대만 침략에 나서기 전인 1872년 류큐 왕국을 류큐번(琉球藩)으로 개칭한 뒤 외교 사무를 대신 관장하고, 국왕인 쇼다이(尙泰)를 류큐 번왕(藩王)에 임명하여 화족(華族)의 반열에 이름을 올렸다.[19] 나아가 신정부는 대만 침략 후인 1879년 류큐 왕국과 청국의 반대에 아랑곳하지 않고 군대와 경찰력을 동원하여 왕궁을 점령하고 류큐 국왕을 강제로 도쿄로 연행한 후 오키나와현(沖繩縣)을 설치하는 등의 류큐 처분(琉球處分)을 단행했다. 이러한 1872년부터 1879년까지의 일련의 강압적 조치로 400년 전통의 류큐 왕국은 마침내 해체되고, 메이지 근대 일본의 지배하에 들어가게 되었다.

그러자 청국은 일본의 조치에 강력히 항의했다. 청국의 항의와 서양 열강의 국제적 비난에 당황한 일본은 1871년에 체결한 청일수호조규에 서양 열강 수준의 내지 통상권을 일본에게도 인정하는 규정을 추가한다면 청국과 류큐의 일부를 나누어 가질 수도 있다는 이른바 분도(分島)안[20]에 합의하기도 했으나, 내정 문제로 골머리를 앓는 청

친 청일 교섭이 실패로 돌아 간 후, 주청 영국 공사의 중재로 청일호환조관(淸日互換條款: 1874.10)이 체결되어 청국이 일본의 대만 침략을 정당한 행위로 인정하고, 아울러 50만 냥(약 77만 엔)의 배상금을 지불하는 것으로 일단락되었다.

19) 1871년 폐번치현(廢藩置縣)으로 전국의 모든 번이 일제히 현으로 바뀐 시점에서, 류큐 왕국을 현이 아닌 번으로 개칭한 것은 현으로 고칠 경우 정부 직할이라는 이미지가 강하기 때문에 류큐 측과 청국 측을 불필요하게 자극할 필요가 없다는 판단에서였다.

국과 일본 측의 내부 반발이라는 양국 사정으로 비준이 미루어져 오다가, 청일전쟁 승리 직후 체결된 시모노세키(下關: 1895.4) 조약에서 일본의 오키나와 영유가 최종 확정되었다.

2.4 현대의 오키나와

16세기까지 류큐 왕국을 독자적으로 유지하고 있었던 오키나와는 17세기 초의 사츠마번 침략으로 독자성을 상실하고 청일 양속의 입장으로 지내 오다가 메이지 신정부의 영토 확정 정책에 따라 일본 영토로 강제 편입되었다. 근세・근대의 정치 권력에 의한 차별과 탄압은 태평양전쟁 말기 벌어진 오키나와 전투에서 일본군과 연합군의 최후 격전지로 되어 일본군뿐만 아니라 미군에 의해서도 약 12만 명에 달하는 지역민이 희생되는 결과로 이어졌다. 이러한 상황은 패전 후에도 그대로 이어져 20여 년 동안 미국의 점령 통치 상태에 있다가 1972년에 가서야 일본에 반환되었다.

현재 오키나와 면적의 10.5%가 미군기지로 일본 내 미군 점유지의 75%가 이곳에 몰려 있다.[21] 이로 인해 일반

---

20) 1879년 청국의 이홍장이 전 미국대통령 그랜트에 류큐 영유 문제 조정을 의뢰해오자, 그랜트는 오키나와를 양분하여 미야고(宮古)・야에야마(八重山)의 사키시마 제도(先島諸島)를 청국에 할양하고, 청일수호조규(淸日修好條規)의 개정(서양 열강이 청국으로부터 인정받은 수준의 조약 권리를 일본에게도 인정한다)을 추진한다는 조정안을 양국에 제시했다.

시민 생활에 적지 않은 피해를 주고 있을 뿐만 아니라 미군의 소녀 성폭행 사건, 음주로 인한 폭행·교통사고, 비행장 소음 등의 사회 문제가 끊이질 않고 있다. 이러한 전후 사정 때문에 본토인에 대한 뿌리 깊은 반감·소외 의식과, 미국에 대한 뿌리 깊은 반발 의식이 오키나와인의 가슴속에 아직까지도 상처로 남아 있다.[22] 이처럼 오키나와는 일본 본토인과 외국인 모두로부터 받았던 차별과 억압이라는 굴곡의 역사를 가지고 있다.

---

21) 미국은 오키나와를 대중국 견제 그리고 일본과 한반도 및 대만 유사시에 대비한 전초 기지로서 활용하기 위해 오키나와 주둔을 계속해 왔으나, 오키나와 주민들의 반대 등을 고려하여 최근 미군 재편계획(후텐마 기지의 이전·병력의 괌 이동)을 둘러싼 미일 교섭이 진행 중에 있다.

22) 2007년 3월 일본 정부는 2008년 사용할 고교 교과서의 '집단 자결' 관련 기술에서 일본군에 의한 명령·강제 등의 표현을 "오키나와 전투의 실태를 오해할 우려가 있다"는 이유로 삭제 또는 수정토록 했다. 이러한 결정은 태평양전쟁 말기에 미군 상륙 공격이 임박해 옴을 이유로, 일본군이 오키나와 주민들에게 강요했던 집단 자결의 역사적 사실을 왜곡한 것으로, 오키나와현은 이에 강력히 반발하여 검정 의견 철회를 요구하는 결의안을 채택했다. 이처럼 역사적 진실의 왜곡 및 생활상의 안전 보장을 둘러싼 오키나와 주민의 일본 정부·미국을 상대로 한 투쟁은 현재도 계속되고 있다.

제8장 일본 사회 속의 천황제

일본 사회를 이해하기 위한 키워드의 하나로서 천황제를 들 수 있다. 주지하다시피 천황제는 일본의 문화와 전통이 녹아 들어가 있을 뿐만 아니라 신화적·종교적·정치적 요소가 모두 포함되어 있어 이를 제대로 파악하기란 쉽지 않다. 그러나 문제가 있는 신화적 요소를 제외하더라도 세계에서 가장 오래 지속되고 있는 군주제 중의 하나인 것만은 사실일 것이다. 1000여 년이 넘는 정치적·사회적 풍상을 견디면서 천황제가 일본 사회 속에서 어떻게 변화되어 왔으며, 오늘날까지 존속할 수 있었던 요인은 어디에 있었는가? 그리고 오래도록 일본 사회의 중심에 서 있는 천황이 가지고 있는 역할과 책임은 무엇인가 등을 중심으로 살펴보고자 한다.

1. 천황제의 성립
-칭호의 기원과 기능-

천황제는 오랜 세월에 걸쳐 일본인의 정신 세계와 일상생활에 깊은 영향을 끼쳐 왔다. 그렇다면 일본인들은 언제부터 천황이라는 호칭을 사용하게 되었던 것일까? 기원후 2~3세기경의 일본의 정치·풍속·지리 등을 알 수 있는 중국 역사서『위지』왜인전(『魏志』倭人伝)에 따르면 야마타이국의 히미코 여왕이 239년 위에 조공 사절을 보내 '친위왜왕(親魏倭王)'이라는 호칭을 받았다고 한다. 이 사실로 미루어 보아 이 시기의 왜국의 지도자를 중국에서는 왕이라 부르고 있었음을 알 수 있다.

이후 고대 율령국가 이전의 일본, 즉 야마토(大和) 왕권에서는 기나이 지역을 중심으로 각 지역의 왕들이 연합하여 왕 중의 왕인 오키미(大王)를 세워, 오키미로 하여금 통치권과 제사권을 행사토록 하고 있었다. 다이카 개신(645) 이후 야마토 왕권이 고대 율령국가로 탈바꿈하게 되면서 7세기 후반 경에 이르면 덴노(天皇)라는 호칭이 공식적으로 등장하게 되었다.[1] 율령에 규정된 천황 칭호의

---

1) 원래 중국 도교(天皇大帝)에서 우주의 최고신 또는 북극성의 칭호로 사용되었던 천황의 기원에 대해서는 두 가지 설이 있다. 7세기 초의 스이코(推古) 천황 시대설과 7세기 후반의 덴무(天武)·지토(持統) 천황 시대설이 바로 그것이다. 전자는 607년 호류지(法隆寺) 금당약사여래상의 광배에 새겨진

확립과 함께 그 지배 영역인 야마토를 '일본(日本)'이라는 한자로 함께 사용하기 시작하였다. 요컨대 천황과 일본이라는 용어는 거의 같은 시기에 만들어졌다고 할 수 있다.

한편 본래 촌락 공동체의 제주에 그 기원을 두고 있는 천황의 종교적 기능은 무엇보다도 국가 제사를 주관하는 제사장으로서의 역할에 있었다. 촌락 공동체의 지도자인 슈쵸(首長)가 스스로 통치하는 사회집단을 대표해 종교적 의례를 주관하며 풍년을 기원하고 아울러 풍성한 수확에 대해 감사제[2]를 올렸던 것이 고대 율령 사회가 되고 나서부터는 국가 제사로서 천황이 그 기능을 담당했던 것이다. 현재는 근로감사의 날로 바뀌었으나 천황이 매년 11월 23일 황거 내 신전에서 치렀던 니이나메사이(新嘗祭)[3]는 천황의 종교적 권위의 대표적 상징이었다.

천황은 이 같은 종교적 기능에 더해 정치적 기능도 가

것을 두고 스이코조(推古朝)에 성립했다는 주장으로 한때 각광을 받았으나, 이 광배가 후에 만들어진 것이 유력해지면서 쇠퇴했다. 후자는 나라현 아스카촌(奈良縣 明日香村)의 아스카 연못 유적에서 '天皇 丁丑年(677)'이라고 적힌 목간(木簡) 출토를 근거로 '천황' 호칭의 사용을 주장하는 설이다.

2) 기원전 4(3)세기경에 성립한 야요이 문화는 한반도로부터 전래된 벼농사 재배와 금속기 사용이 중심을 이룬다. 벼농사의 풍작 여부는 곧 마을의 생존을 좌우하는 중대사였다. 따라서 자연스럽게 풍작을 기원하는 제사가 마을 종교 행사의 바탕이 되었다.

3) 원래 천황이 그 해의 햇곡식을 천지신명에게 바치고 스스로 먹기도 하는 이른바 한 해의 수확을 감사하는 궁중 제사였다. 이 제사는 고대 이후 신권적 카리스마를 소유한 국가 제사장으로서의 천황의 성격을 가장 잘 대변하는 것이었다.

지고 있었다. 율령에 규정된 고대 천황의 권력은 예를 들면, 국가 기구의 설정・관직기구의 신설과 폐지・관리 임명・관위 수여・가바네(姓)의 수여・군사지휘권・외교권 등을 가지고 있어, 가히 천황 대권이라고 칭할 수 있을 정도로 전제 군주적인 성격이 강했다. 그러나 현실 정치 과정 속에서 이러한 통치권 행사는 일부 천황을 제외하고서는 제대로 실시되지 못했고, 후술하는 것처럼 실제와는 다른 변형된 정치 권력 주체(귀족・무가・번벌・관료・군부)가 이를 대행했다.

2. 천황제의 과거와 현재

2.1 고대 천황제

고대 천황제는 7세기 후반 이후 율령 제도의 확립 과정을 통해 천황이 정치 주체로 등장한 시기에 수립된 것으로, 12세기 말 미나모토노요리토모(源頼朝)가 가마쿠라 막부를 창설할 때까지 계속되었으나, 실제상의 천황의 전제적 지배기간은 그리 길지 못했다. 672년 황위 계승을 둘러싼 전쟁인 진신(壬申)의 난을 승리로 이끈 덴무(天武) 천황 때부터 8세기 전반 때까지는 황친(皇親) 정치로 대표되는 천황의 전제적 지배가 실시되었다.[4)]

---

4) 황친 정치란 덴무 천황의 자손들에 의해 정치 실권이 장악되어 천황 일족의 지배력이 강화된 시기의 정치를 가리킨다. 특히 덴무 천황 무렵은 아라히토가미(現人神: 살아 있는 신)로 추앙될 정도로 천황의 신격화가 이루어졌다.

그러나 헤이안 시대 초기인 9세기 중후반부터는 외척 중심의 대귀족에 의한 셋칸 정치의 등장으로 천황은 점차 실권 없는 존재로 바뀌었다. 셋칸 정치는 특히 10세기 중반부터 11세기 중반까지 정점을 이루었다. 후지와라씨(藤原氏)로 대표되는 대귀족의 4가문 중에서도 후지와라 홋케(藤原北家)은 858년 9살의 어린 나이에 즉위한 세이와(清和) 천황 때부터 권력의 원천인 천황의 외척 자격으로 천황의 통치행위를 대행·보좌하는 셋쇼(攝政)와 간파쿠(關白)라는 지위에 취임하여 권력을 독점했다. 셋쇼는 어린 천황을 대신해 정무를 대행하고, 간파쿠는 천황이 성인이 되고나서도 천황의 후견인으로서 정치를 보좌하는 자리였다.

이 막강한 자리에 군림한 천황의 외조부들은 가문의 존속과 부귀영화를 위해 나이 어린 천황이 세상 물정을 알 만하고 다루기가 버거워지면 이내 갈아 치웠다. 이런 인위적인 정치 환경 때문에 천황의 평균 즉위 연령이 10.5세, 퇴위 연령은 20.8세에 불과했다. 따라서 나이 어린 군주가 율령에 규정된 천황의 권력을 제대로 행사할 수 있는 여건이 못 되었다. 천황이 스스로의 의지에 관계없이 자리를 물러나면 상황으로 받들어 모시는 척 했지만, 셋칸 정치하에서 정치적 실권이란 있을 수 없었고 오로지 셋칸 정치의 정당성을 부여하는 존재에 만족해야 했다. 때로는 한 사람의 천황 위에 상황이 두세 명이 있었을 만큼 외척들의 권세는 막강했다.

헤이안 시대 말기인 11세기 후반 무렵, 시집보낸 딸이 황자를 생산하지 못하게 되면서 오랜 외척 관계가 단절되어 대귀족 후지와라씨의 셋칸 정치도 쇠퇴하게 되었다. 그것은 1068년 셋칸케(攝關家) 후지와라씨를 외척으로 갖지 않는 고산죠(後三條) 천황이 즉위했기 때문이었다.[5] 그러나 천황 정치는 율령에 기초한 본래의 모습으로 돌아가지 못하고, 이번에는 상황이 천황 위에 군림하는 새로운 변형 정치인 인세이(院政) 정치가 펼쳐졌다. 그 시초는 고산죠 천황의 아들 시라카와(白河) 상황이 1086년 스무 살에 천황에 즉위하여 15년간 재위한 후 상황으로 물러나, 나이 어린 천황에 대신하여 원정을 설치하여 정권을 장악하면서부터였다.

셋칸 정치가 천황의 모계 중시의 정치였다고 한다면, 인세이 정치는 천황의 부계 중시의 정치였다.[6] 이 같은 인세이 정치는 이후 근세의 에도 시대까지 이어지나 실질적

---

5) 좌대신 후지와라노노리미치(藤原敎通)가 간파쿠에 취임했으나, 고산죠 천황과 외척 관계를 갖지 않아 정치적 실권을 행사하지 못했다.

6) 셋칸 정치기에 못지않게 인세이 정치기에도 나이 어린 천황의 즉위가 계속 이어졌다. 예를 들면 시라가와 천황 다음의 호리카와(堀河) 천황이 8살, 도바(鳥羽) 천황이 5살, 스토쿠(崇德) 천황이 5살, 고노에(近衛) 천황이 3살이었다. 따라서 천황 자신이 갖는 통치권은 극히 미약했고, 상대적으로 천황의 아버지인 상황의 권력이 강하게 되었다. 한편 원(院)이란 본래 상황 혹은 법황(法皇: 승려가 된 상황)이 거처하던 주거 시설을 나타냈으나, 후에는 상황(법황) 자체를 가리키게 되었다.

으로 정권이 운영되었던 것은 남북조 시대의 고엔유(後円融) 천황 때까지로 약 250년간 지속되었다. 이 사이에 더러는 개성이 강한 천황이 천황 권력의 회복을 위해 귀족・무사와 함께 권력의 정면에 나서려고 시도하였지만, 후술하는 것처럼 이번에는 애초 그들이 중앙 정치 무대에서의 정쟁을 무력에 호소해 해결하고자 기용했던 사무라이의 강대해진 권력 때문에 뜻을 이룰 수가 없었다.[7)]

2.2 중세 천황제

중세의 일본 역사를 한 마디로 정의하기는 어려우나 무가(武家) 정권에 의한 공가(公家)[8)] 권력 흡수의 역사라고 할 수 있다. 그렇다면 실제 어떤 정치 권력과정이 전개되었던 것일까? 교토의 조정(공가) 권력은 가마쿠라 막부 초기에는 고대 천황제의 위엄을 유지하면서 이원 정권이라고 일컬을 만큼 가마쿠라를 기반으로 하는 무가 정권과 대립하고 있었다. 그러나 막부의 승리로 끝난 고토바(後鳥羽) 상황의 쿠테타, 이른바 죠큐(承久)의 난(1221) 이후 천황의 권위가 계속 실추되는 상황 속에서 막부의 간섭[9)]에

---

7) 지방 무사 세력을 대표하던 헤이씨(平氏)와 겐지씨(源氏)는 호겐(保元: 1156)・헤이지(平治: 1159)의 난을 통해 중앙에서 펼쳐진 정쟁의 해결사로 활약하는데 그치지 않고, 권력 장악을 다툴 정도로 성장해 인세이 정치를 무력화시켰다.

8) 사무라이 정권(幕府)을 부케(武家)라고 호칭하는 것에 대비해서 조정(천황)・귀족을 흔히 구게(公家)라고 한다.

9) 1272년 조정은 황위 계승을 둘러싸고 분열했다. 막부는 내분에 개입하여 지묘인통(持明院通)과 다이카쿠지통(大覺寺通)

반발하여 천황 정치의 회복을 표방하며 고다이고(後醍醐) 천황이 두 차례의 쿠데타를 시도했으나 계획이 사전에 누설되는 바람에 모두 실패했다(1324・1331). 이후 고다이고 천황 세력에 의한 세 번째 쿠데타가 마침내 성공하여 가마쿠라 막부를 붕괴시키고 천황 정치(建武정권: 1333~6)를 부활시켰으나 불과 3년의 단명 정권으로 끝났다.[10] 이처럼 중세 사회 전반기의 가마쿠라 시대는 무가 권력의 위세에 눌려 가는 상황에 있었으나, 장원과 전통적 천황 권위에 기초한 조정의 영향력이 아직 남아 있었다.

그러나 조정 세력은 중세 후반부에 해당되는 무로마치 막부의 성립 이후 약 60여 년간 조정이 남북으로 갈라져 대립하는 등의 조정 권위에 치명적인 손상을 가져오는 상황[11]을 연출한 끝에 마침내 공가에 대한 무가의 상대적 우위가 현실화되었다. 정치 권력은 말할 것도 없고 조정의 경제적 궁핍도 최고조에 달했다. 특히 15세기 중엽부터는 경제적 여력이 없어 궁중 제사의 중심을 이루었던 앞서

이 교대로 황위를 계승하는 중재안을 제시했다. 1317년에 이르러 막부는 황위 계승에 관여하지 않겠다는 선언을 했으나 제대로 지키지 않았다.

10) 고다이고(後醍醐) 천황은 가마쿠라 막부에 불만을 품은 무사세력의 지지를 배경으로 천황 친정의 겐무 정권을 세웠으나, 불공평한 은상(恩賞: 귀족・寺社・일부 특정 무사만의 우대) 등에 반발한 아시카가 타카우지(足利尊氏)의 저항으로 붕괴했다.

11) 교토의 북조(光明 천황)와 요시노(吉野)의 남조(後醍醐 천황)의 대립기간(1336~92)을 가리킨다.

언급한 니이나메사이(新嘗祭)마저 중지되어 120여 년간 제사 왕으로서의 천황의 종교적 기능의 수행은 물론이고 심지어 황태자 책봉식도 거행하지 못한 때도 있었다.

그러나 중세 말기에 접어들어 새로운 전기를 맞이했다. 그것은 15세기 후반 이후 100여 년에 달한 하극상의 센코쿠 시대를 마감하고 천하 통일의 선두 주자로 등장한 오다 노부나가·도요토미 히데요시와 같은 걸출한 인물들이 천황의 구세주로 나섰기 때문이었다. 천하인 오다 노부나가는 추락할 대로 추락한 조정의 권위를 정치적으로 이용[12]하기 위해 우선 황폐화된 황거를 재건하고 천황가의 영지를 회복시켰다. 그리고 중지되다시피 했던 궁정 의식을 부활시키는 재정 지원을 제공하기도 했다.

또한 주군 오다 노부나가의 사후, 후계자의 지위를 다지기 위해 천하 통일과 센코쿠 다이묘의 복종 강화를 원하고 있었던 도요토미 히데요시도 권력의 원천인 천황의 권위를 이용하여 미천한 신분(농민) 출신이라는 정치적 약점을 최대한 극복하려 했다. 그래서 천황의 칙서(勅書)를 이용해 규슈의 시마즈씨(島津氏) 정벌에 나서거나, 혹은 천황으로부터 간파쿠(關白)·다이죠다이진(太政大臣)의 자리에 임명되기도 하고 도요토미라는 성을 하사받기도 했다. 이처럼 오다·도요토미의 고도의 정치적 행위는 조정의

12) 오다는 1573년 무로마치 막부를 멸망시킨 후, 오기마치(正親町) 천황의 왕세자인 사네히토 친왕(誠仁 親王)의 다섯째 아들을 양자로 삼아, 스스로가 조정과 밀접한 관계에 있음을 센코쿠 다이묘에 과시했다.

권위를 빌려 정권(권력)의 정통성을 확보하기 위해 의도적으로 접근[13]하거나 조정을 재정 지원한 셈이었지만, 어쨌든 제도적으로 천황의 권위는 유지되고 재정 사정도 이전보다는 조금 나아졌다.

한편 오다 노부나가의 천하 통일 사업이 진행되던 무렵은 천황제가 폐지될 가능성이 높았던 시기이기도 했다. 본래 신과 부처를 믿지 않았던 오다는 종교적 이데올로기와 전통적 권위를 정략적으로 이용하면서도 스스로 필요하지 않다고 판단되면 언제든지 잘라 버리는 냉혹한 성격의 소유자로, 스스로 신격화를 추진했던 인물이기도 했다. 예를 들면 저항하는 불교 세력을 탄압할 목적에서 기독교(카톨릭)를 정치적으로 용인하거나, 교토에 입성할 때 데리고 들어왔던 무로마치 막부의 마지막 쇼군 아시카가 요시아키(足利義昭)를 추방했던 점은 대표적 사례라고 할 수 있다.

따라서 천하 통일을 거의 눈앞에 둔 상황에서 오다가 혼노지(本能寺) 사건(1582)으로 가장 신임했던 최측근 아케치 미츠히데(明智光秀)에게 배신당해 자살할 수밖에 없었던 상황을 맞지 않았더라면, 정치적으로 이용한 천황까지도 추방할 개연성은 충분히 상상할 수 있다. 실제 오다는 죽기 1개월 전인 1582년 5월 근거지인 아즈치성(安土城) 주변의 산에 전국의 신상(神像)·불상(佛像)을 모

13) 여타의 센코쿠 다이묘도 영국 확대를 위해 린지(綸旨: 천황 문서)의 발급을 천황에게 빈번하게 요청하기도 했다.

으도록 했는데, 그것은 신불을 정중히 모시기 위한 것이 아니라 신불로 하여금 자신을 숭배하도록 하기 위한 조치였다. 도요토미 히데요시와 도쿠가와 이에야스가 죽은 후에 호코쿠다이묘진(豊國大明神)·도쇼다이곤겐(東照大權現)이라는 형태로 각각 신으로 숭배되었던 것에 반해, 오다는 살아 있는 동안에 신으로 숭배되기를 강하게 원하고 있었다.14)

2.3 근세의 천황제

1603년 고요제이(後陽成) 천황으로부터 쇼군에 임명되어 도쿠가와 막부를 창설한 도쿠가와 이에야스(德川家康)를 비롯한 역대 쇼군들은 천황의 권위를 정치적으로 이용하면서도 천황을 이전보다 더 철저히 통제했다. 1615년 천황을 정치로부터 완전 격리시키고 오로지 학문에만 전념케 하는 법령인 긴츄나라비니구게쇼핫토(禁中並公家諸法度)를 제정하고, 나아가 조정을 감시할 목적에서 교토쇼시다이(京都所司代)를 설치하거나, 조정과 지방 다이묘의 결합을 막고자 다이묘가 에도로 올라갈 때의 교토 통과를 원천적으로 금지하는 등, 강력한 쇼군 권력 앞에 천황을 극히 무력한 존재로 만들었다.

다른 한편으로 막부는 천황이 최소한의 일상 생활을 영

---

14) 오다 노부나가와 친교가 있었던 포르투갈 국적의 선교사 루이스 프로이스에 따르면, 아즈치에 건립한 소겐사(總見寺)의 신체(神体)는 노부나가 자신으로 평소에 살아 있는 신불이 되기를 원했다고 한다.

위할 수 있을 정도의 경제적 대우만을 해주었다. 도쿠가와 막부 시대의 천황은 처음에는 1만 석을 지원받았다. 본래 지방 다이묘의 자격이 쇼군으로부터 1만 석 이상의 영지를 인정받는 무사였던 점에 비추어 보아 천황에 대한 예우가 얼마나 낮았었던가를 추측할 수 있다. 후에 막부로부터 3만 석을 지급받았으나, 천황의 권위를 살리고 궁중 의식·제사 등을 치르기에는 턱없이 부족한 재정 지원이었다.

이처럼 도쿠가와 막부는 오랜 혈통과 신도 신앙에 기초한 천황의 종교적 권위는 기본적으로 인정하면서도, 막부 출범 이후에도 여전히 남아 있는 하극상 풍조를 없애고, 또한 막번체제를 확립·유지해 나갈 입장에서의 권력에 대한 정당성 즉 천황을 대신에 일본 사회를 지배할 수 있는 최고 우두머리 쇼군이란 직책을 조정으로부터 위임받기 위한 정치적 역할로서만 천황의 존재를 한정시키려 했다.

2.4 근대 천황제

260여 년에 이르는 도쿠가와 막부 시대 내내 일체의 정치적 활동이 금지되었던 천황이 다시 정치적 중심 인물로 등장하게 되는 것은 도쿠가와 막부 말기 때였다. 18세기 중후반부터 천황이라는 존재가 일본의 독자성과 가치를 상징한다는 관념에서 국학(國學)·미토학(水戶學)파 지식인들에 의해 언급되었다.[15] 이 관념은 1853년 미국 동인도

---

15) 국학의 대성자인 모토오리 노리나가(本居宣長)는 『고지키

함대 사령관 페리 제독의 일본 내항을 계기로 중하급 무사 층과 호농상층 중심의 사회집단에 천황을 존숭하고 서양세력을 배격한다는 존왕양이론(尊王攘夷論)의 근거를 제공했고, 마침내 이들의 엄청난 사회적 에너지는 천황을 다시 국가 통합의 기축으로 삼아 도쿠가와 막부의 막번체제를 붕괴시켰다.16)

이와 같은 역동적인 메이지 유신(明治維新)의 정치・사회적 변혁 과정을 거쳐 탄생된 메이지 신정부는 강력한 중앙 집권적 근대 국가의 형성을 통해 대내외적 위기를 극복하고자, 천황에 일본 국가의 독자성과 가치의 상징이라는 의미를 부여하고 이를 국민 통합의 원리로 최대한 이용하였다. 즉 도쿠가와 막부를 붕괴시키는 데 성공한 사츠마와 쵸슈 등의 중하급 무사 출신의 신정부 지도자들에

(古事記)』에 전해지는 신화에 의거해 태양신 아마테라스 오미카미의 자손인 천황의 황통이 끊어지지 않고 이어져 왔으며, 이런 점에서 일본은 다른 국가와는 비교할 수 없는 독자적이고 뛰어난 국가 민족이라고 주장했다. 또한 아이자와 세이시사이(會澤正志齋)에 대표되는 미토학의 존황론(尊皇論)은 19세기 중반의 일본의 대외적 위기 상황에서 형성된 양이론(攘夷論)과 결합되어 막말기 정치에 큰 영향을 미쳤다.

16) 반막부 세력만 천황의 권위를 이용했던 것은 아니었다. 막번체제가 동요하기 시작하자, 도쿠가와 막부도 천황의 권위를 이용하려 들면서 자연스럽게 천황의 권위가 다시 높아지게 되었다. 예를 들면 페리 내항 시 독자적 대응책 마련에 어려움을 느낀 막부가 조정에 내항 사실을 보고한다든지, 공무합체(公武合体: 조정과 막부의 협조)를 통해 반막부 세력의 비판을 억제하려 한 사실 등이 여기에 해당한다.

메이지(明治) 천황

게 있어 메이지 초년의 대내외적 혼란 상황[17]을 효과적으로 극복하고, 조기에 중앙집권화를 이루기 위해서는 천황의 권위가 절대적으로 필요했던 것이다. 이러한 정치적 사정은 필연적으로 천황 권력의 강화를 가져왔다.

이후 천황은 일본 국민의 아이덴티티의 핵심이자 신성불가침한 존재로서 7세기 후반에 이어 재차 신격화되었다. 대일본제국헌법(大日本帝國憲法: 1889)이라는 법적 규범을 통해 천황제 이데올로기의 확립을 꾀하는 동시에, 군인칙유(軍人勅諭: 1882)·교육칙어(教育勅語: 1890)의 도덕적 규범을 통해 천황에 대한 군인 및 국민의 자발적인 충성을 의도적으로 이끌어 내려고 했다.[18] 또한 다양한 국가 의례의 창조와 재생, 조작, 전국

---

17) 1년 반에 걸친 신정부측과 구막부측 사이의 내전(보신전쟁), 신정부의 권위가 세워지지 않는 상황에서의 제번의 독립적 경향, 그리고 구막부의 불평등 조약체제의 계승 등, 신정부는 국내외적으로 어려움에 봉착해 있었다.

18) 대일본제국헌법과 교육칙어 등이 제정됨으로써, 천황은 유일한 최고의 정치적 군주임과 동시에 정신적·도덕적 권위의 원천으로 간주되었다. 즉 군대는 천황의 군대이고 내각과 모든 관료는 천황의 내각이고 관료로, 오직 천황에 대해서만 책임을 지고 정작 의회와 국민에게는 아무런 책임을 지지 않았다. 또한 메이지 정부는 천황 권력의 강화에 이어 천황의 경제적 기반을 강화하기 위해 황실 재산을 국가 재산과 분리하는 작업을 통해 천황은 명실 공히 일본 최대의

순행(巡幸)을 통해 천황은 일본 민족의 유구한 역사와 독자적인 문화의 체현자이자 신성불가침한 통치권자임을 선전하는 이른바 황국사관(皇國史觀)을 만들어 냈다. 이러한 정치적 조작 행위[19]로 천황에 대해 군주 또는 정치적 지배자로서 명확한 관념을 가지고 있지 않았던 전근대의 일본인들[20]과는 달리 근대 일본인들은 일상 생활 속에서 천황의 존재를 실감하고 맹목적으로 따르게 되었다.

2.5 현대 천황제

패전 후인 1946년 1월 1일 천황 히로히토(裕仁)는 '신일본건설에 관한 조서'를 통해 인간 선언을 하였다. 여기서의 인간 선언이란 천황 스스로가 천황의 신격을 부정한 것을 의미한다. 근대 이후 메이지 정부에 의해 정치적으로 권력화 된 천황은 천손의 후예라는 천손강림신화에 의거

자본가이자 대지주가 되었다.

19) 메이지(明治)에서 다이쇼(大正)·쇼와(昭和)로 이어지는 근대 정치사 속에서 역대 천황은 중요 정책 결정·전쟁이 있을 때마다 직간접적으로 참여했다. 그러나 현실 정치 속의 정부 운영은 번벌 관료·정당 정치인·군부 세력이 천황의 재가를 얻어 권력을 행사하는 방식으로 이루어졌다. 이들 정치 주도 세력들은 정책 운용의 지지·여론의 비판을 억제 내지는 완화할 목적에서 천황에게 막대한 권한을 부여하거나 천황을 신격화하는 방법으로 천황 권력을 강화해 이를 정치적으로 활용했다.

20) 천황은 도쿠가와 시대에는 막부의 엄격한 통제로 교토의 고쇼(御所)에서 유폐되다시피 은거한 상태로 지내, 민중 앞에 모습을 드러내는 일은 거의 없었다.

해 천황을 만세일계·신성불가침의 숭배 대상으로 삼았던 근대 천황제를 부정했다. 이후 새롭게 마련된 일본국헌법(日本國憲法: 1946.11.3 공포, 1947.5.3 시행)에서 천황은 일본국의 상징이자 일본국민 통합의 상징으로 규정되어 이른바 상징 천황제가 시작되었다. 이것은 천황의 법적 지위가 신권적 군주의 지위에서 상징적 군주로 변경되었음을 의미했다. 이로써 국가 통합의 상징적인 존재로 된 일본 천왕은 현실 정치에는 일절 관여하지 않게 되었지만, 정치·외교적으로 일정 부분 국가를 대표하여 국회가 지명한 총리대신 임명과 국회소집, 각국 외교 사절의 신임장 접수 등 제한된 범위 내에서의 권한을 행사하고 있다. 이밖에 천황은 헌법이 정한 국가 행사와 함께 관례적으로 참석해 온 일반 행사에도 참석하는 등, 정년이 없는 천왕으로서 현대를 살아가는 일본인들의 일상 생활(정서)에 적지 않은 영향을 끼치고 있다.

3. 천황제의 존속과 전쟁 책임

3.1 천황제의 존속

천황제 폐지의 가능성이 있었던 중세에서 근세로 넘어가는 과도기의 센코쿠 시대에 이어서 두 번째로 그 가능성이 있었던 때라고 한다면, 그것은 다름 아닌 패전 후의 미국에 의한 점령시기일 것이다. 그렇다면 어떤 이유로 존속할 수 있었던 것일까? 첫째 미국 정부의 대일 점령 방침[21], 둘째 미국 이외의 다른 연합국 정부의 동향[22], 셋째 국제 여론의 동향[23], 넷째는 일본의 지배층과 국민 여론[24], 다섯째 천황 자신의 점령 정책에 대한 적극적 협조 자세 등을 들 수 있다. 이 같은 국내외의 복잡한 동향을 고려한 연합국군최고사령관총사령부(GHQ)의 맥아더 원수는 점령 정책의 원활한 추진을 위해 천황의 전쟁 책임 추궁을 단념하고, 천황을 정치적으로 이용하려는 목적에서 천황제를 존속시키는 고도의 정치 판단을 내렸다.

한편 오늘날까지 천황의 지위가 왜 존속되어 왔는가는 대단히 흥미롭고 다양한 해석이 가능한 문제이다. 이에 대한 해답의 하나로서 가능한 것은 천황이 무가 세력에 눌려 오랜 동안 정치적 권력을 갖지 않았을 때도 존속했었다는 점이다. 약 700여 년에 이르는 무가 정권이 계속되는 동안 정치적·경제적으로 어려움에 처해 있었던 천

21) 미국 정부 내에서는 일본 중시파의 천황제 유지론과 중국 중시파의 천황제 폐지론이 대립하고 있었으나, 점령 통치를 원활하게 진행시킬 목적에서 천황제 유지을 선택했다.

22) 연합국 중 영국은 일찍부터 천황제 유지 쪽으로 방침을 정하고 있었으나, 중국·필리핀·호주·뉴질랜드 등의 각국은 천황제를 존속시키는 경우, 천황은 다시 일본 군국주의 부활에 이용될 것이라 하면서 천황제 폐지를 주장하고 있었다.

23) 당시의 국제 여론을 살펴보면, 당시 미국 국민의 약 7할은 천황제 폐지에 찬성하거나 혹은 어떤 형태로든 천황을 처벌해야 한다고 보았다.

24) 당시 일본의 지배층은 시종일관 천황제 고수를 내세우고 있었고, 또한 천황제에 대한 국민 여론도 공산당을 제외한 8~9할은 천황제 지지 혹은 천황제 폐지 반대의 의사를 표명하고 있었다.

대조적인 모습의 맥아더와 쇼와(昭和) 천황

황은 쇼군과 같은 최고 통치권자의 전국 지배의 정당성을 인정해 주는 형태로 존속할 수 있었다.[25] 반대로 무가 통치권자들은 지배의 정당성을 확보하기 위한 수단으로서 천황의 권위를 정치적으로 이용했다. 다시 말하면 역대 무가 세력을 대표하는 통치권자들이 천황제를 스스로의 정권 권력 기반과 권위 유지의 정당성 확보에 충분한 이용 가치가 있다고 판단했기 때문에 그 존속이 가능했던 것이다.

3.2 과거를 지우려 하는 일본과 천황의 전쟁 책임

1989년 1월 쇼와(昭和) 천황 히로히토가 죽고 그 아들 아키히토(明人)가 황위를 계승했다. 히로히토에게는 아시아태평양침략전쟁에 대한 전쟁 책임이 분명히 있었음에도 불구하고 끝내 인정하지 않고 떠났다. 그로 인해 대일본제국헌법에 명시된 국가의 원수이자 군통수권자로서 그의 이름으로 수행된 수많은 대외 전쟁에 대한 명확한 책임 문제가 아직까지도 해결되지 않은 채 남아 있다.

패전 전의 대일본제국헌법에 따르면 개전과 종전은 천

25) 즉 천황은 가마쿠라・무로마치・도쿠가와 막부의 권력자(쇼군)에게 스스로를 대신해 일본 사회를 통치할 수 있는 권한을 위임하며, 그 존속을 인정받아왔다고 할 수 있다.

황의 대권 사항으로, 개전에는 반드시 천황의 조서(詔書)가 필요했으며, 또한 조서 없이는 어떤 내각이라 하더라도 전쟁을 시작할 수 없었다. 하나의 예로 태평양전쟁만 하더라도, 천황은 1941년 12월 1일 개최된 어전 회의에서 대미 개전의 조칙(詔勅)을 내렸다. 이것만 보더라도 천황의 전쟁 책임은 명백한 것이다. 천황이 스스로 가진 권한에 기초하여 대외 침략을 부추기는 군부의 압력에 굴하지 않고 개전 허가를 내리지 않았으면 주변 국가에 그 엄청난 인적・물적 희생을 초래한 15년 전쟁은 발생하지 않았을 것이다. 개전 명령을 내린 쇼와 천황은 패전 후의 맥아더 점령 체제 하에서 마지못해 인간 선언을 했으나, 가장 중요한 천황으로서의 전쟁 책임을 어떻게 질 것인가에 대해서는 끝내 침묵으로 일관했다.

한편 전쟁 책임을 회피한 천황과 함께 전후 일본정부(사회) 역시 과거사 청산에 매우 소극적이었다. 1988년 12월 나가사키시(長崎市) 의회에서 천황에게 전쟁 책임이 있다는 소신 발언을 한 혼마(本間) 시장이 1990년 1월 우익에게 저격당하는 사건이 발생했다. 이처럼 과거사 청산과 관련하여 비판적인 발언이나 보도를 할 경우에 유형무형의 정치적 보복을 받을 가능성이 높은 사회가 바로 일본이다. 이것은 불행하게도 일본 사회・일본인 스스로 천황의 전쟁 책임에 대한 문제를 다시 생각해보는 기회를 저버리는 행위와 마찬가지다. 모범적인 과거사 청산을 계속하는 전후 독일과 비교하여 전전 일본이 저지른 전쟁 범죄 행위에 대해 너무나 미흡한 과거사 청산과 함께 천황의 전쟁 책임문제 또한 21세기를 살아가는 현대 일본인들이 스스로 해결하지 않는다면, 그것은 후속 세대가 짊어져야 할 부채로 계속 남아 있을 것이다.

제9장 여성사적인 측면에서 본 일본

최근 우리의 성 의식(풍조)도 점차 개방적인 방향으로 바뀌어 나가고 있다. 이에 반해 일본인의 성 의식(풍조)은 비교적 성 자체를 숨기는 것이 아니라 솔직하고 담대한 점 때문에 우리보다 성적인 표현에 관대하고 개방적이다라는 인식이 예전부터 있어 왔다. 그러나 그렇게 된 역사적 배경이나 사정에 대해서는 잘 모르는 경우가 많았다. 그렇다면 일본인들이 가지고 있는 성 의식과 성(결혼·이혼) 풍속 등은 과연 어떠했었고, 또한 어떤 변화를 거쳐 현재에 이르게 되었던 것일까?

1. 고대 일본인의 성 의식과 성 풍속

1.1 성 의식

세계 각국의 신화 상에서 인류가 신으로 섬겼던 것은

자연물 혹은 자연 현상으로, 신이 삼라만상 창조의 주인이라는 자연의 섭리가 지배적이었다. 따라서 자연스럽게 성(性)을 신과 연결시키는 성 의식이 발달해 있었다. 이러한 현상은 원시·고대 사회의 일본인도 예외는 아니어서 성이란 신성한 것이며, 신의 뜻인 생명력을 상징하는 것이라고 생각했다.[1] 그것은 성은 모름지기 만물을 낳는 근원적인 힘을 지녀 공동체의 번영과 가족의 행복을 가져오는 원동력으로 간주되었기 때문이다. 따라서 성적인 접촉 역시 신을 모방하는 행위라는 의식이 있어 매우 신성시되었다.[2]

1.2 성적 개방과 츠마도이콘(妻問婚)의 시대

그렇다면 고대 일본인의 성과 결혼 풍속은 어떠했을까? 고대 일본인들은 먼저 자연의 질서를 관장하는 신에게 다가가서 축복을 받아 어떻게 하면 행복한 생활을 보낼 수 있을까를 생각했다. 그 결과 신에게 조금이라도 더 다가가기 위해 신전 앞에서 스스럼없이 성적인 교섭 행위

1) 예를 들면 죠몬(繩文) 시대의 일본인들은 여성이 갖는 생식력을 신비하게 여겨 그 힘이 자연에서 성장하고 살아가는 모든 식물·생물에게 풍요로움을 가져다준다고 해서 토우(土偶: 흙인형)를 만들거나, 혹은 남성의 생식기를 모방하여 만든 석봉(石棒) 등을 주술에 이용하기도 했다.

2) 『고지키(古事記)』·『니혼쇼키(日本書紀)』·『만요슈(万葉集)』와 같은 고대 역사서나 가요집, 그리고 고대 일본어에는 성 혹은 성교에 관한 단어가 많다. 『고지키』의 남신 이자나기와 여신 이자나미의 성교에 의해 일본열도가 성립되었다는 건국 신화는 대표적이라 할 수 있다.

를 했다. 즉 봄·가을 두 차례 기혼·미혼에 관계없이 한 동네 혹은 인근 지역에 살고 있는 남녀가 산에 올라 서로 노래를 부르고 춤추며 마음에 드는 상대와 하룻밤을 보내는 일종의 사랑놀이인 카가이(歌會)·우타가키(歌垣)가 유행했다. 이 풍속은 인간의 성적 결합을 보고서 신이 기뻐해 오곡 풍성은 물론이고 집안의 번영과 행복까지도 가져다주리라고 여겨져 생긴 것이었다. 따라서 성을 모방한 마츠리(축제)가 현재까지도 일본 전국 각지에 많이 남아 있는 것은 바로 이 때문이다.[3] 또한 일본인은 성의 상징에는 마귀를 없애는 힘이 있다고 믿어 성의 노출을 신성한 행위로 간주하기도 했는데, 신전 의식 속의 가면을 통한 성행위 모방은 그 대표적 행위이다.[4]

한편 고대 사회는 여성·남성 모두에게 있어 상당한 정도로 성의 자유를 구가한 시대였다. 고분 시대 이후의 결혼은 부부가 별거하면서 남자가 여자의 집을 방문하는 츠마도이콘(妻問婚)[5]으로서, 여자가 여러 남자를 맞아들이거

---

3) 마츠리는 성과의 관계가 매우 깊다. 성행위 자체를 마츠리로 비유하는 고어가 있는가 하면, 마츠리 행사 때 혼백을 모시는 가마를 여러 사람들이 메고 힘차게 흔드는 모습이나, 남근 상징물을 들고 성행위를 흉내 내는 것은 성행위의 의태적인 동작 내지는 제례로 추정된다. 또한 남자와 여자가 마츠리에서 각각 훈도시 내지는 속내의 등을 상징하는 수건을 들고 춤을 추면서 서로 맞댐으로써 교접을 암시하기도 했다.

4) 나라의 아스카(飛鳥) 지방에서는 음력 정월 열하루 날의 온다 마츠리 때, 가면을 쓴 남녀가 여러 사람이 보는 앞에서 섹스 행위를 리얼하게 연기하며 일종의 풍년 기원 제사를 지냈다.

나 혹은 남자가 여러 여자 집을 찾아다니는 중복혼(重複婚)의 특징을 아울러 가지고 있었다. 그러나 고대 후반기의 헤이안 시대에 들어가면 츠마도이콘이 남편을 맞아들이는 무코토리콘(婿取婚) 형태로 바뀐다. 무코토리콘도 처음에는 구애 방법상 남자가 여자 집을 방문하다가 서로 마음에 들면 처가 쪽 주도로 피로연을 하고, 처가 집에 얹혀살든가 아니면 처가 집에 드나들지만 최종적으로는 독립해서 따로 결혼 생활을 했다. 무코토리콘은 츠마도이콘에서 요메이리콘(嫁入婚)으로 넘어가는 과도기적 결혼 방식으로 가족 제도가 모계제에서 부계제로 옮겨가는 것을 의미했다.

이처럼 고대 일본인들에게 있어 성의 욕망이나 성행위는 자연의 섭리를 따른다는 생각에 따라 인간의 욕망이 일상생활의 질서를 크게 어지럽히지 않는 한 그 모든 것을 있는 그대로 긍정하고 있었다. 따라서 고대 일본 사회는 비교적 자유롭고 남녀가 대등하게 솔직한 사랑 고백을 통해 성을 즐기고 또한 결혼(이혼)도 할 수 있었던 시대였다.

2. 중세 일본인의 성 의식과 성 풍속

이처럼 고대 일본인의 성 의식은 신과의 교접이라고 하는 극히 자연스런 발상에서 시작되었지만, 중세 일본인의

---

5) 남자가 여자의 거처를 드나든다는 의미에서 가요이콘(通い婚)이라고도 불렀다.

성 의식 · 성 풍속은 과연 어떠했을까? 12세기까지는 성에 대해 개방적이고 신성시하는 경향이 강했으나, 중세 사회에 들어와서는 성을 더럽다는 이유로 관리하거나 혹은 성을 멸시하는 쪽으로 바뀌어 간다. 그것은 어떤 이유에서일까? 먼저 중세 이후의 봉건적(유교적)인 사회 분위기를 지적할 수 있다. 중세 사무라이 사회는 남성 중심의 주종관계의 세계로, 일본 사회가 가장을 중심으로 한 이에(家) 제도 즉 가부장 사회로 변화되어 가는 시기였다.[6] 남자가 집안 · 재산의 책임자이며 관리자라는 가부장권과 함께 재산권[7]도 남자에게 부여된다는 규정이 4장에서 언급한 가마쿠라 막부 시대의 최초의 무가 법률인 '고세이바이시키목쿠(御成敗式目: 1232)'에 적시된 것을 계기로, 자연히 성의 문제도 남성 위주로 되고 또한 남자가 성의 관리자라는 경향을 띠기 시작했다.

앞서 언급한 것처럼 고대는 남자에 못지않게 여자도 남자를 선택하고 거부할 수 있었던 시대였으므로 그 상대가

6) 오늘날 남편이라는 의미로 통하는 봉건적인 주종 관계에서 나온 '슈진(主人)'이나 한 가정의 절대적인 권력자(가장)를 의미하는 '데슈간파쿠(亭主關白)'라는 말의 존재는 이러한 가부장적 사회의 유산이라고 볼 수 있다.

7) 고대사회에서는 여자도 재산권을 행사했다. 그러나 시키목쿠(式目)에서는 여자에게도 재산 소유를 인정하고 있었지만, 일대에 한해 소유를 인정하는 형태가 많았다. 이처럼 무가 사회로 되고나서부터는 점차 재산권 상속은 남자에게 계승되어 갔다. 재산 상속은 처음에는 분할 상속이었으나 가마쿠라 막부 말기에 이르면 장자 상속으로 바뀌었다.

여럿이라도 괜찮았으나, 거친 사무라이 중심의 가부장제 사회로 전환되어 나가면서 여자는 한 남자에게만 엄격하게 속박되는 존재로 되어 버렸다. 요컨대 모계제에서 부계제로의 이행과 더불어 결혼은 집안(가문)과 집안(가문) 사이의 결합을 의미하게 되어 마침내 여성은 정략 결혼의 도구로 되어 갔다.[8] 결혼의 형식에 있어서도 츠마도이콘(妻問婚)에서 무코토리콘(婿取婚)의 과도기를 거쳐 마침내 중세에 들어와서는 요메이리콘(嫁入婚)으로 완전히 이행되었고 이별의 권리[9]도 남자에게만 주어지게 되었다.

두 번째로 생각할 수 있는 것은 불교 대중화의 영향이 크게 작용했다는 점이다. 불교가 고대의 귀족 불교에서 중세의 서민 불교로 탈바꿈하면서, 여자로 태어나는 것은 전생의 죄가 깊기 때문이라는 부정관(不淨觀), 즉 멸시적인 죄업관(罪業觀)의 보급이 여성을 터부시하는 요인으로 작용되었다.[10] 이런 사회적 배경 하에서 남성이 절대적 우위

8) 중세 이후의 출산·성의 도구화 및 여성의 상품화 현상은 센코쿠 시대 무렵의 다이묘들의 빈번한 정략 결혼 정책에서 그 절정을 이룬다.

9) 8세기 전후의 츠마도이콘 때는 남자가 여자 집에 다니지 않거나 혹은 여자가 거절하거나 하면 이혼이 성립했다. 10세기경의 무코토리콘(婿取婚) 때는 남자가 여자 집에 다니지 않거나 교환한 예물을 서로 돌려주는 형식으로 이혼했다. 그러나 12세기 이후의 요메이리콘(嫁入婚) 때는 남자가 여자에게 일종의 이혼장인 사이죠(去狀)를 보내는 방법을 통해 이혼했다. 이때 여자는 사이죠가 없으면 재혼을 할 수 없었다.

10) 일부 불교 경전에 담겨진 여성 멸시관이 여성을 속박하고 있었다. 오장(5障: 梵天王·帝釋天·魔王·轉輪·聖王은 부

에 서자 상대적으로 여성의 지위는 점차 하락하게 되었고, 여성의 역할 또한 단지 출산을 위한 도구로 전락해갔다.

3. 근세 일본인의 성 의식과 성 풍속

중세 이래 남성 위주의 성 의식·성 풍속은 주자학(朱子學)을 통치 기반으로 채택해 유교적 도덕관념에 의한 남녀 구별과 가부장적 사회가 확립하는 에도 시대에 들어오게 되면 더욱더 심해진다. 즉 사농공상의 철저한 신분제도가 가동되고, 또한 가족제도가 가장에게 절대적 권한을 부여하고, 이에(家)가 적자 단독 상속제로 운영되면서 여자의 지위는 한없이 낮아졌다. 이른바 삼종지도(三從之道)

처의 지위에 올라갈 수 없다), 여신구예(女身垢穢: 5障의 이유로서 여자의 몸이 더러워져 있음을 의미) 등이 바로 그것이다. 또한 불교에는 오계(五戒) 즉 살생(殺生)·투도(偸盜: 남의 물건을 훔치는 행위)·사음(邪淫: 남의 남편이나 아내와의 음탕한 행위)·망어(妄語: 헛된 말을 하여 남의 정신을 어지럽게 하는 일)·음주(飮酒)라 해서 다섯 가지의 악행을 저질러서는 안 된다는 규율이 있었다. 그 중 사음계는 성은 천하고 더러운 것으로, 젊은 승려의 수행을 위해서는 경계해야 할 대상으로 간주되었다. 가마쿠라 신불교의 지도자들은 불교 경전에서의 부정적인 여성관을 털어 내어 여성을 구제하려는 태도를 취하기도 했으나, 기본적으로는 죄가 깊은 여성임을 전제로 법화경의 공덕이나 아미타불의 본원(本願)에 의해서만 왕생할 수 있다고 설파했다. 그러나 그 경우도 여자의 몸 자체로서는 성불할 수 없고, 일단 여자의 몸에서 남자로 변해야만 가능하다(變成男子)고 주장했다.

라 하여 여자가 지켜야 할 세 가지 길, 즉 어려서는 아버지를 따르고 결혼해서는 남편을 따르며, 남편이 죽은 후에는 아들을 따른다는 의식 아래 가문과 남편을 위해 오로지 헌신하는 정조와 정절을 지키는 여인상이 강조되었다.

또한 에도 시대에는 신분을 뛰어넘는 결혼은 허용되지 않았고, 여자는 오로지 가문을 계승하기 위해 자식을 많이 낳는 존재라는 인식이 강했다. 아울러 무사와 같은 지배계층의 경우 가문의 존속 유지를 이유로 남자가 여러 명의 여자를 거느리는 것도 가능했다.[11] 그리고 여기에 따르지 않는 여자는 가풍에 맞지 않는다는 이런 저런 이유로 이혼[12]당하기도 하는 등, 이른바 남성 중심의 결혼(이혼) 풍속이 확립되었던 것이다.

한편 에도 시대는 중세 이래의 여자에 대한 부정관·죄업관이 더욱 심화된 시대였다. 여성은 성스러운 지역의 참

11) 쇼군과 지방 다이묘는 가계 존속을 위해 후처를 둘 수가 있었다. 도쿠가와 쇼군가의 경우 정실 부인에게서 태어난 쇼군은 3대 쇼군 이에미츠(家光)뿐이고, 나머지는 모두 후처에게서 낳았거나 양자였다. 특히 19세기 초반 11대 쇼군 이에나리(家齊)는 정실부인 외에 500~600명이 시중드는 오쿠(大奥)에서 40명의 후처를 두고, 이들에게서 55명(남 28·여 27)의 자식을 보았을 정도였다.

12) 에도 시대 무사 계층의 이혼 방식은 무사집안 쌍방이 상의하여 영주에 이혼 신고서를 제출하면 성립했다. 반면 일반 백성의 경우는 남편이 처의 부모나 형제에게 미구다리한(三行半)이라는 이혼장을 보내야 했다. 그러나 남편이 끝내 이혼에 응해 주지 않을 경우에는 긴급 피난 시설로서 엔기리데라(緣切寺)·가케코미데라(駆込寺)로 도망하여 이혼이 성립할 때까지 보호받았다.

배가 금지되었고, 특히 월경 중에는 사찰과 신사 참배가 일절 금지되는 등 각종 터부에 따른 제약이 많았다. 또한 불교 종파에서는 여전히 여성 부정관을 긍정하고 있었다. 요컨대 이 시대에 들어와 효행·복종·정절·근면·순종을 강조하는 봉건적인 남존여비사상에 더해 여자 부정관·죄업관의 종교적 인식이 심화되면서 일본인의 성 의식은 더욱 더 왜곡되어 나갔던 것이다.

그리고 성 풍속[13]에 있어서도, 에도 시대는 특히 18세기를 지나면 성을 단순한 놀이로 보는 성적 타락이 시작되었다. 이것은 본래 신성시 여겨야 할 성을 저속한 흥미 대상으로 간주하는 것으로, 이때부터 외설문학과 춘화(春畵)가 유행되기 시작했다. 그 이면에는 화폐(상품) 경제의 발

에도 시대의 유곽(遊廓)

13) 성 풍속 중의 하나인 요바이(夜這い)는 구혼·혼인을 의미하는 일본 고어로, 남자가 여자의 침소에 몰래 숨어들어가 정을 통하는 행위였다.

달에 따른 성의 상품화 현상이 있었다. 여자의 성을 가볍게 여긴 일부 무사나 신분 상승이 금지된 사회 구조의 반발에서 오는 좌절감과 주체할 수 없을 정도의 부를 축적한 쵸닌(町人)들이 일탈하여 막부가 공인한 공창 시설인 에도의 요시와라(吉原: 1618)나 교토의 시마바라(島原: 1640)·오사카의 신마치(新町 1640) 등과 같은 전국의 크고 작은 유곽에서 성적인 욕구를 해결했다. 이처럼 에도시대 후반기는 성 풍속의 타락이 정점에 달했던 시대였다.

4. 근현대 일본인의 성 의식과 성 풍속

메이지 신정부의 사민평등(四民平等) 정책으로 여태까지 사농공상의 신분 내에서만 허용되던 봉건적 결혼제도가 폐지되어 신분을 뛰어 넘는 결혼이 가능해지고, 또한 외국인과의 결혼도 인정되었다. 의식주를 포함한 생활 양식의 근대화는 대도시를 시작으로 시간이 흘러감에 따라 농촌 지역에도 파급되어 많은 변화를 초래했으나, 가장의 영향력은 여전했고 남존여비의 전통적 관념과 여성의 종속적 지위에도 그다지 큰 변동이 없었다.[14]

---

14) 결혼에 있어서는 가부장 주도의 중매 결혼이 대부분이었다. 이혼은 쌍방 모두 제기할 수 있어 1873년 재판에 의한 이혼이 처음으로 인정되었다. 재판 이혼에 이어 1898년에 이르면 협의이혼제도가 마련되었다. 한편 4장에서도 언급한 것처럼 메이지 구민법에서는 부부 중심의 가족제도가 중시되었으나, 일본의 전통을 해친다는 이유로 반대 여론(민법전 논쟁)이 일어 이내 폐지되고, 1898년 전통적 가부장 중

패전 후 제정된 일본국헌법에서 남녀평등이 규정되었으나 성의 상품화 경향, 중세 이후 일본 사회에 자리 잡은 요메이리콘의 결혼 제도는 변함이 없었다. 그러나 1950년대 중반부터 70년대 전반까지의 고도 성장기를 거치면서 시집에도 처가 집에도 들어가 살지 않고 처음부터 독립해서 결혼 생활을 영위하는 핵가족 현상이 일반화되었다. 특히 최근에 들어와서는 아직 시작 단계의 부부별성(夫婦別姓), 중년에 들어와 이혼하는 현상을 뜻하는 쥬쿠넨리콘(熟年離婚), 결혼을 전제로 한 혼전동거나 결혼을 전제로 하지 않는 일반 동거 등 새롭고 다양한 형태의 성 의식·결혼(이혼) 풍속이 나타나게 되었다.

이상으로 여성사의 시점에서 일본 사회 속의 성 의식 및 성 풍속을 살펴보았다. 고대 일본인들은 성에 대해 부정적인 시각이 아닌 밝고 건강한 성 의식을 소유하고, 또한 성을 신과 연결되어 있는 생산적 행위로서 파악하여 오늘날의 성 상품화 현상과는 매우 거리가 멀었으며, 특히 여성은 성의 주체로서 적극적이고 개방적이었다. 그러나 중세 이후의 봉건적 유교 관념·가부장적 사회 구조, 여성 부정관(죄업관)과 같은 일부 불교사상의 영향으로 점차 성을 더럽다거나 관리해야 한다고 생각하게 되었고, 나아가 여성을 출산도구 내지는 정략 결혼의 대상으로까지 삼게 되었다.

시의 신민법이 실시되었다. 이 과정을 보더라도 근대에 들어와서도 여전히 여성의 지위가 낮았음을 알 수 있다.

특히 근세 에도 시대에 들어와서는 성의 상품화 현상까지 더해져 성 의식·성 풍속의 왜곡이 정점에 달했다. 근대에 들어와서도 이를 완전히 극복하지 못한 채 가부장제라는 낡은 유습의 잔존으로 여성의 지위는 크게 나아지지 못했다. 빠른 속도로 고령화·소자화(少子化)가 진행되고 있는 오늘날, 현대 일본인들이 앞으로 어떤 성 의식·성(결혼/이혼) 풍속 하에서 가족 내지는 남녀 관계를 구성해 나갈 지 주목된다.

제10장 종교사적인 측면에서 본 일본

21세기를 살아가는 현대 일본인의 정신 구조는 일본의 고유 신앙인 신도(神道), 인도와 중국에서 그 뿌리가 시작되어 백제를 통해 일본에 전래된 유교·불교, 거기에 서양으로부터 전래된 기독교라고 하는 4개의 고리로 이루어져 있다. 이 중 유교는 중국·한국에서와는 달리 일본에서는 종교라기보다 일종의 사상 내지는 도덕적 학문으로서 발달했다. 여기서는 신도, 불교, 기독교의 순서로 이들 종교의 발달과정과 일본인의 종교관을 중심으로 살펴보기로 한다.

1. 신 도

외래 종교인 불교가 일본에 들어오기 전까지 존재했던 신앙은 원시 신도였다. 원시 신도란 일본의 고유 신앙으로

‘야오요로즈의 가미(八百万의 神)’로 일컬어질만큼 그 수가 매우 많다.[1] 신도의 고전적 형태는 일종의 자연 숭배 현상인 샤머니즘·토테미즘에서 시작되었다. 인간에게 무한의 혜택을 안겨다 주면서도 때로는 인간의 능력으로는 도저히 당해낼 수 없는 위협적인 힘을 발휘하는 자연 현상과 동물·식물을 지역의 수호신으로 받들었다. 그리고 우리의 신석기 시대에 해당하는 죠몬 시대의 원시 공동체 씨족사회 무렵부터 자손을 낳아주고 길러주며 보호해주는 조상신이 모셔졌다. 이어서 농경 사회인 야요이 시대 이후부터는 직능신이 중요시되었다. 이처럼 원시사회에서부터 전통적인 자연 신앙·민속 신앙·토지 신앙의 형태로 자연 발생적으로 생겼던 것인 만큼, 신도에는 애당초 도(道)·교(敎) 등의 의식이 없었을 뿐더러 교조·교리도 없었다.

그러나 백제로부터 유교·불교가 전래된 이후부터 신도의 개념이 형성되기 시작했다. 8세기 나라 시대에는 율령(律令) 신도가 나타났다.[2] 천황이 제정일치적 입장에서 국가제사를 담당하면서, 일반 백성에게는 하라이(祓い: 신에게 기원해서 죄나 부정을 없애고 몸을 깨끗이 하는 것)와 미소기(禊ぎ: 목욕재계를 하여 몸과 마음을 깨끗이 함) 의식을 일반화하려는 신도였다. 신불습합(神佛習合)사상[3]의

---

1) 원시 신도의 신은 지연·혈연의 신에 해당되는 지방 수호신(토지신)·씨족신 등이 중심을 이룬다.

2) 고대 율령국가에서는 진기칸(神祇官)이라는 종교 통제의 관청을 두고 天神地祇의 제사를 관장했다.

유행으로 헤이안 시대 후기에는 불주신종(佛主神從)의 자세를 강조하는 천태종 계열의 산노(山王) 신도, 진언종 계열의 료부(兩部) 신도가 나타났다.4)

중세 전반기의 가마쿠라 시대에 들어와서는 헤이안 시대에 발전한 신도와 불교의 융합 이른바 신불습합사상을 배제하려는 움직임이 나타났다. 불교계의 불교 독립성의 주장이나 불교 우위의 본지수적설(本地垂迹說)에 반발해 불교로부터 신도의 독립성을 주장하거나 신도의 순수성과 우월성을 강조하여 이론화하려는 경향, 즉 이세신궁 외궁(伊勢神宮 外宮)의 신관들에 의한 신주불종(神主佛從)의 이세(伊勢) 신도5)가 나타났다. 그리고 후반기의 무

---

3) 외래 종교인 불교와 일본의 고유 신앙인 신도와의 융합 움직임을 가리킨다. 나라 시대에 처음 나타난 후 헤이안 시대를 거치면서 보편화되어 메이지 원년(1868)의 신불분리령 제정 때까지 계속되었다.

4) 헤이안 불교(천태종·진언종)를 창시한 사이쵸(最澄)와 구카이(空海)는 신과 부처의 관계를 협조적인 관계로 파악하였다. 신불습합사상은 11세기에 이르면 불주신종(佛主神從), 즉 부처가 本地(본래의 모습)이고, 신은 중생을 구제하기 위해 부처가 迹(임시의 모습)으로 형태를 바꾸어 현세에 나타난 것이라는 불교 우위의 본지수적설(本地垂迹說)이 확립되었다.

5) 몽고 침입 이후 신국(神國)사상이 유행하게 되면서 신을 중심(本地)에 두고, 부처를 낮게 생각하는(垂迹) 이른바 반본지수적설(反本地垂迹說: 神主佛從)이 이세신궁 외궁의 (신관)와타라이 이에유키(度會家行)에 의해 불교에 대한 반론으로 주창되었다. 이에유키는 신도의 체계화에도 앞장 서 이세 신도의 근본 법전인 『신도오부서(神道五部書)』 등의 신도에 관한 和漢書의 요점만을 모은 『류취신기본원(類聚神祇本源)』을 저

로마치 시대에는 요시다 가네토모(吉田兼俱)에 의해 신도 중심의 유교와 불교 두 신앙을 통합하려는 요시다 신도가 나타났다.

한편 근세 에도 시대 전반기에는 신유일치(神儒一致) 계열의 요시카와 고래타리(吉川惟足)의 요시카와 신도 및 야마자키 안사이(山崎闇齊)의 스이가(垂加) 신도[6], 그리고 후반기에는 유교·불교의 영향을 받기 이전의 일본 민족 고유 정신으로의 회귀를 강조하는 국학에 토대를 둔 히라다 아츠타네(平田篤胤)의 후코(復古) 신도[7]가 유행했다.

근대에 들어오자 메이지 신정부는 신도 국교화 방침에 따라 나라 시대 이후 근세에 이르기까지 일본 사회에 큰 영향을 미쳐 왔던 신불습합의 풍조를 제거하는 작업에 착수했다. 우선 1868년 신불분리령(神佛分離令)의 공포를 통해 신사를 사원으로부터 독립시키고, 국가신도(國家神道)를 제도화하여 국민에게 천황에 대한 맹목적인 충성을 강요했다.[8] 이것은 이세 신궁을 최고 정점으로 전국의 신사

술했다.

6) 이제까지의 신도의 제유파를 집대성한 것으로 신도와 유교의 합체·존왕사상(尊王思想)이 특색이다.

7) 복고주의적 성향의 학문인 국학(國學)에서 문학적 요소를 제거한 것으로, 도쿠가와 막부 말기 신관·승려·지방 호농층의 지지를 받고, 또한 존왕론 유행에 절대적인 영향을 끼쳐 메이지 유신의 이론적 지주로 작용했다.

8) 왕정복고(王政復古) 단행에 의해 기원전 660년경 일본을 창업한 진무(神武) 천황의 시절로 되돌아갔음을 내세워 제정일치를 주장하고, 진기칸(神祇官)을 재설치하여 정부 보호 하의 신도보급에 나섰다(大教宣布: 1870). 또한 일반 국민을 상

에 사격(社格)[9]을 부여하여 계층적으로 재편하고 아울러 천황 숭배와 권위 보필을 핵심으로 하는 신도 정책을 강제했다. 이러한 움직임은 일반 민중의 신앙을 신도로 통일하려는 제정일치적 종교 정책이었고, 국가신도가 초월적 위치에서 불교·교파(教派) 신도[10]·기독교 위에 군림하려는 시도였다. 그러나 패전 이후인 1945년 12월, 근대 일본의 대외 팽창 정책과 밀접하게 관련되어 온 국가신도의 폐해를 인식한 맥아더의 지시(국가신도 폐지령)에 의해 국가와 신도와의 분리가 이루어졌다.

최근 되풀이되고 있는 일본의 내각 총리 및 각 성청(省廳)의 대신 그리고 일부 정치인의 야스쿠니(靖國) 신사 참배 문제가 한국과 중국의 큰 반발을 초래했다. 본래 야스쿠니 신사는 메이지 신정부 출범 후 벌어진 내란(보신전쟁) 때 희생한 신정부군 전사자를 위해 마련한 추모 시설 도쿄 쇼콘샤(東京 招魂社)로 출발했다.[11] 그러던 것

대로 한 천황의 직접 정치(親政)가 강조되었다. 요컨대 국가신도의 교리는 천황의 기원 설화로서 국교적 위치에서 모든 종교를 초월한 국가적 이데올로기였다.

9) 전국의 신사는 관폐사(官幣社)·현사(縣社)·향사(鄕社)·촌사(村社) 등으로 등급이 매겨졌다.

10) 도쿠가와 막부 말기의 사회적 혼란기에 나타난 특정의 신이나 교조를 믿는 신앙을 가리킨다. 19세기 초·중반의 사회 불안 속에서 초인적인 능력을 가진 사람을 신으로 받들며 구제를 갈망하는 풍조가 유행하여 일신교적인 교파 신도가 출현했다. 천리교(天理教)·금광교(金光教)·흑주교(黑住教) 등 13 종파의 민간 신도가 1876년 이후 메이지 정부의 공인을 받았다.

야스쿠니(靖國) 신사

이 대륙 침략과 태평양전쟁에서 사망한 250만의 일본 군인과 전범의 위패가 있는 묘지로 바뀌면서 사정은 크게 달라졌다. 매년 봄의 제례 행사 때나 패전 일에 야스쿠니 신사를 찾는 일본정부 요인 및 일부 정치인들의 참배 행위는 정치와 종교의 분리를 규정한 일본국헌법에 위배될 뿐만 아니라 아시아태평양 침략전쟁을 일으킨 당사국으로서 주변 국가에 대한 사려 깊은 배려가 없음을 말해주고 있다.

패전 이후 신도라 하면 고유(固有) 신도와 교파(敎派) 신도가 일본 국민의 일상 생활에 정신적 위안을 주는 형태로 존재하고 있으나, 다른 한편으로는 19세기 후반 이후 국가신도가 강조되던 무렵의 천황에 대한 숭배 내지는 국가에 대한 충성을 강조하는 국교로서의 이미지가 아직도

11) 메이지 신정부의 실력자 기도 타카요시(木戶孝允)・오무라 마스지로(大村益次郎) 등의 제창으로 도쿄 구단(九段) 언덕에 마련된 도쿄 쇼콘샤(東京招魂社)가 기원으로 1879년 6월 야스쿠니 신사로 개칭되었다.

남아 있어 야스쿠니 신사 참배 문제와 함께 한국·중국으로 하여금 깊은 우려를 갖게 한다.

2. 불 교

오늘날 일본 사회 속에서 토착 신앙인 신도에 버금가는 영향력을 갖고 있는 일본 불교는 시대마다 어떤 내용과 특징을 가진 종파로 발전해왔는가? 6세기 중반 무렵 백제로부터 일본에 전해진 불교는 대륙의 선진 문물로 간주되어 첨예한 권력 투쟁 끝에 처음 받아들여졌다.[12] 당시 정계의 실력자였던 쇼토쿠(聖德) 태자[13]와 소가씨(蘇我氏)의 적극적인 보호 하에 초창기 우지데라(氏寺)적 성격[14]을 띠었던 아스카(飛鳥) 시대의 불교는 나라(奈良) 시대에 들어와 특히 8세기 중반의 쇼무(聖武) 천황 무렵에 국가(호국) 불교로서 국가 권력과 결합하며 발전해나갔다.[15] 이

12) 538(552)년 백제 성왕으로부터 긴메이(欽明) 천황의 일본 조정에 불상과 경전 등이 보내졌다.

13) 쇼토쿠 태자는 불교 보호자인 동시에 이해자였다. 그는 법화경을 읽고 주석서를 만들기도 했으며 많은 사찰을 건립하기도 했다.

14) 고분에 대신하여 아스카 시대에 왕족이나 유력 호족에 의해 세워진 사찰을 가리킨다. 조상 명복·개인의 구제는 물론 씨족의 번영·단합 등을 기원했다. 대표적인 사찰로는 쇼토쿠 태자의 호류지(法隆寺), 소가씨의 아스카지(飛鳥寺), 도래인 하타씨(秦氏)가 세운 고류지(廣隆寺) 등이 있다.

15) 국가 불교에는 친고(鎭護) 국가 사상이 자리 잡고 있었다. 불교에 의해 국가의 안정을 꾀한다는 불교 사상이었다. 국

천태종 본산의 히에이잔 엔랴쿠지(比叡山 延曆寺)

시기의 남도육종(南都六宗)16)은 교단을 의미하는 종파라기보다는 학파적 성격이 강한 불교 경전을 연구하는 종파로, 이때는 혼란스러운 정치나 사회적 동요를 억제하고 나라의 평안을 구하기 위해 연구하거나 기도하는 것이 승려의 사명으로 간주되고 있었다.

한편 헤이안(平安) 시대 초기의 사이쵸(最澄) · 구카이(空海)가 각각 세운 천태(天台) · 진언(眞言) 양종의 등장은 나라 시대 불교처럼 종교의 국가로의 종속을 부정하고, 주체성을 가지고 교단 조직을 갖추어 일본 불교의 기초를 확립했다는 점에서 주목된다. 일본 사회에서 진정한 의미에서의 종파의 성립은 이때가 처음이었다. 천태종은 법화

가 불교의 중심 사원으로는 야쿠시지(藥師寺), 다이안지(大安寺), 고후쿠지(興福寺), 간고지(元興寺), 도다이지(東大寺), 사이다이지(西大寺), 호류지(法隆寺)가 있었는데, 이들 나라 소재의 7개의 유명 사찰을 남도 7대사(南都寺)라 불렀다.

16) 헤이제이쿄(平城京: 奈良市)를 중심으로 활동한 6개의 불교 종파, 즉 삼론(三論) · 성실(成實) · 법상(法相) · 구사(倶舍) · 화엄(華嚴) · 율종(律宗)을 가리킨다.

경(法華經)을 중시하고, 진언종은 밀교적 색채가 강했다. 법화경은 부처의 가르침을 경전을 통해 배우고 수행을 쌓아 깨달음을 얻는 현교였으나 차츰 밀교화하였다.[17] 진언종에서의 진언이란 대일여래(大日如來)의 진실의 말씀이란 뜻으로, 여래의 진언은 심오한 비밀로서 밀교라 불렀는데, 가지기도(加持祈禱)[18]로 부처의 세계에 접하여 깨달음을 얻었다.

이 같은 불교의 융성은 자연스럽게 일본 고유 신앙과의 결합을 가져왔다. 나라 시대에 처음 나타난 부처와 신이 본래 같다고 하는 신불습합사상은 헤이안 시대에 와서 급속히 확산되었다.[19] 도시 불교였던 남도육종과는 달리 산악 불교였던 천태・진언 양종이 9세기 초, 한적한 시가현

---

17) 수행을 통한 해탈과 극락왕생 중시의 일반 불교를 현교(顯教)라 한다. 밀교는 현교에 대한 대칭적 의미로서, 부처의 심오하고 비밀스런 가르침을 말한다. 현교가 사원을 건립하거나 독경 위주였던 것에 반해, 밀교는 가지기도 등의 주술적 방법으로 국가 안녕과 현세 이익을 기원했다.

18) 가지기도란 신비스러운 주문을 외움으로서 부처의 도움을 받아 병・재앙을 모면할 수 있다는 것을 말한다. 이러한 경향은 현세적 욕구가 강한 귀족의 욕구를 만족시켜 주었기 때문에 그들로부터 지지받았다.

19) 호류지・도다이지와 같은 장엄한 대사원이 들어서 불교 문화(예술)가 성행하고, 또한 신도가 가지고 있지 않은 현세와 내세, 지옥과 극락, 인과응보의 사생관을 불교가 설파하고 있었기 때문에 불교가 일본 고래의 신도보다 뛰어남을 인정하기 시작했다. 그래서 양자는 원래 서로 대립하는 것이었으나 동일한 것으로 간주되어 8세기 나라시대 이후 점차 조화를 이루려는 신불습합사상이 일어났다.

의 히에이잔(滋賀縣 比叡山)과 와카야마현의 고우야산(和歌山縣 高野山)에 사찰을 건립했을 때, 산신(山神)을 권청(勸請: 신불의 내림이나 신탁을 비는 행위)하고, 또한 불주신종(佛主神從)의 본지수적설(本地垂迹說)로 연결되면서 양자의 결합은 필연적인 사실로 받아들여졌다. 특히 헤이안 시대 후반 이후 본지수적설이 확립되면서 신은 불법을 받기며 부처는 신을 옹호하는 것으로 여겨져, 신전에서 독경을 하거나 신사에 신궁사(神宮寺)를 건립하거나 혹은 사원의 경내에 수호신을 제사지내는 경우도 있었다.[20] 이것은 불교와 신도 양 종교 사이의 마찰을 피하고 불교 발전에 큰 도움이 되었다.

또한 헤이안 시대 중기 이후에는 혼탁한 속세를 떠나 내세에 극락왕생을 구하는 정토교(淨土教)가 유행했다. 10세기 이후 빈번하게 발생했던 천재지변·기근 등의 사회불안이 말법(末法)사상[21]을 낳으면서 급속하게 발전했다. 이때 정토교를 종파로서 확립했던 것이 후술의 호렌(法然)의 정토종(淨土宗)이었다.[22]

---

20) 나라의 가스가 대사(春日大社)에서는 매년 1월 2일 고후쿠지(興福寺)의 간슈(貫主: 주지)가 승려들과 함께 방문하여 신전에서 반야심경을 독경하는 의식이 거행되고 있다.

21) 말법 사상이란 석가 입멸(入滅)의 시기를 기준으로 석가의 가르침이 가장 실천되는 시대를 정법(正法), 그 가르침이 쇠퇴하는 시대를 상법(像法), 전혀 기능하지 않는 혼란의 시대를 말법(末法)이라는 불법의 연대관으로, 일본에서는 1052년이 그 말법이 시작하는 때로 여겨졌다.

22) 10세기 중반 구야(空也)가 교토에서 염불을 설파한 뒤, 겐

한편 국가불교적 색채가 강했던 남도육종이나, 귀족적·밀교적 경향이 강했던 천태·진언 양종 등을 중심으로 하는 고대사회의 구불교[23]가 귀족의 몰락과 무사 정권의 등장, 그리고 무사와 서민 구제라는 정치·사회적 변화에 능동적으로 대응하지 못하자, 중세의 가마쿠라 시대에 들어와서는 신불교가 성립되었다. 여기서의 신불교란 정토종(淨土宗)·정토진종(淨土眞宗)·시종(時宗)의 염불 계열과 천태종 계열의 일연종(日蓮宗) 및 선종 계열의 임제종(臨濟宗)·조동종(曹洞宗)의 가마쿠라 시대 6개의 불교 종파를 의미한다.

그러면 여기에서 이들 종파의 대략적인 특징을 살펴보도록 하자. 우선 정토종(淨土宗)은 무사 집안 출신의 호렌(法然)이 시작한 종파로 염불만 외우면 인간은 구제가 가능하다고 주장해 교토 주변의 공가나 무사의 지지를 받았다. 정토진종(淨土眞宗)은 귀족 출신의 신란(親鸞)이 개조(開祖)로 한번이라도 염불을 외우면 극락왕생이 가능하며,

---

신(源信)이 왕생요집(『往生要集』)의 교리책을 저술하여 정토교 사상 보급에 힘썼다. 호렌은 이 『왕생요집』에 영향 받아 정토종을 열었다.

23) 나라 시대에 개종한 남도육종과 헤이안 시대에 개종한 천태·진언을 합쳐 고대의 8개 불교 종파(八宗)라 한다. 고대 구불교는 귀족의 절대적인 보호 속에서 발전해왔다. 이들 종파는 난해한 경전의 배움이나 비밀스러운 주술법을 중시하고 또한 귀족이나 지식인밖에 가능한 사찰이나 불상을 만들고 경전 복사(寫經)나 성대한 법회를 개최하는 일이 구제받는 데 필요하다고 설파했다.

계율을 지키지 않는 악인이야말로 우선적으로 구제받을 수 있는 대상이라고 설파해 간토(關東)·간사이(關西) 지방 등의 무사나 하층 농민들이 지지했다.

시종(時宗)은 유력 무사 집안 출신의 잇펜(一遍)이 개조로 모든 사람은 염불을 외우는 것 자체만으로도 구제받을 수 있다고 주장하며, 염불 춤을 추면서 무사·농민층을 상대로 전국을 돌아다니며 포교했다. 일연종(日蓮宗)은 어부의 아들로 태어난 니치렌(日蓮)이 개조로 법화종(法華宗)이라고도 한다.[24] 석가의 진실한 가르침인 법화경만을 믿고 남무묘법연화경(南無妙法蓮華經)의 제목(題目)을 외우면 인간은 살아있는 동안에도 바로 부처가 될 수 있으며, 나아가 한 지방의 지역민 모두가 법화경을 신봉하게 되면 그 지방은 정토 세상이 될 수 있다고 주장하여 하급 무사나 상공업자의 큰 지지를 받았다.

임제종(臨濟宗)은 에이사이(永西)가 개조로 좌선을 하면서 대사가 부여한 공안(公案)이라는 어려운 문제를 해결하면 부처처럼 열반에 도달할 수 있다고 주장해 막부의 절대적인 보호를 받으며, 주로 교토나 가마쿠라의 상급 무사·지방 유력무사의 지지를 얻었다. 지방의 중소무사·농민의 환영을 받은 조동종(曹洞宗)은 도겐(道元)이 개조로, 좌선 그 자체를 중시하며 오로지 좌선에 전념하는 길이

---

24) 일본 종교의 특징상 드물게 법화경만이 유일한 석가의 가르침이라며 다른 불교 정파를 배척했기 때문에 타 종파로부터 공격받거나 막부로부터 탄압을 받기도 했다.

부처에 다가갈 수 있는 지름길이라고 가르쳤다. 특히 임제종과 조동종은 송조에서 도입된 선종 계열로 엄격한 좌선에 의해서 자력으로 깨달음을 얻는다는 공통점을 가지고 있었다.

이처럼 가마쿠라 신불교는 고대의 구불교와 다르게 평이한 설법·간편한 수행법(선종 계열은 제외)·개인 신앙주의에 입각한 개인 구제라는 공통점을 가지고 있었기 때문에 무사·농민·상공업자 계층에게 특히 환영을 받았다. 이러한 신불교가 교단 조직을 갖추고 비약적인 발전을 한 것은 무로마치 시대였다.[25] 요컨대 중세에 들어와 불교의 일본화는 크게 진전되었던 것이다.

그러나 고대·중세 사회를 통해 권문세가의 일원으로서 정치적·경제적·사회적 영향력을 가지고 있었던 불교세력은 센코쿠 시대의 오다 노부나가·도요토미 히데요시 무렵에 경제적 기반이었던 장원이 해체되면서 세력이 크게 약화되었다. 근세 에도 시대에 들어와서는 그 힘을 더욱 상실해 근세 불교는 도쿠가와 막부의 사원 정책에 의해 엄격한 통제 하에 들어가게 되었다.[26] 즉 막부는 지잉

25) 임제종은 막부의 보호 하(五山·十刹 제도)에 발전했고, 정토진종은 농민층의 지지를 받아 센코쿠 시대에 잇코잇키(一向一揆: 농민 봉기)라는 엄청난 에너지를 발휘했다. 이처럼 중세에도 사원세력은 장원을 기반으로 정치적·사회적 영향력을 발휘하고 있었기 때문에 오다 노부나가와 도요토미 히데요시는 천하 통일의 장애물로 간주해 탄압했다.

26) 데라우케 제도의 핵심인 단나지(檀那寺)·단카(檀家) 제도에 의해 백성의 혼인·여행·주거이전 등에도 마을 관리의

핫토(寺院法度)를 제정하여 사원의 활동을 종교적 행위에 한정시키고, 종파마다 본산(本山)과 말사(末寺) 관계를 구축하여 본산을 통해 말사 통제가 가능하도록 했다. 그리고 막부는 시마바라의 난(1637~8)이 있고나서부터는 기독교(카톨릭) 신자에 대한 개종을 강제할 목적에서 데라우케(寺請) 제도를 실시하여 전 백성이 단카(檀家: 특정 사찰 소속의 불교 집안)임을 증명하는 증명서를 사원으로부터 발급받도록 했다.

이처럼 데라우케 제도에 의해 세금 및 기타 과역 면제와 같은 경제적 기반을 보증 받고 표면상으로는 단카를 가지게 되었지만, 결과적으로는 막부의 말단 행정 기관으로 변질되고, 승려에 대한 엄격한 계율도 폐지되어 교의적으로는 오히려 퇴보했다. 이때부터 사원은 장례나 조상 공양을 위한 법회를 여는 장소로 변질되었다. 오늘날 일본 불교가 장례 불교나 서민 불교의 성격을 강하게 띠는 것은 에도 시대 사원 정책의 영향이 컸다고 할 수 있다.[27]

증명서와 함께 소속 사찰(檀那寺) 발행의 증명서(宗旨手形)도 필요했다. 또한 오늘날 일본의 각 가정에서 흔히 볼 수 있는 부츠단(佛壇)이 이때부터 마련되고, 법요 시에는 승려를 부르는 관습이 생겨 사찰에 일정의 신도 확보와 재정 수입을 보증했다. 이로 인해 일반 백성과 사찰과의 관계는 밀접해져 사찰은 중세처럼 산악이 아닌 도시나 마을 한가운데에 자리 잡게 되었다.

27) 일본인들이 불교와 밀접하게 된 것은 장례식·오봉(お盆: 음력 7월 15일의 조상제사)·히간(彼岸: 조상 성묘) 등의 연중 행사를 통해 일본인의 마음에 불교 의식이 자리 잡게 되었기 때문이다. 승려는 장례식의 사자 공양이나 조상 숭

한편 메이지 유신 후 신도를 국가 통합의 근간으로 삼고자 했던 신정부는 신불분리령(神佛分離令: 1868), 대교선포(大教宣布: 1870) 등을 잇달아 선포했다. 이러한 신도 국교화정책의 영향으로 신사가 사원으로부터 독립되고 폐불훼석(廢佛毀釋: 불교시설 파괴)의 풍조가 일어나면서 사원·불상·경전이 소각·파손되거나 사원수가 감소하는 등 불교계는 큰 타격을 받았다. 불교는 봉건시대의 유산으로 간주되어 문명개화(文明開化)의 풍조 속에 줄곧 억눌려 있었으나, 불교계 스스로 불교의 근대화를 추진하고 또한 1880년대 후반 이후 국수주의(國粹主義)[28] 등장과 함께 부활되어 오늘에 이르고 있다.

배의 의식을 도와주는 역할을 담당했다. 또한 승려 계율이 폐지되면서 나타난 일본불교 특징 중의 하나는 육식처대(肉食妻帶)의 긍정이다. 원래 승려는 육식을 금함과 동시에 처자식을 가져서는 안 되는 존재였다. 정토진종의 개조 신란(親鸞)이 육식처대를 긍정하고 무계율 불교를 시작했으나 메이지 시대 이전에는 정토진종에 한정되었다. 그러나 처자식을 거느리는 것이 메이지 5년(1872)에 공식적으로 인정된 이후, 패전 후에는 전 종파에 확산되었다. 도시 곳곳에 산재해 있는 다양한 불교 종파의 사찰과 함께 사자를 저승에 보내는 장례 불교·육식처대의 일본의 불교 상황은 한국과는 사뭇 다른 모습이다 하겠다.

28) 국수주의란 정부의 급격한 근대화 정책에 반대하여 일본 고유의 정신·미의식을 발전시켜야 한다는 주장으로서, 1888년 정교사(政教社)가 창간한 잡지 『일본인』에서 주창되었다. 불교 사상가인 이노우에 엔료(井上円了)는 정교사 창설에 참가하여 국수주의적 입장에서 기독교를 비판하면서 불교의 체계화에도 앞장섰다.

3. 기독교

한국보다 전래가 앞섰던 기독교가 일본 사회 속에서 불교나 신도보다 세력을 떨치지 못했던 것은 어떤 이유에서일까?[29] 여기에는 역사적 사정이 있다. 기독교(카톨릭)의 일파였던 예수회 창시자의 한 사람인 프란시스코 사비에르가 말레이 반도에서 안지로 라는 일본인을 우연히 만나 일본 포교를 결심하고 1549년 가고시마(鹿兒島)에 상륙했다. 히라도(平戶)·분고(豊後)·야마구치(山口)·사카이(堺)·교토(京都) 등지에서 2년 3개월에 걸쳐 선교 활동을 한 결과, 1,000명에 가까운 신자를 만들고서 중국으로 건너갔다.

이후 일본을 찾은 스페인·포르투갈·이탈리아 국적의 선교사들은 적극적으로 일본어와 일본 사회의 풍습을 배우고 신학교와 자선 기관을 세우는 등의 선교에 힘써, 오다 노부나가 정권 무렵에는 기독교 신자가 수십 만에 달할 정도로 전성기를 맞이했다.[30] 여기에는 천하 통일 사업

---

29) 기독교의 한국 전래는 1631년(인조 9) 외교 사절로서 명조에 간 정두원이 돌아 올 때 북경의 서양인에게서 화포·천리경·자명종 등의 文明器機와 천주교에 관한 서적을 가지고 온 것이 처음으로, 최초의 세례자는 1784년(정조 8)에 영세를 받은 이승훈이었다. 그리고 현재 한국의 기독교 인구가 1400만(전 인구의 20%) 정도인데 비해, 일본의 기독교는 전체 인구의 1%가 못 되는 150만~200만 정도이다.

30) 특히 규슈 지역에서는 독실하게 믿는 다이묘도 있었으나,

에 저항하는 불교 세력을 억압할 의도에서 기독교를 용인하는 등의 정치적 계산도 작용했다.

그러나 1587년 규슈를 평정한 후계자 도요토미 히데요시는 선교사 추방령을 선포했다. 신국(神國)의 일본 사회에 외래 종교인 기독교 신자들의 결집력을 우려하던 차에, 기독교를 믿는 지방 다이묘인 오무라 스미타다(大村純忠)에 의해 그의 지배지역 중의 하나인 나가사키가 예수회에 기증되고(1580), 또한 선교사가 일본인을 노예로서 해외에 팔고 있다는 사실 등을 인지한 결과였다. 이후 도요토미는 탄압정책으로 전환하여 선교사·신자 26명을 처형한 나가사키 순교사건(1596)을 일으켰으나, 결국 그도 난반(南蠻) 무역의 이익을 간과할 수 없어 이후 추방령은 흐지부지되고 말았다.

한편 1603년 도쿠가와 막부를 창설한 도쿠가와 이에야스도 처음에는 난반 무역의 이익을 중시하여 기독교를 묵인하는 태도를 취했으나, 신 앞에서 모두가 평등하다는 기독교의 교리가 주종간의 절대적 충성을 요구하는 봉건 윤리와 맞지 않는데다가 기독교와 기존 종교(신도·불교)와의 대립으로 인해 발생될 지도 모르는 사회적 혼란, 나아가 스페인·포르투갈의 선교에는 장차 일본을 식민지로 삼으려는 야심이 숨어 있다고 부추기는 네덜란드·영국의 음해[31] 등에 영향 받아 1612년 우선 직할지에 금교령을

경제적(난반 무역) 이익을 좇아 일부러 신자가 되는 다이묘도 나타났다.

31) 도쿠가와 막부는 이를 정권(幕藩体制)에 대한 위협으로 간

후미에(踏會)

선언하고, 이듬해에는 이를 전국적으로 확대한 데 이어 기독교 신자를 국외로 추방했다.[32)]이윽고 1637년 규슈의 시마바라(島原)에서 평소 우려해 왔던 대규모의 기독교 농민 반란이 발생하자 막부는 이를 가까스로 진압한 후, 1641년 기독교 금지와 무역·정보의 독점을 꾀할 목적에서 제한적인 형태의 쇄국(해금)을 완성시켰다.

막부는 또한 1640년 직할령에 슈몬아라타메야쿠(宗門改役)를 설치하여 기독교도 적발에 나선데 이어, 1664년에는 이를 전국적으로 확대시켰다. 또한 후미에(踏會)[33)]와 고문을 통해 불교로의 개종을 강요하고, 포상금을 내걸어 밀고를 유도하거나 농촌에 연대책임제도(5人組)를 마련하여 상호 감시토록 했다.

이와 같은 철저한 금교 정책으로 기독교 신자는 일단 근절된 것처럼 보였으나, 1865년 나가사키에 오우라(大浦) 천주당이 만들어졌을 때 우라가미촌(浦上村)의 주민들이

주했다.

32) 도쿠가와 막부는 1622년 나가사키에서 55명의 선교사·신자를 화형과 참수형에 처하는 등 단호한 금교 정책을 추진했다.

33) 기독교도 적발방법의 하나로서, 예수나 성 마리아가 새겨진 동판으로 만든 화상(畵像)의 밟기 여하에 따라 기독교 신자임을 판단했다.

신부를 찾아와 스스로 기독교 신자였음을 고백하였다. 메이지 신정부는 도쿠가와 막부의 금교 정책을 계승하여 신앙을 금지하고 신도 3,400여 명을 34개의 지역에 나누어 살게 하고 개종을 강요하며 탄압하였으나, 서양 열강의 항의와 불평등 조약 개정을 의식하여 귀향을 인정하고 1873년에는 금교령을 해제했다. 그러나 포교가 인정되었다고는 하지만 기독교는 오랜 금교 정책과 사회적 편견 때문에 세력을 떨치지 못했다. 이처럼 신정부 성립 후의 신앙 인정에도 불구하고, 이번에는 앞에서 언급한 신도의 국교화 정책 등으로 정부나 일반 국민들의 기독교에 대한 시선은 냉담해 교세를 더 이상 확대시키지 못한 채 오늘에 이르고 있다.

4. 일본인의 종교관

일본인의 종교적 특성 중에 가장 눈에 띄는 것의 하나는'중층(重層) 신앙'이라는 점이다. 일본 문화청의 통계에 따르면 일본의 종교는 신도·불교·기독교·기타 종교 순으로 신자 수가 많으며, 그 신자 수 총계가 총 인구수 보다도 거의 두 배에 가깝다.[34] 일본인들은 매년 새해가 되면 수 천 만 명이 전국 방방곡곡에 산재해 있는 크고 작

---

34) 일본 문화청의 「종교연감(宗教年鑑)」에 따르면 종교 인구의 총계는 약 2억 1,500여 만 명으로, 일본의 실제 총인구 1억 2,770여 만 명보다도 많다.

은 신사에 참배하여 한 해의 건강과 행복을 가져다주기를 빈다. 또한 결혼식은 신도 식이나 교회 식으로 하기도 하지만 장례는 반드시 불교식으로 치른다. 이와 같은 복수의 종교시설을 찾는 일본인의 모습을 어떻게 보아야 할까?

일본인들은 앞서 살펴 본 것처럼 적어도 8세기에서 19세기 후반까지의 오랜 기간 동안에 신도와 불교의 공존이라는 신불습합의 관습을 지켜왔기 때문에 신도다 불교다 해서 종교를 딱히 구분 짓는 모습은 거의 찾아 볼 수가 없다. 따라서 가정마다 신을 모신 가미다나(神棚)와 부처(조상)를 모신 부츠단(佛壇)을 함께 두는 이유도 바로 여기에 있다. 이것은 일본인의 무종교성을 의미하기 보다는 외국처럼 유일의 절대성(신)을 강조하는 특정 종교에 얽매이지 않고, 일상생활 속에서 편의적으로 이용하는 일본인의 이중적인 신앙관을 의미한다. 이것이 우리와 크게 다른 점이다.

또한 일본인들은 전통적으로 관용의 종교성을 가지고 있다. 일본인의 종교 감각은 다신교적·샤머니즘적인 일

가미다나(神棚)

부츠단(佛壇)

본 고유 신앙인 신도의 영향으로 어느 종교에 대해서나 전통적으로 관대한 편이어서 상호 대립하지 않고 불교·기독교·신흥 종교·전통 민간신앙 등이 서로 유기적인 관계를 지니면서 오늘날까지 공존해 오고 있다. 앞서의 도쿠가와 막부의 금교 정책·시마바라의 난처럼 정권으로부터의 탄압은 있었으나, 역사적으로 종교 세력 사이의 분쟁이나 전쟁은 거의 없었다.

요컨대 일본의 종교는 토착 신앙인 신도와 외래 종교인 불교를 두 축으로 기독교가 오랜 탄압에도 불구하고 명맥을 유지하는 한편, 창가학회·행복의 과학 등의 신흥 종교가 끊임없이 새롭게 등장해 나왔다고 할 수 있다. 그리고 일본인들은 오랜 기간의 신불습합 내지는 다신교적인 종교관을 토대로 타종교에 배타적이지 않고 종교를 일상생활 속에서 편하게 받아들이며 또한 중복적으로 이용하고 있었다.

제11장 문화사적인 측면에서 본 일본

세계 각국은 역사적 활동의 소산으로서 문화를 창조해 왔다. 일본인들도 아시아 대륙 끝의 섬나라라는 지리적 환경을 역사적 무대로 삼아 일본 문화를 만들어 왔다. 흔히 섬나라이기 때문에 고립적이고 폐쇄적일 것이라고 생각하기 쉬우나, 일본 문화의 내용과 성격을 보면 정반대의 길을 걸어왔다고 할 수 있다. 일본 문화의 전체적인 흐름을 생각하는 경우 주목해야 할 것은 일본인들이 각 시대마다 어떤 외래 문화를 받아들여 소화했느냐는 점이다. 외래문화와의 접점·시대적 배경에 유의하면서 일본 문화의 특색과 내용을 알아보기로 한다.

1. 원시시대의 일본 문화

1.1 구석기 문화[1)]

아시아 대륙과 연결되어 있을 무렵의 일본 열도에 나우만 코끼리 등과 같은 대형 동물을 쫓아 대륙으로부터 이주해 온 구석기 시대인은 사회적 빈부(계급) 차가 없는 수렵·어로·채집의 원시생활을 영위하고 있었다. 한때 일본에서의 구석기 시대는 존재하지 않는다고 믿어 왔던 이 시대의 흔적은 독학으로 고고학을 배운 아이자와 타다히로(相澤忠洋)가 1946년 군마현 기류시 이와쥬큐(群馬縣 桐生市 岩宿) 유적의 관동롬층[2)]에서 흑요석 석편을 발견한 후, 4000개가 넘는 곳에서 유적이 확인되고 있다. 이후 구석기 시대의 시기는 한때 수십 만 년 전까지 거슬러 올라가는 것으로 당연시되어 왔다.

그러나 2000년 11월 구석기 유적 날조 사건이 발생한 이후, 특히 전·중기의 시기를 재고해야 한다는 목소리가 높아졌다. 2003년 5월 일본 고고학회는 파문을 일으켰던 후지무라 신이치(藤村新一: 전 동북구석기문화연구소 부이사장)가 발굴했던 대부분의 전·중기 구석기 유적이 날조됐다는 최종 결론을 발표했다. 후지무라는 1973년 이후 도

---

1) 구석기 시대의 문화를 토기가 사용되고 있지 않았음을 이유로 센도키(先土器) 혹은 무도키(無土器) 문화라고도 부른다.
2) 홍적세 말기 화산 활동에 의한 화산재 퇴적으로 생긴 적토(赤土)를 말한다.

호쿠 지방을 중심으로 잇따라 일본의 구석기 연대 기록을 깨는 석기와 유적이 발견되었다는 사실을 발표해 한때 '신의 손'으로 불려졌다. 그는 학문적 탐구심이 아닌 명성을 얻을 목적에서 가짜 석기를 만들어 유적지에 파묻거나 지진 흔적의 지층을 이용해 아예 가짜 유적지를 만들어 내는 방식을 취해 왔다. 이러한 날조 행위는 2000년 11월 후지무라가 발굴지에 석기를 파묻는 장면이 마이니치(毎日) 신문 취재반에 촬영되면서 마침내 그 모습이 드러났다. 일본 고고학회의 발표로 한때 약 60만 년 전까지 거슬러 올라갔던 일본 열도의 구석기 시대 역사는 3만 5천 년 전쯤으로 후퇴하게 되었다.[3)]

1.2 죠몬(縄文) 문화

우리의 신석기 문화에 해당하는 죠몬 문화에 대한 연구는 1877년 미국학자 모스가 도쿄의 오모리(大森) 패총 유적을 발굴하면서 시작되었다. 시기적으로는 대략 1만 2천년 전부터 기원전 3세기 내지는 2세기까지이다.[4)] 약 1만년 전 대륙과 분리된 후에는 구석기 시대와 같은 원시적인 소규모 이동·정착 생활을 서일본보다는 식료 자원이 풍부한 동일본을 중심으로 영위하고 있었다. 다테아나(堅

---

3) 대표적인 유적으로는 이와쥬쿠 외에 시라타키(白瀧: 北海道)·타루기시(樽岸: 北海道)·모로(茂呂: 東京都)·츠키미노(月見野: 神奈川縣)·소즈다이(早水臺: 大分縣) 등이 있다.

4) 죠몬 토기는 형식 편년을 기준으로 초창기·조기·전기·중기·후기·만기의 6단계로 구분한다.

토우(土偶: 흙인형)

穴) 주거·죠몬 토기·마제 석기·토우(土偶)·패총 등을 통해 그 흔적을 엿 볼 수 있다.[5)]

죠몬인은 취락을 단위로 공동작업이 필요한 수렵·어로를 집단으로 행하여 얻은 물건을 공평하게 분배했다. 당시의 생산력으로는 개인적인 부와 권력을 발생시키는 잉여 생산물의 축적은 불가능한 상태였고, 집단의 통솔자는 있어도 계급적인 지배는 존재하지 않았다. 그 이유는 당시의 매장이 공동묘지에서 이루어지고 개인의 부를 표시하는 부장품이 발견되지 않는 이장 방법[6)]이나 주거지의 규모와 구조·사용된 도구가 거의 동일해서 빈부(계급)의 차가 보이지 않는다는 점에서 미루어 알 수 있다.

1.3 야요이(弥生) 문화

야요이 문화는 1884년 도쿄도의 분쿄쿠 혼고 야요이쵸(東京都 文京區 本鄉 弥生町)에서 항아리형 토기의 발견을

---

5) 대표적인 유적으로는 오모리 외에 나카자토(中里: 東京都)·고래카와(是川: 青森縣)·도리하마(鳥浜: 福井縣)·츠쿠모(津雲: 岡山縣)·가소리(加曾利: 千葉縣) 등이 있다.

6) 굴장(屈葬)은 손과 발을 부러뜨려 매장하는 방식으로 크게 신앙설(죽은 자의 영혼이 지상에 나타나지 않기를 바램)과 재생설(생전의 영혼이 부활되기를 기원함) 등이 있다.

계기로 이곳의 지명을 따 붙여졌다. 기원전 4(3)세기에서 기원 후 3세기까지 전개된 이 시대에 일본 문화는 이전보다도 비약적으로 발전했다. 그 이유는 한반도로부터 전래된 벼농사 재배 기술[7]과 금속기 제작 기술 덕택 때문이었다. 유입된 지 100여 년 만에 벼농사 재배는 도호쿠 지방의 아오모리(青森)에까지 확대되고, 홋카이도와 오키나와를 제외한 일본 열도가 벼농사 문화권에 들어갔다. 이처럼 농경문화가 시작된 야요이 시대에는 철기와 청동기가 다루어지게 되면서 계급과 빈부의 차이가 나타나고, 작은 마을국가(小國)가 나타나는 등 사회 전체가 크게 변모하고 있었다.

농경문화의 흔적은 돌칼(石包丁)·다카유카(高床) 창고·동경(銅鏡)·동탁(銅鐸: 제사용 악기)·환호집락(環濠集落) 등에서 찾아 볼 수 있다. 장례 방식은 일반적으로 죠몬 시대의 굴장 형태와는 다르게 팔과 다리를 길게 뻗쳐서 매장하는 신전장(伸展葬)으로, 대륙 문화의 영향을 받은 규슈 지방에서는 목관묘·옹관묘·상식석관묘·지석묘 등이 나타났으나, 야마토 왕권의 중심지인 기나이 지방

7) 벼농사 전래 경로에는 중국 대륙에서 직접 기타큐슈(北九州)로 전파되었다는 설, 한반도 경유로 일본에 전달되었다는 설, 화남에서 남서제도를 거쳐 일본에 전달되었다는 설 등이 있다. 그 중에서도 볍씨(자포니카종)·농구(유구석부·마제석검·석촉)의 공통성에서, 양자강 유역에서 산동반도를 거쳐 서해를 건너와 일단 한반도 남부에서 벼농사 기술이 향상된 후, 이를 체득한 도래인에 의해 기타큐슈에 전파되었다는 설이 가장 유력하다.

에서는 방형주구묘 혹은 분구묘라고 하는 고분 전단계의 묘제가 나타났다.[8] 야요이 유적으로는 이타즈케(板付: 福岡縣)·가라코(唐古: 奈良縣)·토로(登呂: 靜岡縣)·요시노가리(吉野ヵ里: 佐賀縣) 등이 대표적이다.

2. 고대의 일본 문화

2.1 고분(古墳) 문화

3세기 후반에서 7세기까지의 고분 시대는 야마토 왕권의 정치 과정과 시기를 같이한다. 전기(3C 후반~4C 말)는 고분이 시작되는 시기로 원분(圓墳)이 중심을 이루고, 또한 이 시기는 정치적으로 야마토 왕권의 형성기에 해당한다.

중기(4C 말~5C 말)는 고분의 최성기로 야마토 왕권 발전기에 해당하며, 앞이 네모지고 뒤쪽이 둥근 모양의 전방후원분(前方後圓墳)이 전국적인 현상을 보인다. 그 중에

---

8) 목관묘(木棺墓)는 나무로 만든 관에 사체를 안치한 형태이다. 옹관묘(甕棺墓)는 일명 독무덤으로 커다란 항아리 두 개를 합친 형태이며, 상식석관묘(箱式石棺墓)는 돌널무덤으로 판석을 조합한 형태다. 또한 지석묘(支石墓)는 돌멘으로 불리며, 작은 돌 위에 커다란 덮개돌을 얹어 그 안에 시체를 안치하는 방식이고, 방형주구묘(方形周溝墓)는 한 변이 10~15m인 방형에 호를 둘러친 후, 호 안쪽에 1m 전후의 봉토를 쌓아 나무관 속에 시체를 안치한 묘제다. 그리고 분구묘(墳丘墓)는 주변을 깎아 정리한 땅에 봉분을 높게 쌓아 올려 마치 언덕처럼 보이는 고분 발생의 전 단계 묘지로서, 공동체의 사제장·슈쵸(首長)의 개인 묘로 추정된다.

일본 최대의 전방후원분 다이센 고분(大阪府)

서도 오사카 지방에 있는 총 길이 486m로 일본 최대의 다이센(大仙: 仁德 천황) 고분, 425m의 곤다야마(譽田山: 応神 천황) 고분 등이 대표적이다.

그렇다면 고분 시대 중기에 이처럼 열쇠구멍형의 거대한 전방후원분이 등장했을까? 고분 시대는 그 어느 시기보다도 한반도 등으로부터 대륙 문화가 가장 활발하게 유입되던 시기였다. 야마토 왕권은 백제를 통하여 유교와 불교를 받아들이고 양잠·도공·토목·대장 등 많은 산업 기술을 가진 도래인을 왕성하게 받아들여 선진 제도·기술을 습득하고 또한 그들을 국가 발전에 최대한 이용했다.

이와 같은 한반도 삼국·중국 남북조의 선진 대륙 문화를 수입함으로써 정치적 권력을 다진 지배자 층(대왕·호족)은 사후에 스스로의 권력과 부를 과시하기 위해 대형 고분을 축조하기에 이르렀다.[9] 이러한 전방후원

9) 많은 노동력과 비용을 들여 축조할 수 있는 능력을 소유했

다테아나시키 석실(竪穴式石室)

분은 주로 나라현(奈良縣)과 오사카부(大阪府)·오카야마현(岡山縣)에 집중되어 있다. 이러한 대형 고분이 후기(6C~7C)에 들어가면서 쇠퇴한 주된 이유는 불교의 영향에 따른 화장 풍습의 유행과 고분 축조시의 노동력 확보의 한계, 박장령(薄葬令)의 제정[10] 때문이었다. 그리고 후기는 정치적으로는 야마토 왕권의 동요기에 해당하며, 유력 농민의 가족묘로 추정되는 원분 형태의 소규모 고분 수십에서 수백 개가 집단적으로 모여 있는 군집분(群集墳)이 나타난다.

앞서의 외형적 형태와는 달리 고분의 내부 구조는 어떻게 되어 있을까? 관의 안치 방법에 따라 크게 두 가지가 있다. 하나는 전기 고분에 많이 나타나는 형식으로, 분구

던 것은 오직 지배자층만이었다. 사후의 권력 과시와 (철기 보급·농경 생활의 향상에 따른)사회적 신분 차를 반영한 결과라고 볼 수 있으나, 고분을 만들어 주는 입장에서 볼 때는 대형 고분을 축조함으로써 비로소 후계자의 지위를 공고히 할 수 있었다고 생각된다.

10) 야마토 왕권의 중앙집권화가 급속하게 추진되는 가운데, 후장(厚葬)·순사(殉死)를 금지하고, 6단계의 신분 계급에 따라 석실의 규모를 제한하는 박장령(646, 묘지·장례 의식의 간소화 규정)의 제정으로 대왕가와 대호족 이외의 사치스런 분묘 축조가 엄격하게 규제되었다.

(墳丘)의 정상 부분에서 1m 내외의 깊이에 석실을 만드는 다테아나시키 석실(竪穴式石室)이며, 다른 하나는 중기 이후에 나타나는 방식으로 시체를 담은 석관을 안치하는 현실(玄室)과 입구와 현실을 연결하는 선도(羨道)로 이루어진 요코아나시키 석실(横穴式石室)이 있다. 특히 후자는 한반도에서 전래된 이장법이다.

요코아나시키 석실(横穴式石室)

그리고 고분의 관속에도 시기에 따라 다양한 부장품이 존재했다. 전기에는 거울・칼・구슬 등의 주술 도구로서의 장신구, 중기에는 제사나 주술적인 의미의 부장품이 사라지고 대신에 지배층의 권력을 상징하는 실용적인 철제 무기나 마구(馬具) 등이 등장했다. 이러한 부장품의 변화는 사제자(주술자)에서 무기를 가진 권력자로 피장자의 성격이 변화되었음을 의미했다. 후기에는 금으로 만든 공예 장신구나 일상품, 하지키(土師器)・스에키(須恵器)[11]나 철제

11) 하지키는 적갈색의 야요이 토기로 서민들의 일상 토기였던 반면, 스에키(須恵器)는 조선식 요법인 회전 원반대를 사용하여 1,000도 이상에서 구워낸 단단한 청회색 토기로 주로 상류층에서 사용했다. 원래는 고대에 일본에 건너 간 도래인들이 가지고 갔던 그릇으로서, 도래인 기술자들에 의해서 일본에서도 만들어진 것으로 추정되고 있다.

농구가 많았다.

한편 고분 시대의 일본인들은 어떤 삶과 문화를 즐겼을까? 일상생활[12]은 농업·수공업의 발달과 대륙 선진 문화가 전해짐에 따라 이전보다 한결 나아졌다. 보통은 마(麻)를 재료로 한 옷을 만들어 입었으나, 상류 계급에서는 양잠의 발달에 힘입어 견직물로 짜 입었고, 식생활에서는 쌀이 주식으로 점차 자리 잡아 나가기 시작했다. 주거는 여전히 움막집 형태의 다테아나 주거가 중심이었으나, 평지 주거나 다카유가(高床)식 주거도 늘어났다. 신앙 면에 있어서는 자연 숭배나 영혼 숭배가 여전히 이루어지고 있었으나, 사회의 구성 단위가 씨족이었던 관계로 씨족의 단결 및 보호를 위해 조상신을 섬기는 우지가미(氏神) 신앙이 성립했다. 제사의 장소인 야시로(社: 신사)에서는 부정을 제거하는 미소기(禊)·하라이(祓)라고 하는 주술의식이 행해졌다.[13] 그 밖의 주술적인 풍습으로는 사슴 뼈를 태워 그 갈라지는 형태로 길흉을 판정하는 후토마니(太占)와 우지(氏)·가바네(姓)를 허위로 사칭한 자를 처벌할 목적에

---

12) 전방후원분의 후원부에 해당하는 봉분 주위에는 하니와(埴輪)가 설치되었다. 이것은 유약을 바르지 않고 낮은 온도에서 찰흙으로 구운 흙인형으로, 크게 원통(圓筒: 토사 방지·묘지 표시)과 형상(形象: 인물·동물·집 표시) 하니와 두 가지가 있었다. 불교 도래 이전의 조형 미술의 대표적 유물로 당시의 일상생활을 엿볼 수 있다.

13) 미소기는 신성한 물로 신체의 죄나 부정을 씻어 없애는 것이고, 하라이는 몸에 달라붙은 부정·재앙을 신에게 기원하여 털어 없애는 의식이다.

서 열탕에 손을 넣게 한 뒤 화상을 입은 정도의 유무를 알아보는 구카타치(盟神探湯) 등이 있었다.

2.2 아스카(飛鳥) 문화

아스카 문화는 고분 시대 후기에 해당하는 6세기 후반부터 7세기 중반까지 나라지방 남부의 아스카(飛鳥)·이카루가(斑鳩) 지역을 중심으로 대왕가·호족·도래인에 의해 주도되어 번영한 문화다. 당시 불교 등의 대륙 선진 문화 수입[14]에 적극적인 쇼토쿠(聖德) 태자·소가씨(蘇我氏)의 절대적인 보호 속에서 일본 최초의 불교문화가 탄생했다. 고분에 대신하는 지배자의 권위 상징으로 건립된 우지데라(氏寺)는 조상의 명복을 기원하고 가족(문)의 번영·질병 회복 등을 비는 주술적 신앙 장소였다. 최초의 본격적 사원은 596년 소가노 우마코(蘇我馬子)가 창건했던 아스카지(飛鳥寺)[15]로 소가씨의 권세를 상징하는 우지데라였다.

---

14) 아스카 시대를 전후하여 한반도로부터 선진 기술의 전래뿐만 아니라 정신 문화의 전래도 이루어졌다. 일본 고대 문화의 은인으로 추앙받고 있는 왕인은 32살 무렵인 5세기 초반(405) 오진(応神) 천황의 초청으로 논어 10권과 천자문 1권을 갖고 일본에 건너와 태자의 스승이 되고, 그 자손은 한자를 사용한 정부기록·문서 담당의 직책에 대대로 기여했다. 6세기 초 게이타이(繼体) 천황 무렵에는 백제로부터 오경(五經) 박사가 일본에 건너와 유교를 전했다. 또 백제의 성왕은 6세기 중반 긴메이(欽明) 천황 앞으로 불상과 경전을 보내 아스카 시대 이후 일본에 불교문화가 일어날 수 있는 기회를 제공했다. 이밖에도 백제로부터 易學·曆法·醫學이 전해졌다.

호류지(法隆寺) 금당과 오층탑

사공・기와공・화공 등의 백제 사찰 건축가들이 참여하여 만든 일본 최초의 목조 건물이다. 하지만 아스카 시대의 문화유산을 대표하는 곳은 쇼토쿠 태자의 발원에 의해 세워진 호류지(法隆寺)다.[16] 호류지는 원래 7세기 초(607)에 세워졌으나 화재로 인해 7세기 말(670) 재건된 현존하는 일본 최고의 사원으로, 사찰 내의 문화 유산은 거의 다 국

---

15) 대왕가나 유력 호족은 개인 사찰에 해당하는 우지데라를 앞 다투어 세웠다. 아스카지는 불교 용인 문제로 모노노베씨(物部氏)와 대립하고 있었던 소가노우마코(蘇我馬子)가 전승을 기원하여 세운 사찰로, 야마토 왕권의 발상지였던 나라현 다카이치군 아스카(奈良縣高市郡 明日香)에 건립되었다.

16) 요메이(用明) 천황이 자신의 병 치료를 희망하여 건립을 추진하던 것을 쇼토쿠 태자가 그 유지를 받들어 세운 것으로, 그밖에 오사카의 시텐노지(四天王寺), 나라의 츄구지(中宮寺)・홋키지(法起寺)・호린지(法輪寺) 등도 쇼토쿠 태자의 발원에 의해 세워진 사찰이다.

보급에 해당하며 1993년 세계문화유산에 등록되었다.[17)]

한편 이 시대를 대표하는 불상 조각에는 아스카 대불로 불리는 아스카지의 석가여래상(금동상), 호류지 금당의 석가삼존상(금동상)·대보장전(大宝藏殿)의 백제관음상(목상)·몽전(夢殿)의 구세관음상(목상), 츄구지(中宮寺)의 미륵보살상(목상), 고류지(廣隆寺)의 미륵보살상(목상) 등이 있다.[18)] 회화 작품으로는 츄구지 천수국수장(天壽國繡帳)의 자수회화[19)], 옥충주자(玉虫廚子)의 문과 대좌(台座)에 잇는 밀

---

17) 호류지 서원의 中門·金堂·五層塔·回廊은 현존 최고의 목조 건축물이다. 건축 양식의 특징은 중국 남북조 시대의 육조 양식을 채용하고, 그리스 신전 건축에 기원을 갖는 엔타시스라는 두터운 원형의 기둥 양식을 사용하고 있다. 또한 초석에 거대한 기둥을 세우고 단청을 입혔다. 종래의 초가지붕식의 건축과는 달리 초석 위에 단청을 입힌 기둥을 세우고 기와로 지붕을 덮는 목조 건축 양식은 한반도의 영향을 받은 것이다.

18) 여기에서 주목되는 것은 호류지의 불상 조각 작품의 대부분이 한국과 깊은 관련을 맺고 있다는 사실이다. 예를 들면 녹나무로 조각한 백제관음상(228㎝)과 구세관음상(178.8㎝)은 6세기말에 한반도에서 왜국에 전해진 국보급 불상이며, 호류지 금당 석가삼존상은 쇼토쿠 태자의 명복을 빌기 위해 태자 일족의 의뢰를 받아 백제계 도래인의 후손이자 일본 최초의 불상 조각가인 구라츠쿠리노토리(鞍作鳥)가 만든 금동 불상이다. 또한 도래인 하타노카와카츠(秦河勝)가 세운 하타씨의 우지데라인 교토 고류지의 보관미륵보살반가사유상은 일본의 국보 제1호로서, 적송(赤松)으로 만든 귀중한 고대 목조 불상이다.

19) 쇼토쿠 태자비인 다치바나노오이라츠메(橘太郎女)가 죽은 남편의 천수국(정토의 극락세계)의 생활을 그리워하며 궁녀를 시켜 만든 자수회화다.

타회(密陀繪: 일종의 유화) 등이 있으며, 공예 작품으로는 호류지의 옥충주자[20]·금당의 천개(天蓋: 불상 덮개), 페르시아식 구도를 갖는 호류지의 사자수문양금(獅子狩文樣錦)과 천마(天馬)의 구도를 갖는 용수수병(龍首水甁) 등이 있다.

2.3 하쿠호(白鳳) 문화

645년 다이카 개신에서 794년 헤이안(平安) 천도에 이르는 약 140여 년 간은 국내적으로는 천황 중심의 중앙 집권적 율령국가가 완성되고, 대외적으로는 견당사 파견을 통한 대륙 문화의 적극적인 섭취 등에 힘입어 대륙 문화를 모방하면서도 천황·귀족·승려 등을 중심으로 일본 문화가 더욱 발전된 시기였다. 그 전반에 해당하는 7세기 후반에서 8세기 초반까지의 문화가 하쿠호(白鳳) 문화이며, 그 후반이 덴표(天平) 문화이다. 양 문화는 약간 성격을 달리하긴 하나, 율령국가 융성기의 문화라는 점에서 공통적인 특징을 갖고 있다.

하쿠호 문화는 특히 후지와라쿄(藤原京: 694~710) 시대 즉 덴무(天武) 천황·지토(持統) 천황 시기를 중심으로 발전한 문화로, 하쿠호란 덴무 천황 무렵의 연호를 가리킨다. 문화의 특색은 첫째 율령국가 형성기를 대변하듯 발랄하고 참신한 귀족 문화였다는 점이다. 천황제 국가의 토대

20) 인동당초문양(忍冬唐草文樣)을 새겨 파 주위에 장식한 금구(金具) 아래에 2,563마리의 비단벌레 날개를 입힌 불전의 불상 안치 목적의 궤(장)이다.

를 이루는 율령이 7세기 후반 이후에 잇따라 제정되는 등, 중앙 집권적 국가 형성에 노력한 지배층(천황·귀족)의 정치력이 고스란히 문화에도 반영되어 자신감과 의욕에 넘쳤다. 둘째 불교 문화였다는 점이다. 앞서 언급했던 것처럼 쇼토쿠 태자의 적극적인 보호 하에 발전하기 시작한 불교는 다이카 개신 이후에도 국가의 보호를 받으면서 융성의 길을 걸었다. 따라서 문화 전반에 불교적 색채를 강하게 띠었다. 셋째로 당조 초기 문화의 영향을 받고 있었다는 점이다. 특히 불상 등에서 그 흔적을 발견할 수가 있다.

한편 사찰 및 불상 건립의 풍조가 지방에까지 확산되는 가운데, 이 시대의 문화 유산을 대표하는 곳은 야쿠시지(藥師寺)였다. 야쿠시지는 덴무 천황이 아내 지토 천황의 병 회복을 기원하는 의미에서 후지와라쿄에 창건한 사찰이다. 특히 야쿠시지 동탑은 덴무 천황의 발원에 의해 지토 천황 무렵에 완성된 것으로 초당 양식의 3층탑이다. 각 층마다 모코시(裳階: 건물을 보호하기 위해 처마에 내어 댄 차양)가 있어 마치 6층탑으로 보인다. 중층 지붕의 웅

야쿠시지 동탑(藥師寺 東塔)

야쿠시지 금당의 약사삼존상
(藥師寺 金堂 藥師三尊像)

대하면서도 경쾌한 인상을 주는 것이 특징이다.

조각 작품으로는 균형 잡힌 아름다움과 내면적인 자태를 보여주는 야쿠시지 금당의 약사삼존상(金堂 藥師三尊像), 초당 양식으로 풍만한 자태를 뽐내는 야쿠시지 동원당의 성관음상(東院堂 聖觀音像)이 있다. 또 어린아이와 같은 아름다운 눈매를 갖는 고후쿠지의 불두(興福寺 佛頭)가 있으며, 그밖에 호류지의 몽위(夢違) 관음상·아미타삼존상이 있다. 모두 이전에 찾아볼 수 없는 입체적인 양감과 우수한 주조기술(금동불)로 만들어졌다.

회화 작품에는 호류지 금당벽화가 있다. 벽화는 경주 석굴암과 중국의 운강석불과 함께 동양의 3대 예술품으로 평가되어 오던 것이었다. 원래 고구려 스님 담징[21]의 불교 그림이 사방의 벽에 그려져 있었으나 1949년 금당 해체 작업 중에 소실되었다. 현재는 일본 화가들에 의해 재현된 '석가정토도'를 비롯한 '아미타정토도', '미륵정토도', '약

21) 담징은 그림만을 그리는 훌륭한 승려는 아니었다. 일본에 건너와서 종이를 만드는 법, 먹을 만들어 쓰는 법, 또한 새로운 생활도구로서 맷돌도 만드는 법을 가르쳐 주기도 했다.

사정토도' 등의 그림이 걸려 있는데 단정하고 장엄한 작풍을 보여준다. 또한 1972년 나라현 아스카촌에서 발견된 다카마츠즈카(高松塚) 고분 벽화는 7세기 말에서 8세기 초반의 것으로 고구려 양식으로 추정되고 있다.[22] 그 밖에 백제의 아좌 태자가 그린 것으로 추정되는 국보로 일본 궁내성에 보관되어 있는 비공개품 쇼토쿠 태자상이 있다.

2.4 덴표(天平) 문화

헤이제이쿄(平城京: 710) 천도 후 약 70여 년 간의 나라시대 후반의 문화를 덴표 문화라 부른다. 특히 쇼무(聖武) 천황의 시기(729~49)를 중심으로 전개되었다. 그 특색은 율령국가 최성기의 수도 나라에 거주하고 있는 중앙 귀족층을 중심으로 하는 고도의 귀족 문화로서 문화 자체가 호화롭고 장대한 점에 있었다. 아울러 견당사의 파견[23]에 따른 당조 최성기 문화의 영향을 받아 국제적 색채를 띠기도 했다. 그리고 친고(鎭護) 국가사상에 기초한 불교 문화였다. 다이카 개신 이후 역대 천황은 불교를 국가 운영

22) 지름 약 18m, 높이가 약 5m의 둥근 원분인 다카마츠즈카 고분은 여느 고구려 고분과 마찬가지로 돌로 쌓은 벽면에다 석회 칠을 한 흰 벽이 있으며, 거기에는 화려한 청룡과 백호 양옆으로 각기 4명씩의 여인상과 남자상이 그려져 있다. 이 고분 벽화는 황문본실이라는 고구려 화가가 일본에 건너와 그린 것으로 추정되고 있다.

23) 630~838년까지 대규모 사절단(외교 사절·유학생·유학승)이 15회 파견되었다. 파견 목적은 당조의 선진 제도·문물의 적극적 수입을 통해 국내 지배 체제를 강화하려는 데 있었다.

도다이지 대불(東大寺 大佛)

의 정신적 토대로 삼으라는 쇼토쿠 태자의 방침을 계승하여 불교는 국교적 존재로 되고 있었다. 이러한 경향이 불교 신앙이 두터운 쇼무 천황 무렵, 불교의 국교화가 정점에 달해 불교는 친고 국가의 교법 즉 호국 불교[24]로서 크게 발전하여 문화 전반에 많은 영향을 미쳤다.

덴표 문화의 대표적 유산을 들라면 무엇보다도 나라의 도다이지(東大寺)를 생각하지 않을 수 없다. 쇼무 천황이 743년 도다이지 대불 사업의 시작을 선언한 후 전체 인구의 반에 해당하는 약 250만 명의 인원과 10년의 긴 공사 끝에 752년 고겐(孝謙) 천황 무렵에 완성되었다. 이 비로

24) 기존 불교처럼 황족·호족을 위한 개인 구제 차원이 아닌 나라가 혼란스러울 때 국가를 수호한다는 친고(鎭護) 국가 사상이 7세기 후반 덴무 천황 때부터 시작되어 쇼무 천황 때 정점에 달했다. 잇따라 발생하는 정변·역병 등의 정치·사회적 불안정을 불력을 빌어 막아 보려는 의도에서 사원·대불이 건립되었다. 고쿠분지(國分寺)·고쿠분니지(國分尼寺)의 창건과 도다이지 대불 조성은 그 대표적 사례이다.

자나대불은 높이가 16m 19cm로 세계에서 가장 큰 금동불상이다.[25] 불상이 워낙 커서 그 얼굴 길이만 하더라도 약 5미터, 손바닥의 길이는 3m 10cm로 보는 사람을 압도할 정도이며, 해마다 8월 7일에는 대대적인 청소 행사가 펼쳐진다.

한편 덴표 건축의 특징은 웅대함과 균형미에 있으며[26], 조각 작품은 발랄하고 생기에 찬 사실적 불상이 많다.[27] 금동불상 외에도 옻칠을 거듭한 건칠상(乾漆像)과 흙으로 만든 소상(塑像)과 같은 불상 조각 기법도 등장했다. 회화 작품은 별로 남아 있지 않으나, 도다이지 정창원(正倉院)[28]의 수하미인도(樹下美人圖), 야쿠시지의 길상천녀상

---

25) 도다이지 대불 사업에도 도래인이 관여했다. 금동불상을 조각한 사람은 백제계 도래인 구니나카노무라지 키미마로(國中連公麻呂)였고, 대불 조영 자금을 조성하는 데 기여한 사람은 백제계 도래인 승려 교키(行基)였다. 그리고 금동불상을 위해서 황금 9백 냥을 희사한 사람은 백제계 도래인 구다라노고니키시 쿄후쿠(百濟王 敬福)이었다.

26) 사원 건축으로는 도쇼다이지(唐招提寺) 금당(金堂)·도다이지 법화당(法華堂)·호류지 몽전(夢殿) 등이 있고, 궁전 건축으로는 도쇼다이지 강당(講堂), 주택 건축으로는 호류지 전법당(伝法堂), 창고 건축으로는 도다이지 정창원(正倉院)을 꼽을 수 있다.

27) 사실성과 종교성이 잘 조합된 대표적 불상으로는 야쿠시지(藥師寺) 금당의 약사삼존상(藥師三尊像), 고후쿠지(興福寺)의 팔부중상(八部衆像)·십대제자상(十大弟子像), 도다이지(東大寺) 법화당의 본존불(本尊佛)·불공견색관음상(佛空羂索觀音像)·집금강신상(執金剛神像)·일광(日光)·불광보살상(佛光菩薩像)이 있다.

28) 쇼무(聖武) 천황 사후 부인인 고묘(光明) 천황이 도다이지

(吉祥天女像)은 당조 미인을 모방한 것으로 풍만하고 화려한 필치로 그려져 있다.

한편 이 무렵에는 율령국가의 발전과 천황 권위의 강화 등에 힘입어 국가의 성립과 국토에 대한 관심·자각이 고조되면서 국사(國史)나 지지(地誌: 고장의 지세·풍속·인구·산물 등을 기록한 책)를 정리하려는 움직임이 나타났다. 이런 움직임에 힘입어 편찬되었던 것이 『고지키(古事記: 712)』[29]·『니혼쇼키(日本書紀: 720)』[30]의 역사서와 『후도키(風土記: 713)』[31]이다. 한시는 일본에 들어온 후 처음에는 감상 위주 정도였으나, 차츰 작품을 만드는 수준에까지 이르러 751년에는 일본 최초의 한시집으로 황족과 귀족 64인의 한시 120편이 수록된 『가이후소(懷風

에 기증한 남편의 유품을 보관한 장소로, 의복·일상용품·악기·무기 등 약 9000점이 있다. 모작도 일부 보이나 지배계급의 대륙 문화에 대한 심취를 입증하고, 공예기술의 진보 및 덴표 문화의 국제성을 엿볼 수 있는 보물을 다수 수장하고 있다.

29) 712년 히에다노아레(稗田阿礼)가 암송한 제기(帝紀: 황실의 계보)·구사(舊辭: 전승 등)를 오노야스마로(太安万呂)가 만요가나로 작성하여 『고지키』 3권을 완성시켰다.

30) 720년 도네리신노우(舍人親王)의 책임 하에 『니혼쇼키』 30권이 완성되었다. 신대(神代)부터 지토 천황시대까지의 사건을 한문체·편년체 양식으로 만든 천황 중심의 역사서이다. 신화·전설 위주로 되어 있어 특히 한반도 관계 기사는 역사적 사실로서 인정하기 어려운 부분이 많으나, 현존 최고의 역사서인 것만은 틀림없다.

31) 각 지방의 지명·설화·전승·산물을 기록한 것으로 현재 5개 지역의 『후도키』가 전해진다.

藻)』가 편찬되었다. 그리고 8세기 후반(770년경)에는 『만요슈(万葉集)』 20권이 만들어졌다. 이것은 천황·귀족에서 농민에 이르기까지 다양한 내용의 4500편이 수록된 와카(和歌: 고대 시가)집이다. 일본어를 한자의 음과 훈으로 나타내는 만요(万葉)가나로 이루어져 있으며, 주로 일반적인 잡가(雜歌), 연애 중심의 상문가(相聞歌), 죽은 자를 애도하는 만가(挽歌) 위주의 단가(短歌)로 구성되었다.[32)]

2.5 고닌·죠간(弘仁·貞觀) 문화

헤이안 시대 초기는 나라 시대에 이어 견당사가 계속 파견되어 대륙 문화가 여전히 수입되고 있었기 때문에 문화면에서는 당풍의 경향이 강했다. 9세기를 중심으로 하는 율령제도 재건기의 문화를 당시 사가(嵯峨)·세이와(淸和) 천황의 연호를 따서 고닌(810~23)·죠간(859~76) 문화라고 부른다. 이 시기의 문화적 특색은 신수도 헤이안쿄(平安京: 京都)를 중심으로 당풍의 귀족 문화, 한시·한문의 융성, 신비적 분위기의 밀교 예술이 활발했다는 점에 있다.

나라 시대에 이어서 헤이안 시대 초기에도 한문학이 발달했다. 그 이유는 관리 양성의 중앙 교육기관인 대학(大學)에서 유학 중심의 명경도(明經道)보다는 중국의 문학·역사를 가르치는 문장도(文章道)가 중심 과목으로 채택되고, 또한 당풍 문화의 영향으로 한시문이 중요시되고 있었

32) 대표적인 가인으로는 야마베노아카히토(山部赤人)·야마노에노오쿠라(山上憶良)·오토모노야카모치(大伴家持) 등이 있다.

기 때문이다. 무엇보다도 관리 등용 시험에는 한시문의 역량이 크게 요구되어 귀족도 한문 습득에 힘을 쏟지 않을 수 없어 시문에 능한 사람이 다수 배출되었다. 또한 이러한 한문학의 융성을 토대로 국가적 사업으로서 한시문집의 편찬이 이루어졌다.

한편 나라 시대의 남도육종(南都六宗) 중심의 도시 불교는 부패·추락을 거듭한 끝에 헤이안 시대 초기에 이르러 새로운 불교 혁신의 시기를 맞이했다. 그 중심은 사이쵸(最澄)와 구카이(空海)였다. 두 사람은 10장에서 언급했던 것처럼 견당사와 함께 당조에 건너가 천태(天台)·진언(眞言) 양종을 배우고 각각 일본 천태종과 진언종의 개조가 되었다. 사이쵸는 805년 귀국하자 시가현의 히에이잔(滋賀縣 比叡山)의 엔랴쿠지(延曆寺)를 본산으로 삼아 남도육종의 인간 차별주의에 반대하고 모든 중생은 불성(佛性)을 가지고 있어 누구라도 성불할 수 있으며, 승려로서의 계율을 지킬 것을 주장했다. 구카이도 입당 후 806년 귀국하여 와카야마현의 고야산(和歌山縣 高野山)에 곤고부지(金剛峰寺)를 세우고, 교토의 도지(東寺)를 거점으로 포교하면서 가지기도(加持祈禱: 신비스런 비밀의 주문)에 의해 살아 있는 채로 성불할 수 있다고 주장했다. 진언종은 처음부터 밀교적이었으나 천태종은 사이쵸 사후 밀교화되어 현세이익을 추구하고 있었던 조정과 귀족의 지지를 받으면서 발전했다. 이 같은 배경 하에서 신비스러운 분위기의 밀교 예술이 일반화되었다.

무로지 석가여래좌상
(室生寺 釋迦如來坐像)

회화 작품으로는 밀교화(密敎畵)를 중심으로 강한 선과 색채로 그린 부동명왕(不動明王), 불교 교리를 상징적으로 그린 만다라(曼荼羅)가 많았다. 그리고 조각에서는 목조상이 많고, 이치보쿠즈쿠리(一木造)[33]와 혼파시키(翻波式) 조각기법[34]에 의해 엄숙하고 신비적이며 관능적인 모습을 묘사한 작품이 많았다.[35] 건축 작품으로는 종파 싸움과 전쟁으로 인해 별로 남아 있지 않으나, 나라현(奈良縣)에 있는 무로지(室生寺)의 금당·오층탑이 대표적이다.

2.6 고쿠후(國風) 문화

견당사의 폐지(894)와 당조 국력의 쇠퇴로 인해 당풍 문화의 영향이 이전보다 현저히 약해지자, 이제까지 받아들인 중국·한반도의 대륙 선진 문화를 일본의 풍토나 일상생활의 정서에 맞게 소화하여 자립하려는 고쿠후 문화가 일어났다. 이러한 헤이안 시대 중기(10~11C)의 고쿠후 문

33) 9~10세기의 주요 불상 기법으로서 한 그루의 나무로 불상의 주요 부분을 날카롭고 깊이 조각하는 방법을 말한다.
34) 이치보쿠즈쿠리의 불상에 나타나는 마치 주름이 거듭되는 것 같은 잔물결 모양의 목상 조각 방식이다. 대표 작품으로는 무로지 석가여래좌상(室生寺 釋迦如來坐像) 등이 있다.
35) 엄격한 수행에 견디는 육체와 내면에 숨겨진 강한 의지를 표현했다.

화는 특히 셋칸 정치를 통해 권력을 독점한 대귀족 후지와라씨(藤原氏)를 중심으로 전개되었기 때문에 일명 후지와라 문화라고도 부른다.

고쿠후 문화의 특색은 첫째 국풍화의 전개에 있다. 예를 들면 신덴즈쿠리(寢殿造)[36]·야마토에(大和繪)[37]·일본풍 서도(和風 書道) 등에서 알 수 있는 것처럼 황족과 귀족의 일상생활을 중심으로 일본화가 진행되었다. 둘째 국문학이 발달했다는 점이다. 고쿠후 문화의 중심을 이루는 국문학 발전의 토대를 만들었던 것은 무엇보다도 가나문자의 발명이었다. 종래는 한자의 음훈을 조합한 만요가

신덴즈쿠리(寢殿造: 귀족의 화려한 주택 양식)

36) 국풍 건축의 한 형식으로 화려한 귀족 주택양식의 전형을 이루며, 자연을 동경해 자연과의 조화를 꾀했다.
37) 종전의 가라에(唐繪: 당풍 그림)에 대신하여 나타난 국풍 미술로. 신덴즈쿠리에 사용된 맹장지·병풍에는 일본의 풍속·풍경이 묘사되어 이후의 에마키모노(繪卷物: 그림두루마리)의 원형이 되었다.

나(万葉仮名)가 그들의 정서를 표현하고 있었으나, 8세기에 한자의 부수나 획을 생략한 가타카나(片仮名)가 고안되고, 뒤이어 초서를 흘려 쓴 히라가나(平仮名)가 발명되었다.[38] 특히 히라가나는 처음에는 온나데(女手)라고 냉대받아 여성들 사이에서만 이용되었으나, 10세기 이후 점차 일반화되어 한시・한문에 대신하여 와카(和歌)・모노가타리(物語: 소설)・일기・수필 등의 국문학 발전의 토대가 되었다.

특히 와카는 9세기 후반에 롯카센(六歌仙)이라고 하는 6명의 가인(歌人)이 등장하여 최성기를 맞이했다. 이들을 중심으로 와카를 좋아하는 다이고(醍醐) 천황 때 우아하고 기교적인 가풍의 일본 최초의 칙찬(勅撰) 와카집인 『고킨와카슈(古今和歌集)』 등이 만들어졌다(905). 또한 모노가타리 문학에서는 가나문자를 사용한 전기(傳奇) 형식의 『다케토리모노가타리(竹取物語)』, 와카를 모노가타리 속에 조합한 『이세모노가타리(伊勢物語)』 등이 등장하고, 11세기 전반에는 모노가타리 문학의 최고봉인 무라사키시키부(紫式部)의 장편소설 『겐지모노가타리(源氏物語)』가 성립했다.

일기 문학에서는 기행 문학의 선구를 이루는 『도사닛키(土佐日記)』 외에 여성이 가나로 쓴 최초의 일기 문학으로 전해지는 『가게로닛키(蜻蛉日記)』 등이 작자의 생활이나

38) 가타카나와 히라가나는 11세기 무렵에 글자의 형태가 정립되었다.

심정을 세밀한 관찰로 솔직하게 표현했다. 수필 문학으로는 미에 대한 참신하고 예리한 감각을 나타낸 세이쇼나곤(清少納言)의 『마쿠라노소시(枕草子)』가 『겐지모노가타리』와 함께 고대 문학의 백미로 손꼽히고 있다.

고쿠후 문화의 세 번째 특색으로는 정토교 예술의 등장이다. 불교는 앞서 언급했던 것처럼 원래 일본의 고유 신앙인 신도와 융합할 수 없는 것으로 생각되었으나, 나라 시대에 양자가 융합하여 헤이안 시대에는 신불의 불리(不離)를 설파하는 신불습합이 일반화되었다. 헤이안 시대 중기 이후 사원의 추락과 세속화(천태종 · 진언종)와 함께 무사의 등장, 말법사상의 유행 등으로 크게 불안을 느끼고 있었던 귀족과 사회 불안 · 생활고로 현실을 버리고 내세의 구원만을 바라고 있었던 민중들에게 손길을 뻗쳤던 것은 다름 아닌 염리예토 흔구정토(厭離穢土 欣求淨土: 추악한 속세를 떠나 기꺼이 극락에서 왕생할 것을 기원)를 설파하던 정토교(淨土教)였다. 아미타여래(阿弥陀如來)를 믿고 부단히 염불을 외우면 임종 시에 아미타의 정토에 왕생할 수 있다고 믿는 가르침이었다.

이러한 정토교 사상과 관련된 아미타당의 건축으로는 우지 뵤도잉(宇治 平等院)의 봉황당(鳳凰堂)[39] · 교토의 히노 호카이지(日野 法界寺)[40]의 아미타당이 유명하다. 회

39) 뵤도잉은 후자와라 요리미치(藤原頼通)가 1052년에 父인 미치나가(道長)로부터 물려받은 별장을 사원화한 것으로, 아미타여래를 본존으로 하는 우아하고 화려한 아미타당(봉황당)을 세워 극락정토를 재현했다.

우지 뵤도잉의 봉황당(宇治 平等院 鳳凰堂)

화에서도 아미타상이 그려졌는데 특히 고야산(高野山)의 성중내영도(聖衆來迎圖)[41]가 유명하며, 조각 작품에는 요세기즈쿠리(寄木造) 방식[42]으로 만들어진 우지 뵤도잉의 봉황당 아미타여래상이 대표적이다.

2.7 인세이(院政) 문화

11세기 후반의 헤이안 시대 말기는 정치적으로 귀족정치가 분열과 동요를 거듭한 끝에, 상황이 천황·귀족에 대신하여 권력을 독점하는 인세이 정치의 시작과 더불어 무사의 등장이라는 급격한 시대상의 변화를 반영하여 문화

40) 호카이지는 후지와라씨의 일족인 히노씨(日野氏)의 우지데라로 1051년경에 세워졌다.

41) 정토교 신앙이 바탕이 되어 아미타불이 극락정토에서 사자(死者)를 맞이하러 오는 정경을 묘사했다.

42) 종래의 이치보쿠즈쿠리(一木造)에 대신하여 불상의 각 부분을 여러 기술자가 만든 다음, 이것을 다시 조립하여 하나의 불상으로 복원하는 방식으로 불상의 대량 생산을 가능하게 했다.

면에 있어서도 새로운 변화와 흐름이 나타났다. 이때의 인세이 문화의 특색으로는 셋칸 정치 하에서 발전해왔던 고쿠후 문화의 성숙, 역사에의 관심 집중, 문학작품 속에서의 무사·서민의 등장, 문화의 지방 전파 등을 들 수 있다.

11세기에 들어와 모노가타리 문학은 활기를 상실했으나 와카는 여전히 유행하여 칙찬 와카집에 해당하는『고슈이와카슈(後拾遺和歌集)』가 만들어졌다. 그리고 회화 분야에서도 일본적 풍경을 묘사한 야마토에(大和繪)가 그림과 글을 적당히 배합한 에마키모노(繪卷物)로 변화하는 등 고쿠후 문화가 더욱 발전했다.[43] 또한 이 시대는 대귀족 후지와라씨의 전성기가 지나고 무사가 각 방면에서 활약하게 되면서 역사에 대한 관심이 증가했다.[44] 대귀족 후지와라노미치나가(藤原道長)의 부귀영화를 가나로 찬양 서술한『에이카모노가타리(榮華物語)』, 미치나가의 전성기 생활을 비판적으로 묘사한『오카가미(大鏡)』등이 과거 잘 나가던 시절의 셋칸 정치를 회고적으로 다루고 있다.

다른 한편에서는 무사의 사회적 진출을 반영하여『쇼몬

43) 당시의 궁정 생활을 우아하게 묘사한『겐지모노가타리 에마키(源氏物語繪卷)』등이 대표적이다. 모노가타리의 세계·정쟁·사원의 창건 유래 등 혼란을 거듭하는 시대상이 날카롭게 묘사되었다.

44) 헤이안 시대 후기에 들어가면, 역사의식이 발달하여 과거를 모범삼아 참고하려는 기풍이 나타났다.

에마키모노(繪卷物)

키(將門記)』·『무츠와키(陸奧話記)』와 같은 일종의 전쟁소설에 해당하는 군키모노가타리(軍記物)의 선구를 이루는 작품이 등장했다. 이때는 또한 무사·서민이 일본 문화사상 처음으로 등장한 시기였다. 앞서의 군키모노가타리도 이에 해당하지만, 『곤쟈쿠모노가타리슈(今昔物語集)』·『료진히쇼(梁塵秘抄)』와 같은 서민문학, 그림두루마리인 『시기산엔기에마키모노(信貴山緣起繪卷)』, 민중예능에 해당하는 덴가쿠(田樂)·사이바라(催馬樂)·이마요(今樣)[45]에도 그 흔적이 남아 있다.

이처럼 고대에서 중세로 넘어가는 과도기에 문화의 담당자가 상황·귀족에서 무사·서민으로 넘어가면서 중앙문화의 지방 보급이 확대되었다. 즉 지방에서도 교토의 귀족들이 향유한 고급 문화 내지는 정토교 문화가 받아들여

---

45) 덴가쿠(田樂)는 모내기철 때 풍작을 기원하는 신사(神事) 예능을 말하며, 사이바라(催馬樂)는 헤이안 시대 초기에 민간에서 발생한 가요가 궁정에서 유행한 것이다. 그리고 이마요(今樣)는 헤이안 시대 말기에 발생한 민간의 유행가요로 『료진히쇼(梁塵秘抄)』가 대표적인 가요집이다.

지기 시작했던 것이다. 오슈 히라이즈미(奥州 平泉: 岩手縣)에 위치한 츄존지(中尊寺)의 곤지키도(金色堂)는 오슈 후지와라(奥州 藤原) 가문이 3대에 걸쳐 중앙 문화를 받아들여 번영을 누린 대표적 상징물이다.

3. 중세의 일본 문화

3.1 가마쿠라(鎌倉) 문화

가마쿠라 문화는 12세기 중반부터 14세기 초반까지의 중세 전반기의 문화를 가리킨다. 이 문화의 특색은 첫째 역동적이면서도 강건한 기풍의 사실적 양식이 주류를 이루었다는 점이다. 원래 주로 지방의 재지영주에서 출발했던 무사계급은 소박하면서도 강인한 모습을 가지고 있었고, 또한 형식에 얽매이지 않고 하루하루 현실을 긍정하며 살아가는 사람들이었다. 이와 같은 무사의 성격은 후술하는 것처럼 건축이나 조각 분야와 같은 조형 미술의 분야에 유감없이 반영되었다.

둘째 공무(公武) 이원 문화의 병존이다. 가마쿠라 문화는 정권 초기의 정치적·사회적인 공무 이원지배 즉 교토의 조정과 가마쿠라의 막부 정권이라는 이중성을 반영하여 전통의 구게(公家)문화와 신흥의 부케(武家)문화가 양립하는 경향을 보였다. 셋째로 중국 문화의 영향을 지적할 수 있다. 당시의 일본은 중국의 송조·원조와 정식의 국교관계는 없었지만 무역·문화면에서의 민간 교류는 계속하고 있었다. 선종은 특히 주자학과 같은 학문 분야, 간소한 선종 양식을 모방한 건축·조각 분야 등에 많은 영향을 끼쳤다.

넷째로 이 문화의 가장 큰 특징은 새로운 불교 종파의 등장이었다. 10장에서도 언급했던 것처럼 알기 쉬운 설법과 간편한 수행 방법의 가마쿠라 신불교는 무사나 서민들의 대환영을 받았다. 헤이안 시대에서 가마쿠라 시대로 이행되고 나서도 얼마 동안 불교계의 주류는 이제까지 귀족의 보호 하에 있었던 남도(육종) 불교, 천태·진언 양종, 정토교 등이었다. 이 종파들은 난해한 경전 공부와 비밀스런 주술을 중시하고, 나아가 지배 계급에서나 가능한 가람·불상을 만들고 성대한 법회를 여는 일들이 구제받기 위하여 필요하다고 설파하고 있었다.

또한 불교계 내부에서는 권력 유착에서 비롯된 승려의 추락·대사원간의 대립·승병의 횡포 등이 빈번하게 일어나고 있었다. 여기에 더하여 호겐·헤이지(保元·平治)의 난, 겐페이(源平) 전쟁, 가마쿠라 무가 정권의 성립 등으로 이어지는 정치상의 혼란과 함께 무사계급의 성장·활약 속에서, 종래의 구불교는 현실 극복에 도움이 되지 않고 있었다. 따라서 생사의 고비에 서 있는 무사나 사회 불안에 허덕이는 일반 민중은 그들을 구제해 줄 수 있는 새로운 불교 종파의 출현을 강하게 바라고 있었다. 여기에 때맞춰 등장했던 것이 다름 아닌 가마쿠라 신불교였다.

그러면 가마쿠라 시대의 문화유산에는 무엇이 있었는지

살펴보도록 하자. 먼저 학문 분야에 있어 무가 사회는 기본적으로 무력(武力)이 모든 것을 대변하는 사회였던 탓에 일반직으로 학문에 대한 관심은 저조했다. 반면에 공가세력의 쇠퇴라는 정치적 상황 하에서 구귀족들은 학문의 세계를 자기들만의 마지막 보루로 삼았으나, 다분히 회고적(懷古的)이고 학문을 비밀히 전해 받거나 전해 줌으로써 학문은 독창성과 자유를 잃었다. 공가의 학문은 유소쿠고지츠(有職故實)[46]·『만요슈』·『니혼쇼키』와 같은 고전 연구가 중심이었다. 또한 송조로부터 주자학이 선승에 의해 수입·소개되었다.

문학의 경우, 가마쿠라 시대에 들어와서도 공가들은 전통적 지위를 지켰다. 특히 와카는 전대에 이어 활발했으나 죠큐(承久)의 난 이후 공가세력의 쇠퇴와 함께 퇴조했다.[47] 그 대신 후기에 이르러서는 와카의 지류에서 시작된 렌가(連歌)[48]가 서민이나 무사 계급에 차츰 받아들여지기 시작했다. 이밖에 일기·수필, 지방문화·교통 상황의 파악이 가능하고 문학적 가치도 높은 기행 문학[49], 서민의 일상생활에서 채집한 설화가 토대가 된 설화 문학, 격변의

---

46) 조정의 의식·선례·고기록·일기의 서사(書寫) 및 거기에 대한 연구를 뜻한다.

47) 『신고킨와카슈(新古今和歌集)』·『산카슈(山家集)』·『金槐和歌集(긴카이와카슈)』 등이 남아 있는 정도이다.

48) 와카의 전구와 후구를 연속해서 읊는 렌가는 이미 헤이안 시대 와카의 한 줄기로서 발생했다.

49) 아부츠니(阿仏尼)의 이자요이 일기(『十六夜日記』)가 유명하다.

시대를 헤쳐 나온 무가 정권의 성장을 그린 역사서, 시대 변화와 사회 불안을 토대로 무사의 활약을 생생하게 묘사한 전쟁 문학 군키모노가타리(軍記物語) 등이 있다.

예를 들면 수필에서는 가모노 쵸메이(鴨長明)의 『호죠키(方丈記)』・요시다 켄코(吉田兼好)의 『츠레즈레구사(徒然草)』가 대표적인 작품으로, 공통적으로 세상과 인생을 예리하게 관찰했다. 특히 『호죠키』에서는 공가 세력의 몰락을 반영한 인생무상을 그렸다. 한편 지엔(慈円)은 『구칸쇼(愚管抄)』에서 전환하는 역사의 필연성을 불교적 역사관[50]으로 해석하기도 했다. 또한 군키모노가타리는 실제의 인물을 주인공으로 삼아 힘차고 간결한 가나를 섞은 문장으로 역사를 자신 있게 극복해 나가는 무사의 모습을 묘사했다. 『헤이케모노가타리(平家物語)』는 그 대표적인 작품으로 헤이씨 가문의 흥망성쇠를 사실적으로 묘사했다. 승려 차림의 맹인 예능인 비와 법사(琵琶法師)가 전국을 유랑하며 비파 연주에 맞춰 이야기해 서민들에게 큰 인기를 모았다. 전대부터 시작하는 설화 문학도 이때 한층 더 발전되었는데, 편자나 저자는 주로 공가나 승려로 무사나 농민의 늠름하고 활동적인 일상생활을 소재로 이 시대의 사회 동향을 반영하고 있었다. 작품으로는 『우지슈이모노가타리(宇治拾遺物語)』가 대표적이다.

---

50) 역사를 움직이는 것은 도리(道理)라고 하며, 말법사상으로 역사를 해석하여 고토바(後鳥羽) 상황의 토막(討幕) 행위를 비판적으로 보았다.

한편 미술 분야에서는 무사의 성격을 반영한 탓인지 도다이지(東大寺) 남대문 금강역사상과 같은 사실적이고 역동적인 작품들이 눈에 많이 띈다. 나라 도다이지 입구의 남대문 양쪽에 서 있는 이 목조상은 1203년 요세기즈쿠리(寄木造) 방식으로 만들어진 걸작이다. 그리고 건축 양식으로는 대불(大仏) 양식 · 선종(禪宗) 양식 · 일본(和) 양식 · 절충 양식이 있다. 대불 양식은 1180년 12월 미나모토씨와 헤이씨 사이의 겐페이(源平) 전쟁 때 헤이씨의 공격을 받아 소실한 도다이지 재건 시에 총책임를 맡았던 승려 쵸겐(重源)이 세 차례나 송조에 건너가 익힌 최신의 사원건축 양식으로 웅대하고 역동적 · 사실적 모습을 보여준다. 대표적 작품으로는 도다이지 남대문이 있다.

선종 양식은 송조로부터 전래된 간소한 수법의 선종사찰 양식을 말한다. 대표적 건물로는 산뜻하면서도 섬세한 조화를 이룬 엔가쿠지 샤리덴(円覺寺 舍利殿: 神奈川縣)이 있다. 일본 양식은 헤이안 시대 이후의 것으로 부드러운 모습의 지붕 경사가 특징적이며, 교토의 산쥬산겐도(三十三間堂) · 오츠(大津)의 이시야마데라 다보탑(石山寺 多寶塔)이 대표적이다. 절충 양식은 대불 양식과 선종 양식의 장점만을 일본 양식에 받아들인 것으로, 간신지 금당(觀心寺 金堂: 大阪府)이 대표적이다.

또한 가마쿠라 시대는 일본 조각사상 가장 크게 발전한 시기로 특히 불상이 활발하게 제작되었는데, 대표적 조각가로는 운케이(運慶) · 가이케이(快慶)[51]를 들 수 있다. 힘

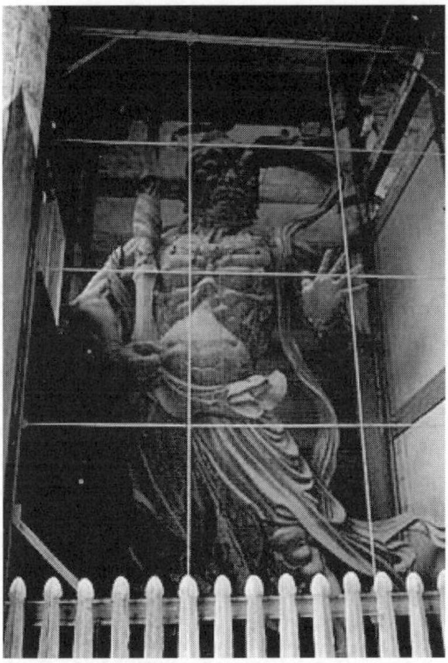
도다이지(東大寺) 남대문 금강역사상

이 넘치면서도 사실적(寫實的)이고 개성미와 인간미가 넘치는 자유분방함과 큰 눈이 특징적이다. 회화 분야는 문화 전반적인 사실적 경향으로 야마토에(大和繪) 계열의 니세에(似繪)라는 초상화가 나타나고[52], 에마키모노(繪卷物) 역시 전성기를 맞이했다.[53] 공예 분야에서는 시대적 요구에 따른 갑옷과 투구·도검의 제작 기술상의 진보가 이루어졌다. 예능에서는 공가 사회에서 이루어지던 아악(雅樂)이 쇠퇴하고, 가마쿠라 말기부터는

51) 운케이(運慶)와 가이케이(快慶)는 헤이안 중기의 사원 건축가 죠쵸(定朝) 계열의 조각가로서, 운케이와 가이케이의 대표적 작품으로는 고후쿠지(興福寺) 무저·세친상(無着·世親像)과 도다이지(東大寺) 승형팔번상(僧形八幡像)이 있으며, 공동 작품으로는 나라 도다이지의 남대문 금강역사상이 있다. 금강역사상은 8m가 넘는 2개의 거대 조각을 18명의 제자들과 함께 69일 만에 완성한 작품으로, 역사상의 분노의 표정·근육의 역동감이 무엇보다도 압권이다.

52) 대표 화가로는 후지와라 타카노부·노부자네(藤原隆信·信實) 부자가 유명하다.

53) 서민에게 인기가 있는 사원의 창건 유래·유명 승려의 전기·무사의 생애 등, 시류를 반영한 것이 주로 만들어졌다.

민간 예능인 덴가쿠(田樂)가 크게 유행함과 동시에 사루가쿠(猿樂)[54]도 유행했다

3.2 무로마치(室町) 문화

중세 후반기의 무로마치 문화는 크게 전기(14C 후반~15C 전반)의 기타야마(北山) 문화와 후기(15C 후반~16C 전반)의 히가시야마(東山) 문화로 구분한다. 공통적인 특색으로는 첫째 구게(公家)문화와 부케(武家)문화의 병존이라는 가마쿠라 문화와는 다르게 문화의 주요 담당자가 무사와 승려·일반 서민들이었다는 점을 들 수 있다. 둘째 문화의 서민화 현상이 두드러졌다는 점이다. 15세기 후반 오닌(応仁)의 난 이후의 하극상 풍조에 따른 신분의 유동화로 농촌·도시 지역에서의 농민·상인의 성장이 이루어졌다. 이것을 기반으로 민중 중심의 서민 문화가 더욱 발달하여 오늘날의 전통 생활문화를 형성하게 되었다. 셋째 중앙 문화의 지방 보급과 상호 교류가 활발했다는 점이다. 오닌의 난으로 교토를 벗어난 공가들이 지방의 다이묘(大名)에 의지하게 되면서, 그들이 체득한 중앙의 문화가 자연스럽게 지방에 전파·보급되었다. 넷째 일명(日明)무역의 개시로 초래된 중국 문화의 영향, 특히 그 중에서도 선종의 영향을 강하게 받고 있었다는 점을 들 수 있다.

---

54) 사원·신사의 보호를 받으며 제례나 봉납 때에 이루어진 우스꽝스러운 풍자극이다.

3.1.1 기타야마(北山) 문화

1392년 남북조 내란의 통일을 이끌어 낸 3대 쇼군 아시카가 요시미츠(足利義滿) 무렵에 개화한 기타야마 문화는 막부의 권위 확립과 슈고 다이묘(守護大名)의 성장을 배경으로 문화 전반적으로 화려한 색채를 띠었다. 대표적 문화유산인 호화스런 금각(金閣)[55]은 공가 문화와 무가 문화의 융합의 상징으로서, 내용적으로는 무가문화를 기조로 전통적인 공가문화 유산의 흡수를 의미했다.

그밖에 기타야마 문화를 대표하는 것으로는 선종(禪宗)과 노(能)・교겐(狂言) 등을 들 수 있다. 특히 가마쿠라 신불교의 하나인 임제종(臨濟宗)은 막부의 보호를 받아 번영했는데, 교토와 가마쿠라에 각각 오산(五山)의 제도[56]를

---

55) 녹원사금각은 기타야마 문화의 대표적 건축으로서 요시미츠의 별장이었으나, 사후에 선종 사찰인 로쿠온지(鹿苑寺: 일명 금각사)로 되었다. 구조는 3층으로, 1층은 신덴즈쿠리(寢殿造) 형식의 아미타당, 2층은 일본(和) 형식의 관음전, 3층은 선종 양식의 사리전으로 되어 있어 전통의 공가문화와 선종 양식의 무가문화의 융합을 상징했다. 기요미즈데라(淸水寺) 등과 함께 교토를 대표하는 사찰이다.

56) 임제종은 무로마치 막부 아시카가(足利) 장군가의 보호를 받아 융성했다. 특히 3대 쇼군 요시미츠 무렵에 오산(五山)・십찰(十刹)의 제도가 확립되면서 오산의 승려는 막부의 정치・외교 고문으로 활약하거나 중국 문화 전달자의 역할을 충실히 수행했다. 오산이란 남송의 관사제도를 모방한 것으로 교토의 난젠지(南禪寺)를 정점으로 교토 오산, 즉 ①덴류지(天龍寺) ②쇼코쿠지(相國寺) ③겐닌지(建仁寺) ④도후쿠지(東福寺) ⑤만쥬지(万壽寺), 그리고 가마쿠라 오

교토 킨카쿠지(京都 金閣寺)

마련하여 중국문화 수용의 거점으로 삼았다. 오산에서는 한시문의 창작이나 감상을 내용으로 하는 오산 문학이 일어났다. 오산 선승들은 대명 외교나 무역에 관계했던 관계로 한시문・주자학에 능통한 인물이 많았다.

또한 이때에는 렌가(連歌) 등의 서민 문학의 원류로 되는 것이 발달한 반면, 공가 사회의 정치적・경제적 약화로 와카・모노가타리(物語) 등의 전통적 국문학은 쇠퇴했다. 대표적 전통 예술 중의 하나인 전통가면극 노(能)[57]는 3대

산에 ①겐쵸지(建長寺) ②엔가쿠지(圓覺寺) ③쥬후쿠지(壽福寺) ④죠치지(淨智寺) ⑤죠묘지(淨妙寺) 순으로 각각 사격(寺格)을 부여하여 관리했다.

57) 사방 6m의 무대에서 상연되는 일종의 가면극으로 이전부터의 덴가쿠(田樂)와 사루가쿠(猿樂)・민간 예능을 기초로 여

쇼군 요시미츠의 보호를 받은 간아미(觀阿弥)・제아미(世阿弥) 부자에 의해 확립되었다. 또한 노의 막간에 상연되던 대사 중심의 서민 희극 교겐(狂言)은 가면을 쓰지 않고 수수한 복장으로 웃음을 주는 해학적 내용의 민중 예능으로서 서민의 인기를 모았다.[58]

3.1.2 히가시야마(東山) 문화

15세기 후반 8대 쇼군 아시카가 요시마사(足利義政)의 시대는 오닌의 난과 기근・재해・농민 봉기 때문에 정치・사회적으로는 매우 혼란했으나, 정치에 염증을 느낀 요시마사가 풍류와 문화 사업에는 열심인 탓에 문화 그 자체는 번영했다. 전대의 공무(公武) 이원문화가 단일화되면서 세련된 무가 문화가 형성되었던 것이다. 히가시야마 문화의 담당계층은 무사로서, 그들이 존중했던 선(禪)의 정신이 문화 유산 곳곳에 짙게 반영되어 있다.

교토의 히가시야마에 세워진 요시마사의 별장 은각(銀閣)[59]은 히가시야마 문화의 대표적 상징물이라고 할 수 있다. 2층 누각 건축인 은각의 아래 층 및 그 옆의 동구당 동인제(東求堂 東仁齊)에 받아들인 쇼인즈쿠리(書院造)[60]는

기에 연극적 요소를 가미한 전통 예능이다.

58) 사루가쿠(猿樂)의 해학적인 풍자 요소와 서민성이 교겐(狂言)으로 발전했다. 서민 생활에서 소재를 찾고 후기로 내려갈수록 하극상의 시대 풍조를 반영한 촌극(즉흥극)으로 발전하여 서민들의 환영을 받았다.

59) 1489년 세워진 요시마사의 東山 산장이었으나, 사후에 그의 법명을 따서 지쇼지(慈照寺: 일명 은각사)가 되었다.

교토 긴카쿠지(京都 銀閣寺)

오늘날 일본의 서민 주택 양식의 전형을 이룬다. 은각이나 다이토쿠지(大德寺)의 다이센잉(大仙院) 정원이나 료안지(龍安寺)의 가레산스이(枯山水) 정원[61]은 암석과 모래만으로 대자연을 간략하게 표현한 것으로, 셋슈(雪舟)를 대표 화가로 갖는 수묵화[62]와 함께 선의 정신을 잘 표현하고 있다. 또한 이 시기는 차노유(茶湯)[63]·

---

60) 무로마치 시대에 성립한 주택 양식으로 현관·서원·선반·도코(床)를 설치하고 맹장지(후스마), 아카리쇼지(明障子)를 마련한 무가주택의 양식으로 현대 일본 주택의 기본 양식을 이룬다.

61) 지수(地水)를 이용한 가이유시키(回遊式) 정원이 전대부터 계속 이어졌으나, 이 시대의 대표적 정원 양식은 물을 이용하지 않고 돌과 하얀 모래로 산수를 표현한 가레산스이(枯山水)다. 가이유시키 정원이 있는 사찰로는 교토의 사이보지(西芳寺)·덴류지(天龍寺)·지쇼지(慈照寺)·로쿠온지(鹿苑寺)가 있으며, 가레산스이 정원으로는 교토의 료안지 석정(龍安寺 石庭)·다이토쿠지 다이센잉(大德寺 大仙院)이 대표적이다.

62) 선승이 중심이 된 수묵화는 전대의 인물·화조에서 산수를 소재로 하는 산수화로 발전했다.

63) 나라 시대에 처음 전래된 차는 가마쿠라 시대의 승려 에이사이(榮西)에 의해 송조로부터 품종 개량된 차나무 수입이 이루어졌다. 이후 끽다(喫茶)의 풍습은 남북조 시대에 투차(鬪茶)·차모임(茶會合) 등 일종의 유희적 형태로 변질되어

이케바나(生花)[64] 등에서 볼 수 있는 또 다른 선의 정신과 함께, 한적함과 그윽한 운치를 나타내는 와비(侘)와 사비(寂)·유겐(幽玄)·고탄(枯淡)으로 상징되는 일본적 미의식이 형성되었을 뿐만 아니라 현대 일본 문화의 토대가 다수 마련되었다.

4. 근세의 일본 문화

4.1 모모야마(桃山) 문화

모모야마 문화는 16세기 후반 오다 노부나가·도요토미 히데요시가 활약하던 시대의 문화이다. 이 시기는 중세에서 근세로 넘어가는 과도기로서, 오랜 전란이 끝나고 무로마치 막부에 대신하는 천하 통일 정권을 건설하려는 의욕으로 가득 찼던 시대였다. 따라서 이 시대의 문화 주역은

대유행했다. 쇼군 요시마사도 깍다의 취미가 있어 차모임은 세련되어 갔으나, 나라 쇼묘지(称名寺)의 승려 무라타 쥬코(村田珠光)는 이를 반성하여 간소한 자리와 차도구로 주객이 깊은 교감을 나누며 차를 마시는 와비차를 시작했다. 선의 정신을 받아들인 간소하고 정적인 분위기의 와비차를 그의 제자인 사카이(堺)의 상인 다케노 죠오(武野紹鷗)가 더욱 발전시킨 후, 최종적으로 모모야마 시대의 센노 리큐(千利休)가 완성했다.

64) 다도의 발달과 쇼인즈쿠리(書院造)의 보급에 의해 꽃꽂이도 등장했다. 소에하나(供花) → 릿카(立花) → 나게이래바나(投入花) → 이케바나(生花)로 발전하는 과정 속에서, 특히 릿카 성립 과정에서 교토 롯카쿠도(京都 六角堂)의 이케노보 센케이(池坊專慶)가 꽃꽂이를 화도(華道)로서 대성시켰다.

어지럽던 중세 사회를 천하 통일하여 새로운 사회를 구축하려고 했던 오다·도요토미라는 걸출한 인물을 선두로 하는 지방의 센코쿠 다이묘들이였고, 또한 그들을 금전적으로 지원하고 있었던 부유 상인이었다.

문화의 특색은 무엇보다도 웅대함과 화려함에 있었다. 오다와 도요토미는 일본의 새로운 지배자로서, 스스로의 위엄을 과시하고자 막대한 비용을 들여 장대한 저택과 성곽을 건설했고 화려하게 내부를 장식했다. 지방의 일반 다이묘들도 정도의 차이는 있어도 비슷한 모습이었다. 또한 문화 자체가 현실적이고 합리적인 성격이 매우 강했다. 고대·중세를 통하여 일본 사회에 막강한 영향력을 발휘해왔던 사원 및 공가 세력이 함께 쇠퇴하면서 문화적인 영향력도 저하되어 갔던 반면, 대신 신흥의 센코쿠 다이묘와 이들에게 협력했던 도시의 호상·민중들이 불교적·권위 중심의 중세 사회로부터 벗어나려는 인간 중심의 현실주의적 성격이 나타났다.[65]

그리고 수많은 성곽 건설, 군대와 물자의 대량 수송, 검지(検知: 토지 조사 사업)의 실시, 광산 개발 등은 치밀한 계량 기술과 합리적인 사고방식을 필요로 했고, 아울러 검지에 필요한 도량형의 통일도 함께 이루어져 기술과 합리주의 정신은 점차 사회 전반에 확산되었다. 그리고 마지막

---

65) 공가·사원·신사세력의 정치적 약화와 함께 그 경제적 토대를 이루었던 장원도 붕괴되어, 문화 전반에 종교색이 엷어지고, 하루하루를 밝게 살아가려는 현실 긍정적 성향이 나타났다.

으로 이국적인 난반(南蠻) 문화의 영향도 있었다. 16세기 중반 이후 포르투갈·스페인 등과의 접촉에서 얻어진 서양문화(조총·기독교·천문·지리학·의학·수학·활자 인쇄술)는 일본인들에게 낡은 전통에 얽매이지 않는 현실주의 사고를 제공하는 요인으로 작용했다.66)

한편 모모야마 문화를 대표하는 유산으로는 성곽 건축을 들 수 있다. 봉건 권력의 상징인 성곽 건축으로는 아즈치성(安土城)·오사카성(大坂城)·후시미성(伏見城)·히메지성(姫路城) 등이 대표적이다.67) 성곽의 내부에는 고층의 누각인 천수각(天守閣)이 우뚝 솟아 있고, 성주의 거관으로서 쇼인즈쿠리(書院造)의 광대한 공간이 있었다. 성은 천수각으로 상징되는 천하의 부와 권력, 그리고 외부의 침략으로부터의 방어 목적에서 만들어진 깊은 연못과 거대한 돌 벽, 건축·조각·공예·회화·정원 등의 조형 미술이 총집결되어 있는 가히 종합 예술의 장소라 할 수 있다.

---

66) 이밖에 민중의 일부는 담배를 피거나 유럽풍의 의복을 몸에 걸치는 자도 나타났다. 또한 포르투갈어인 가스테라·빵·다바코 등의 단어가 현재도 남아 있는 것처럼, 이들의 음식이나 의복 등도 난반 문화와 함께 전해졌다.

67) 성곽 건축은 가장 아름답다는 히메지성을 제외하고는 당시의 완벽한 모습을 전하는 곳은 그리 많지 않다. 그 이유는 도쿠가와 막부가 다이묘가 살고 있는 거주지에 하나의 성만을 인정하는 일국일성령(一國一城令)을 제정하고 또한 19세기 후반의 메이지 유신 때 다수 파괴되었기 때문이다. 도요토미의 거성과 저택에 각각 해당하는 후시미성(伏見城)과 쥬라쿠테이(聚樂弟)가 장소를 옮겨 그 모습을 일부 남기고 있고, 그 나머지는 나중에 전부 복원된 것이다.

일본에서 가장 아름다운 성으로 꼽히는 히메지성(姬路城)

한편 장대한 건축에 부수되어 화려한 장벽화도 발달했다. 그림의 소재는 주로 화조(花鳥)나 산천초목(山川草木)의 종류가 많고, 금박을 입힌 후스마(맹장지)나 병풍에 강한 색채 효과의 다미에(濃繪) 수법[68]의 그림이 그려졌다. 화가로는 성곽 회화의 창시자인 가노파(狩野派)의 가노 에이토쿠(狩野永德)·가노 산라쿠(狩野山樂) 등이 대표적이고, 이밖에 수묵화와 풍속화도 존재했다.

또한 이때에는 무로마치 시대에 발생했던 간소하고 정신적 깊이가 있는 와비차를 사카이(堺)의 호상 센노 리큐(千利休)가 다도로서 대성시키는 한편, 이즈모(出雲)의 무녀(巫女) 오쿠니(阿國)가 교토에서 종교적인 염불 춤을 선보이기 시작한 무용극 오쿠니 가부키(阿國 歌舞伎)가 많은

68) 수묵화의 강렬한 먹물의 선묘에 현란한 색채의 생명력이 넘치는 발랄한 화풍이 특징이다.

장벽화(障壁畵)

호응을 얻기 시작했다. 그리고 류큐 왕국이 명조를 상대로 전개한 조공 무역을 통해 일본에 전해진 악기를 개량해서 만든 샤미센(三味線)을 반주 삼아 가락을 부쳐 이야기를 낭독하는 닌교조류리(人形淨瑠璃)가 서민들 사이에서 유행하기 시작했다.

4.2 에도(江戶) 시대의 문화

에도 시대는 무로마치 시대에 형성된 현대 일본 문화의 전통이 한층 더 성숙되었던 시기였다. 이 시대의 문화는 크게 간에이(寬永)·겐로쿠(元祿)·가세이(化政) 문화로 세분화할 수 있다.

4.2.1 간에이(寬永) 문화

도쿠가와 막부의 통치 구조인 막번체제가 확립되는 시대를 반영한 에도 시대 전기의 간에이(寬永: 1624~43) 문화는 교토를 중심으로 막부·조정·상층 쵸닌(町人)이 주도한 문화로서, 모모야마 문화의 자유스럽고 화려한 색채를 계승하면서도 막번체제에 순응하려는 보수적인 경향 즉 정권 초기의 사회질서 안정을 중시하는 이중적인 성격을 가지고 있다.

문화유산으로는 우선 건축물이 눈에 띄는데, 초대 쇼군 도쿠가와 이에야스를 제사지내는 곤겐즈쿠리(權現造: 영묘건축) 형식의 닛코 도쇼구(日光 東照宮)의 호화로운 조각이나 색채 표현 등이 압권이다. 그리고 종래의 쇼인즈쿠리(書院造)와 다실이 융합된 우아한 스키야즈쿠리(數寄屋造: 별장건축)의 건축물로는 교토의 가츠라리큐(桂離宮)·슈가쿠잉리큐(修學院離宮)가 대표적이다. 회화에서는 다와라야 소타츠(俵屋宗達)가 막부의 어용화가인 가노파(狩野派)에 대항하여 야마도에(大和繪)의 전통을 잇는 도사파(土佐派)의 화법을 토대로 장식적인 화법을 만들어냈다. 또한 도요토미의 조선 침략 때 인질로 끌려 온 이삼평·심당길 등의 조선 도공 후손들이 규슈를 중심으로 서일본 각지에 뿌리를 내리면서 도자기의 생산이 활발했다.[69]

닛코 도쇼구(日光 東照宮)

69) 특히 아리타야키(有田燒)·사츠마야키(薩摩燒)·하기야키(萩

4.2.2 겐로쿠(元祿) 문화

한편 17세기 중반부터 18세기 초반까지의 겐로쿠(元祿) 문화는 천하의 주방인 오사카와 천년의 고도인 교토를 중심으로 형성된 문화로서, 흔히 가미카다(上方)문화라고도 부른다. 합리적·실증적 정신에 현실적이고 인간적인 색채를 띠는 문화였다. 주자학·고학(古學)·양명학 등의 학문 연구 등에 나타난 합리적·실증적인 정신은 문학·미술·예능 분야에서도 자유롭게 인간성의 본질을 탐구하는 경향으로 표현되었다. 문화의 담당자는 오사카·교토의 상층 쵸닌으로, 안정된 생활을 바탕으로 현실을 긍정하며 살아가는 상인의 사고방식을 반영하여 현실주의적 성격이 강하고 자유롭고 편안한 인생의 즐거움을 추구했다.

문학에서는 우키요조시(浮世草子)와 하이카이(俳諧)가 주류를 이루었다. 무로마치 시대 후반의 서민적 단편소설인 오토키조시(御伽草子)의 영향을 받은 간에이 시대의 가나조시(仮名草子)는 교훈·도덕을 주요 내용으로 하였으나, 겐로쿠 시대에 들어오면 이하라 사이카쿠(井原西鶴)가 우키요조시(浮世草子)[70]라는 새로운 장르의 소설을 창조했다. 이것은 호색(好色)·금전 만능의 인간의 본능이나 욕망을 있는 그대로 표현한 것이었다. 하이카이(俳諧)는 무

燒)·히라도야키(平戶燒)·다카토리야키(高取燒) 등에서 도자기의 생산이 활발했다.

70) 우키요조시에는 고쇼쿠모노(好色物)·쵸닌모노(町人物)·부케모노(武家物)의 세 종류가 있다.

로마치 시대에 발달한 익살과 해학을 담은 렌가(蓮歌)의 한줄기로서 서민적 생활시를 말한다.71)

연극에서는 닌교조루리(人形浄瑠璃)와 가부키(歌舞伎)가 있었다. 대표적인 근세 연극 중의 하나로 분라쿠(文樂)라고도 부르는 닌교조루리는 꼭두각시 인형 하나를 세 사람이 신체 각 부분을 조작하는 방법으로 놀랄 만큼 사람의 움직임을 나타낸다. 은은하게 흐르는 샤미센의 배경음악과 꼭두각시 인형의 호화로운 의상이 특징이라고 할 수 있다. 의리와 인정 사이에서 고민하는 인간의 모습을 주요 소재로, 무로마치 시대에서 에도 시대에 걸쳐 교토・오사카 지역을 중심으로 발전해 서민들의 인기를 모았다. 지카마츠 몬자에몽(近松門左衛門)은 닌교죠류리뿐만 아니라 가부키의 대표적인 각본가로도 이름을 떨쳤다.

앞에서 언급했던 모모야마 시대의 오쿠니 가부키(阿國歌舞伎)는 풍속을 해친다는 이유로 1629년 금지되고, 대신 미소년에 의한 와카슈 가부키(若衆 歌舞伎)가 등장했다. 그러나 역시 같은 이유로 1652년 금지되고 나서 성인 남자로만 이루어지는 연기 본위의 야로 가부키(野郎 歌舞伎)가 겐로쿠 시대에 탄생되었다. 역사적 사실이나 전설・인정・충절・연정을 주요 소재로 삼으면서 음률적인 대사・독특한 춤사위・샤미센의 음악・화려한 의상・선명한 분

71) 렌가(蓮歌)의 발구(發句)가 독립한 것으로, 마츠오 바쇼(松尾芭蕉)는 하이카이를 '사비(한가로운 정서)' ・ '시오리(섬세한 감정)' ・ '호소미(미묘한 경지)'로 표현되는 예술의 경지로 끌어올렸다.

에도 시대의 가부키(歌舞伎) 극장

장·세련된 무대장치가 특징인 가부키는 에도 시대 중기 이후에는 닌교조루리를 압도하며 일본의 전통 연극으로 자리 잡았다.[72)]

회화에서는 이제까지 조정·막부의 보호를 받았던 가노파(狩野派)·도사파(土佐派)[73)] 등이 점차 창조적 정신을 상실하고, 대신에 장식화(裝飾繪)·풍속화(浮世繪)가 쵸닌의 지지를 받았다. 공예는 지방 다이묘의 보호와 쵸닌 경제생활의 향상과 사치·상업 발전 등에 힘입어 상당한 발전을 이루었는데, 특히 금은가루로 칠기 표면에 무늬를 놓는 방식의 마키에(蒔繪)가 유행했다.

---

72) 가미카다(上方)에서는 와고토(和事: 연애극)의 사카타 토쥬로(坂田藤十郎), 에도(江戶)에서는 아라고토(荒事: 무용극)의 이치가와 단쥬로(市川團十郎)라는 명배우가 나타나 지금까지도 전해지는 고전적인 연기 형태를 만들어 냈다.

73) 모모야마 시대에 발전했던 장벽화의 가노파는 막부의 어용화가로서 보호받았으나 이 시기에 이르러 퇴조했다. 또한 야마토에(大和繪)의 도사파 역시 조정·막부의 어용화가가 되었으나 퇴조했다.

4.2.3 가세이(化政) 문화

18세기에 들어와 막부와 제번의 재정 악화뿐만 아니라 재정수입의 근간을 이루는 농민의 경제적 궁핍까지 더해지면서 도쿠가와 막번체제가 동요되자, 정권 위기의 극복 차원에서 세 번에 걸친 막정 개혁이 단행된 에도 시대 후기, 특히 19세기 전반의 11대 쇼군 이에나리(家齊)의 시대를 중심으로 전개된 쵸닌 문화를 가세이(化政) 문화라고 부른다. 당시 에도는 인구 100만의 정치도시였으나, 경제적으로도 오사카에 못지않은 눈부신 발전을 이뤄 문화의 중심이 오사카·교토에서 에도로 옮겨졌다. 문화를 주도하는 계층도 상층 쵸닌에서 일반 쵸닌으로 확대되었다. 이것은 쵸닌 문화가 양적으로나 질적으로 최성기를 맞이했다는 것을 의미했다.

한편 도시 문화의 지방 전파도 확대되었다. 각 도시의 번영, 상인·문인의 전국적인 교류, 출판·교육의 보급, 사원·신사 참배의 유행 등으로 중앙의 문화가 지방에 보급되어 문화의 저변이 크게 확대되었다. 또한 가세이 문화는 향락적·퇴폐적·풍자적인 특징을 갖는 서민 문화이기도 했다. 쵸닌의 경제력이 강화되었다고는 하나, 막번체제를 지탱하는 사농공상의 봉건 신분계급의 엄격한 존재 하에서 부패한 정치 상황과 막부의 출판 통제에 대한 사회적 불만을 풍자나 비유로 나타내는 경향이 강해졌다. 그리고 12장에서 언급하게 될 제학문의 발달로 인한 합리적·과학적인 정신을 토대로 막번체제의 동요를 직시하고 비판하는 사상이 등장했다.

그렇다면 이처럼 다양한 성격을 갖는 가세이 문화 유산에는 어떤 것이 있었을까? 먼저 소설 분야에서는 전대의 우키요조시가 쇠퇴하고 대신에 기뵤시(黃表紙)·샤레본(洒落本)·닌죠본(人情本)·고칸(合卷)·요미혼(讀本)·고케이본(滑稽本)이 차례차례로 등장했다.[74] 이것은 에도 쵸닌의 생활을 그린 통속오락소설(戱作文學)이 대부분으로, 서민 교육기관인 데라코야(寺子屋)의 보급에 따른 독자층의 확대·판화(출판)기술의 발달·대여서점(貸本屋)의 번성[75]으로 유행되었다.

하이카이(俳諧)는 마츠오 바쇼(松尾芭蕉) 사후 쇠퇴한 감이 없지 않았으나, 교토 출신의 요사부손(與謝蕪村)이 나타나 남화(南畵) 화가의 입장을 살려 회화적이면서도 낭만적인 작품을 발표했다. 이어 시나노(信濃) 출신의 고바야시 잇사(小林一茶)가 등장하여 속어나 방언을 이용해 일상생활의 감정을 있는 그대로 표현하는 인간미가 넘치는

---

74) 기뵤시는 삽화가 들어간 풍자해학소설이고, 샤레본은 에도의 유곽을 그린 단편소설로 18세기 후반 간세이(寬政) 개혁 때 탄압당해 쇠퇴했다. 닌죠본은 삽화가 들어간 쵸닌의 연애를 그린 풍속 치정 소설이나 이것 역시 덴포(天保) 개혁 때 처분 받았다. 고칸은 기뵤시 여러 권을 합쳐 철한 것이다. 요미혼은 역사·전기를 소재로 한 문장을 중심으로 그림이 들어간 권선징악적 교훈 소설이며, 고케이본은 익살과 풍자가 들어간 교훈적 내용의 소설이다.

75) 에도에 650, 오사카에 300개 정도가 성업할 만큼 원고료 수입만으로 생활이 가능한 프로 작가가 탄생되었다.

작품을 남겼다. 와카에서 파생된 익살과 해학을 담은 교카(狂歌)와 풍자와 익살의 짧은 정형시인 센류(川柳)는 내중성을 띠며 세상을 풍자했지만 사회비판에는 그리 철저하지 못했다.

또한 닌교조루리(人形浄瑠璃)는 18세기 전반까지 전성기를 맞이했으나 그 이후에는 퇴조했다. 이에 대신하여 가부키(歌舞伎)가 민중예술의 대표주자가 되었다. 회화에 있어서는 우키요에(浮世繪)가 황금시대를 맞았다. 우키요에는 쵸닌의 일상생활·유녀(遊女)·가부키 배우 등을 소재로 하는 풍속화로 다색판화 니시키에(錦繪)에 의해 널리 보급되었다.[76] 이밖에 전통적인 야마토에(大和繪)에 대신하여 문인화·사생화가 발달했다.[77]

우키요에(浮世繪)

76) 서양 국가 중 유일한 통상국이었던 네덜란드를 통해 유럽에 수출된 우키요에는 고호·모네·드가 등에 영향을 끼쳤다. 특히 고호는 그림 뒤쪽에 우키요에의 일종인 미인화·후지산을 그려 넣었을 정도였다.

77) 원래 중국의 명조·청조에서 유행한 주관성이 강한 그림으로 남화(南畵)라고도 한다. 일본에서는 중국의 영향을 받아 시인·문인과 같은 교양인들이 수묵담채를 이용하여 주로 그렸다. 사생화는 나가사키를 통해 들어온 난학(蘭學)의 영향으로 양화의 원근법과 음영법을 가미하여 사생을 주로 하는 그림이다.

5. 근대의 일본 문화

19세기 후반 메이지 신정부의 국가 목표인 부국강병(富國強兵)·식산흥업(殖産興業)을 뒷받침하기 위해 위로부터 강제적으로 추진된 문명개화(文明開化)정책은 처음에는 도쿄·요코하마·오사카·나가사키 등의 대도시를 중심으로 전개되었으나 점차적으로 전국에 확대·보급되었다.[78] 이 과정에서 서양의 근대 사상·생활양식뿐만 아니라 외국인 기술자·교사 등을 고액의 월급을 지불하면서까지 초빙하여 왕성하게 서양의 자연과학·기술·제도를 받아들이게 되나, 너무나 급격하고 피상적인 서양화에 반발하여 일본의 전통문화를 재고하려는 국수주의와 같은 반동의 움직임도 나타났다. 이러한 시행착오의 과정을 거쳐 결국 메이지 시대 일본인이 도달한 결론은 일본의 정신에 서양의 기술을 담은 '화혼양재(和魂洋才)'의 길이었다.

한편 다이쇼(大正: 1912~26) 시대에 들어오게 되면 도시화, 문화의 대중화 현상으로 시민 문화가 형성되었다. 산업화의 영향으로 농촌 인구가 도시로 유입되면서 봉급생활자를 위해 대도시 주변에 화양(和洋) 절충의 문화주택이 건설되고 도시 시설·교통 기반이 정비되었다. 또한 취

78) 의식주를 포함한 생활 양식의 근대화뿐만 아니라 교통·통신, 인문사회·자연과학·언론·예술 분야에 이르기까지 광범위한 서양화가 추진되었다.

학률의 증가로 교육의 기회가 확대되고 각종의 고등교육 기관이 증설되었다. 일반 시민들의 정치적 욕구가 강해지면서 신문 · 잡지 · 방송 등의 대중문화 매체가 발달했다.

그러나 만주사변 · 중일전쟁 · 태평양전쟁과 같은 과도한 팽창 정책이 진행된 쇼와(昭和) 시대 전반기(1926~45)에는 다이쇼 시대의 대중문화가 더 이상 지속되지 못한 채 전시체제문화가 형성되었다. 일본 전통문화와 천황 중심의 황국사관을 강조하는 사상 통제, 언론 · 출판물 등에 대한 검열 강화와 국가주의 교육만이 강조되었다. 또한 일반 시민생활은 소비 절약 · 저축 장려 · 생활 개선 · 근로 봉사를 내용으로 하는 국민정신총동원운동, 국회의 동의 없이 정부가 인적 · 물적 자원을 동원할 수 있도록 한 국가총동원법, 국민을 군수산업 · 전장에 동원할 수 있는 국민징용령에 규제되어, 대중소비문화를 즐길 여유도 없이 천황을 위해 국내외에서 전개되는 대외 침략 전쟁 내지는 후방 지원에 내몰려졌다.

이상으로 일본 문화를 원시 · 고대에서부터 근대까지 살펴보았다. 어떤 이는 일본 문화를 가리켜 일본이라는 '빈 접시'에 조선 · 중국 · 서양의 문화를 담아 놓고 적당히 양념을 쳐 만든 것이라고 혹평하기도 한다. 전혀 틀린 이야기라고는 할 순 없지만, 일본인들이 고대 이후 오늘날까지도 끊임없이 받아들이고 있는 외래 문화를 그 문화를 전해 준 당사자국보다 더 세련되게 소화(포장)하여 일본화하고, 그렇게 만들어진 문화에 대한 자부심을 가지고 오래도록 보존하려고 노력하며, 나아가 해외에 문화 수출까지 하는 능력에 대해서는 배울 만한 가치가 충분히 있다고 생각한다.

최근 일본 사회의 보수 우경화 현상의 일환으로서 후소샤(扶桑社)·지유샤(自由社)판과 같은 일부 우익 역사 교과서나 언론 매체에서는 역사적으로 입증된 외래 문화의 수입 내지는 교류 사실을 부정한 채, 오히려 일본이 세계에서 유럽 문명과 함께 유일의 문명(문화)이라고 강변한다든지, 한반도로부터의 선진 문화 수입을 애써 언급하지 않은 채 중국으로부터의 직수입 내지는 그 중간 통로 역할 정도로 치부해버리는 경향이 자주 나타나고 있다. 모름지기 문화란 높은 곳에서 낮은 곳으로 흘러간다는 것이 자연스러운 모습이라고 볼 때, 원시·고대는 물론이고 적어도 중·근세까지의 한반도나 중국으로부터의 선진 문화 수입이나 교류는 일본(인)에게 있어 하등 부끄러운 문제가 아닐 것이다. 비록 정치적 상황이 크게 다르긴 하나 근대 이후에는 오히려 근대화에 앞선 일본을 통해 우리의 의지와는 관계없이 일본 문화와 서양 문화가 함께 흘러 들어왔고, 최근에 이르러서는 '한류'가 중·장년의 여성층을 중심으로 일본에서 유행하고 있는 것처럼 말이다.

第12장 학문 · 교육사적인 측면에서 본 일본

한국에서 유교(儒教)는 종교의 범주에 속하는 데 반해 일본에서는 다르다. 예로부터 유식자의 학문 내지는 정권의 이데올로기로서 역할을 해왔으나 현재는 일상생활의 규범을 제약할 정도에까지 크게 확산되어 있지는 않다. 반면 한국에서의 유교는 전 종교 인구의 2.8%밖에 차지하고 있지 않지만, 장유유서(長幼有序)의 구별에서부터 관혼상제(冠婚喪祭)에 이르기까지 우리의 일상생활에서 유교의 영향은 아직도 남아 있다. 이처럼 유교 하나만을 놓고 볼 때도 한국과 일본은 공통점보다는 다른 점이 많다.

또한 한국과 일본은 세계 그 어느 나라보다도 교육열이 높기로 유명하다. 바야흐로 세계는 국가가 교육에 얼마큼 투자하느냐에 따라 국가의 성장과 미래가 달라진다고 보는 시점에까지 와 있고, 최근에는 교육 수준이 국가 간 비교대상이 되어 종종 교육 정책이 바뀌기도 한다. 그렇다면 과연 일본에서는 어떤 학문과 교육이 존재해왔던 것일까?

1. 유학(儒學)

고대 중국인의 원시 신앙에 기초한 종교 의례가 공자·맹자 이래 사상화 되어 실천 도덕·정치 철학으로 발전한 유학이 일본에 어떻게 들어와 자리 잡게 되었던 것일까?

유학이 왜국에 전래된 것은 5세기 오진(応神) 천황 무렵 백제 사자 아직기(阿直岐)의 추천을 받은 왕인(王仁)이 논어·천자문을 전래하고, 6세기 초 게이타이(継体) 천황 때 백제의 오경박사가 일본에 건너오면서부터였다. 야마토 왕권 시대에 이르러 쇼토쿠 태자는 유교적 덕목과 사상을 관위 12계(603)의 명칭이나 헌법 17조(604)의 조문에 반영시켰다. 율령체제하의 나라 시대에는 대보 율령에 규정된 후술의 중앙의 대학(大學), 지방의 국학(國學) 제도에 의해 관리 양성을 위한 학문으로 받아들여졌다. 즉 유교의 기본서나 주석서를 습득하는 경학(經學)이 학문의 중심을 이루었다. 그러나 헤이안 시대에 들어와 당풍 문화의 영향으로 한문학이 발전하고, 관리 등용 시험에도 한시문의 능력이 절대적으로 요구되면서, 학문의 주체도 유학을 가르치는 명경도(明經道)에서 한문학 중심의 실학적인 문장도(文章道)로 옮겨가 유학은 점차 쇠퇴했다.

가마쿠라 시대 말기부터 남북조기에 걸쳐 최신의 유학

인 주자학(朱子學)이 주로 선종 스님에 의해 중국 남송으로부터 도입되어 무로마치 시대에 들어와 오산(五山) 선승의 교학 연구로서 발달했다.[1] 교토 및 가마쿠라 오산 선승들에 연구된 주자학은 오닌의 난 이후 지방에 전파되었다. 특히 새로운 정치·사회질서 수립을 지향하는 센코쿠다이묘에게도 환영받았으나 아직까지는 불교에 종속되는 입장에 있었다.[2]

근세 에도 시대에 들어와 봉건사회의 지배를 유지하기 위한 도덕 이념으로서의 유용성이 중시되고, 또한 농공상의 피지배 계층을 지배 계층의 무사가 효율적으로 지배하기 위한 유교적 교양이 필요하게 되면서 유학은 급속히 보급되어 갔다. 에도 시대의 유학에는 크게 주자학·양명학(陽明學)·고학(古學)이 있었는데, 그 중에서도 중심을 이루는 것은 막부의 정학(正學)으로 되었던 주자학이었다. 남송의 주희가 대성한 주자학은 앞서 언급한 것처럼 가마

---

1) 가마쿠라 시대의 슌죠(俊芿)에 의해 새롭게 도입된 선진 주자학을 선승이 배우게 되었던 것은 유교·불교·도교 3교 일치의 사상을 토대로 유학의 교양이 선승에게 필요한 것으로 받아들여지고, 또한 선(禪) 포교의 일환으로 삼았기 때문이었다. 정치적으로는 군신간의 질서를 합리화하는 대의명분론이 고다이고 천황의 건무신정 정권 및 도쿠가와 막부 탄생에 영향을 미치기도 했다.

2) 히고(肥後: 熊本縣)의 기쿠치씨(菊池氏)·사츠마(薩摩: 鹿兒島縣)의 시마즈씨(島津氏)에 초빙된 게이안 겐쥬(桂庵玄樹)는 사츠난(薩南) 학파의 시조가 되었고, 도사(土佐: 高知縣)에 초빙된 미나미무라 바이켄(南村梅軒)은 난가쿠파(南學派)의 시조가 되었다.

쿠라 시대에 들어왔으나, 군신상하간의 신분적 질서를 절대시하는 대의명분론이 봉건 지배의 정당성을 바라는 도쿠가와 막부 지배층의 의도와 맞아 떨어지면서 중앙의 막부(幕府), 지방의 번(藩) 통치는 물론이고 무사의 학문으로도 보호·정착되었다.

한편 에도 시대의 대표적 주자학파로는 교가쿠파(京學派)·난가쿠파(南學派)[3]·미토가쿠파(水戶學派)[4]의 세 파가 유명했다. 주류는 교가쿠파로서 교토 쇼코쿠지(相國寺)의 선승이었으나, 환속한 후에 유학자로서 변신해 근세 주자학의 시조로 칭해졌던 후지와라 세이카(藤原惺窩)[5]가 창시했다. 그의 등장으로 여태까지 선종 부속적 성격이 강했던 주자학이

근세 주자학의 시조
후지와라 세이카(藤原惺窩)

3) 센코쿠 시대의 미나미무라 바이켄(南村梅軒)가 시조다. 야마자키 안사이(山崎闇齊)가 도사에서 교토에 들어오면서 보급되었다. 또한 안사이는 스이카(垂加) 신도를 제창했는데 존왕론적 성격이 강하다.

4) 도쿠가와 미츠쿠니(德川光圀)의 『대일본사』 편찬을 계기로 일어난 대의명분론을 중시한 학파로 막부 말기에 유행했던 존왕론의 중심이 되었다.

5) 후지와라 세이카가 유학자로서 자립할 수 있게 되었던 것은 정유재란 때 포로로 끌려 와 교토에서 조우하게 된 일본 주자학의 대부로 불리는 강항(姜沆)의 영향이 매우 컸다.

부정되고 비로소 하나의 독립 학문으로 발전했다. 그의 제자 하야시 라잔(林羅山)은 쇼군 도쿠가와 이에야스(德川家康)·히데타다(秀忠)·이에미츠(家光)의 정치고문 역할을 수행했고, 이어 하야시 라잔의 손자 하야시 노부아츠(林信篤)는 5대 쇼군 츠나요시(綱吉)에 의해 막부의 문교 정책을 관장하는 聖堂학문소의 초대 다이가쿠노가미(大學頭)에 임명되었다. 이 후 자손들은 그 지위를 세습하여 유학 교육을 담당했다.[6]

이처럼 관학으로 번성했던 주자학의 이론 중시적 경향에 대해 비판하는 학파가 점차 나타나기 시작했다. 명조의 왕양명이 창시한 양명학은 인식과 실천의 합일 즉 지행합일(知行合一)이라는 실천적 도덕을 무엇보다도 중시한 학문으로, 초기의 대표적인 학자는 나카에 도쥬(中江藤樹)와 그의 제자 구마자와 반잔(能澤蕃山)이었다. 주자학에 비판적인 양명학은 막번체제가 안고 있는 사회적 모순을 개혁하려는 경향이 강해 막부의 탄압을 받아 학문적으로는 그리 발전하지 못했다. 그러나 막부 말기에는 오시오 헤이하치로(大塩平八郎)·사쿠마 쇼잔(佐久間象山)·요시다 쇼인(吉田松陰) 등의 사회 실천가를 다수 배출했다.

---

6) 성당은 원래 공자묘로 하야시 가문의 가숙(家塾)이 합쳐지면서 나중에 막부의 학문소가 되었다. 막부는 봉건사회의 신분질서 유지에 도움이 된다고 하여 주자학을 장려했는데, 1790년 관정이학의 금지(寬政異學의 禁止) 조치 이후에는 주자학만을 막부의 관학(官學)으로 정하는 한편, 이전의 성당학문소를 관립(후에 昌平坂學問所로 개칭)으로 개편, 이곳에서 주자학 이외의 학문(異學) 강의를 금지했다.

한편 고가쿠파(古學派)는 주자학·양명학에 비판적인 세력으로 공자나 맹자의 가르침에 따를 것을 주장하며, 철학적 사색을 배제하고 시대에 맞는 도덕이념의 확립을 목적으로 한 원전주의(原典主義), 즉 『논어』 등과 같은 중국 경서의 직접 해석을 중시했다. 야마가 소고(山鹿素行)·이토 진자이(伊藤仁齊)·오규 소라이(荻生徂徠) 등이 대표적인 학자이다.

2. 국학(國學)

17세기 초 이래 막번체제 옹호의 역할을 해오던 주자학이 에도 시대 중기 이후 막번체제의 동요와 함께 그 기능을 충분히 다하지 못하고 정체 경향을 보이자 새로운 학문으로서 국학(國學)과 난학(蘭學)이 일어났다. 주자학에 대항하여 실증적인 고전연구를 통해 일본 고유사상을 탐구한다는 의미의 국학은 유교·불교와 같은 외래사상이 도입되기 이전의 고대 일본인의 사상(古道)을 이상으로 하는 복고주의적·국수주의적 경향을 띠고 있었다.[7]

17세기 후반 도다 모스이(戸田茂睡)·게이츄(契中)로 시작되는 국학이 교토의 후시미 이나리(伏見稲荷) 신사의 신관(神官)이었던 가다노 아즈마마로(荷田春滿)의 대에 이르

7) 요컨대 종래의 유교 고전이나 불전 중심의 연구를 비판하고, 일본 독자의 문화·사상·정신세계를 일본의 고전이나 고대사 속에서 발견하려는 학문이 바로 국학이었다.

자, 신도나 고전에서 옛 일본의 모습을 찾으려는 고도론(古道論)이 제창되었다. 아즈마마로의 제자였던 가모노 마부치는 유교적 사고를 부정하고, 일본의 옛 고전 속에 일본인의 정신이 담겨 있다며 평생을 『만요슈』 연구에 몰두했다.

한편 국학의 토대를 확립했던 것은 모토오리 노리나가(本居宣長)였다. 가모노의 주장에 공감하여 제자가 된 소아과 의사 출신의 노리나가는 30여 년에 걸쳐 국학연구(『古事記伝』)와 제자 양성에 힘써 마침내 국학을 대성시켰다. 그는 『고지키』 등에 일본 고유의 정신이 담겨 있음을 강조하고, 공자의 가르침을 배제하여 일본 고래의 정신인 야마토 고코로(大和心)로 돌아가야 한다고 주장했다. 그리고 모토오리의 영향을 받은 아키다(秋田)의 지방 무사였던 히라타 아츠타네는 국학을 새로운 신도인 복고신도(復古神道)로 발전시키고 국수주의적 관점에서 존왕사상을 설파했다. 그는 유교와 불교를 격렬하게 비판하여 탄압받았으나, 그의 존왕사상은 쇠퇴의 길을 걷는 도쿠가와 막부와 대립각을 세우며 존왕양이(尊王攘夷)를 실천해 나가는 막말 지사(志士)들에게 많은 영향을 끼쳤다.

모토오리 노리나가(本居宣長)

3. 난학(蘭學)·양학(洋學)

난학(蘭學)이란 네덜란드어로 쓰인 서적을 통해 서양 문물을 연구하는 학문을 가리킨다. 쇄국 단행 후 나가사키의 데지마 쇼칸(出島 商館)에서 일본 상인과 접촉하게 된 네덜란드 상인들은 양국 거래를 중개해주는 일본인 통사(通詞)에게 네덜란드어를 가르쳤다. 이후 네덜란드어를 배운 통사가 서양 사정에 호기심을 갖고 나가사키를 찾는 또 다른 일본인들에게 네덜란드어를 전수해주기 시작하면서 난학이 시작되었다.

그러나 난학이 본격적으로 보급된 계기는 18세기 전반 8대 쇼군 요시무네(吉宗)가 실학 장려 정책의 일환으로 아오키 곤요(靑木昆陽)·노로 겐죠(野呂元丈)에게 네덜란드어 학습을 정식으로 명하고, 기독교와 관계없는 한역난서(漢譯蘭書)의 수입 금지를 완화하면서부터이다. 이후 네덜란드어를 학습한 일본인들이 해체신서(『解体新書』)와 같은 네덜란드 의학서를 번역하고, 난학 입문서인 난학계제(『蘭學階梯』) 및 최초의 난일사전인 파류마화해(『波留麻和解』)를 편찬했다. 또한 1824년 데지마 쇼칸 근무의 독일인 의사 시볼트가 나가사키 교외에 나루타키쥬쿠(鳴瀧塾)를 세운데 이어 난학 의사 오가타 코안(緒方洪庵)이 오사카에 오늘날 오사카 대학의 전신에 해당하는 데키쥬쿠(適塾: 1828)라는 난학 계열의 사숙을 세워 후쿠자와 유키치(福澤

데키쥬쿠(適塾)

諭吉)·오무라 마스지로(大村益次郎) 등의 많은 인재를 길러 냈다.

한편 막부도 합리적이고 실용적인 난학의 우수성에 착목하여 번역·출판을 담당하는 반쇼와게고요(蠻書和解御用)라는 기관을 설치하기도 했으나, 서양 사정에 밝은 난학자들이 서양 열강의 개국 요구에 미온적인 막번체제에 비판적인 태도를 취하자 탄압하기 시작했다. 대표적인 탄압으로 시볼트 사건과 만사의 옥(蠻社의 獄) 사건을 들 수 있다. 전자는 1828년 데지마 쇼칸 부속 의사였던 시볼트가 일본을 떠나기 직전, 귀국 소지품에서 반출 금지의 일본 지도가 발견되자 시볼트에게 국외 추방 조치를 내리고 아울러 지도를 전해 준 막부 관리도 처벌했던 사건이다. 후자는 1839년에 일어난 언론 탄압 사건으로, 난학을 연구하는 난학자 그룹(尙齒會) 회원이 일본 표류민 송환과 무역 교섭을 위해 내항한 미국 상선 모리슨호에 포격으로 강경 대응한 막부의 대외정책을 비판했다는 이유로 정치적 탄압을 받았던 사건이다. 이후 난학은 19세기 중반 개항 이후 양학(洋學) 즉 네덜란드 이외의 서양 열강의 학술·문화 등이 다양한 언어 형태로 일본에 들어와 종래의 난학에 대신하여 일본 사회에 큰 영향을 끼쳤다.

4. 교 육

이처럼 유학(주자학)을 시작으로 난학(양학)에 이르기까지 다양한 학문이 일본 사회에 존재하는 가운데, 일본의 교육 체계는 어떻게 이루어져 있었던 것일까? 고대 일본의 교육은 주로 유학 중심의 율령국가 관리양성 목적으로 이루어져 일반 백성과는 거리가 멀었다. 701년에 제정된 법령집 대보 율령의 학령(學令)[8]에 기초하여 중앙에는 대학(大學), 지방에는 국학(國學)을 두고 주로 유학을 가르쳤다. 대학의 교과는 본과에 해당하는 명경도(明經道: 유교경전 강독), 산도(算道: 산술)·음도(音道: 중국어 발음)·서도(書道) 등의 소학과로 나뉘어 있었다. 대학의 대상 학생은 5위 이상의 귀족의 자손이며, 지방의 국학도 지방 수령인 군지(郡司)의 자제로 제한되어 모두 일종의 관리 등용의 엘리트 코스였다.

그러나 헤이안 시대 초기에 이르면 대학의 중심 교과과

8) 7세기 중반 덴지(天智) 천왕 무렵 관리 양성을 위한 학교가 창설되었다고 전해지나, 본격적으로는 율령체제하의 학제(대학·국학)이다.

목이 유학 중심의 명경도에서 한시문 중시의 문장도로 바뀌고, 또한 관리 등용 시험에 있어 한시문의 능력이 요구되는 사회적 분위기 속에서 사교육도 부분적으로 이루어지고 있었다. 유력한 귀족들은 일족의 자제 교육을 위해 다이가쿠 벳소(大學別曹)라는 기숙 시설을 앞 다투어 세웠다. 예를 들면 와케씨(和氣氏)의 홍문원(弘文院: 800년경), 후지와라씨(藤原氏)의 권학원(勸學院: 821), 다치바나씨(橘氏)의 학관원(學館院: 844년경), 아리하라씨(在原氏)의 장학원(獎學院: 881)이 일본 사학의 기원에 해당하는 대표적인 사교육 시설이었다.[9] 이 같은 상류 사회의 귀족 자제 교육과는 달리 민간의 사학교도 설립되었다. 일본 최초의 서민 불교 시설로서 불교 진언종의 교조 구카이(空海)가 교토의 도지(東寺)에 세운 종예종지원(綜藝種智院: 828)이 바로 그것이다. 일반 서민을 대상으로 불교를 비롯한 유교·도교 관련의 다양한 교육을 실시했으나 개설 20여 년 만에 폐지되고 말았다.

한편 중세 일본 사회의 교육은 조정 권력의 약화[10], 무사 정권의 등장, 사원 세력의 영향력을 반영하여 지방적인

9) '학령'에 기초한 고대 교육 제도는 헤이안 중기 이후에는 지방의 전란으로 국학이 폐지되고 말기에는 대학의 교사마저도 없어지면서 무너졌다. 이러한 상황 속에서 일종의 사학(私學)이 등장되었다고 추정된다.

10) 교토의 조정(공가) 세력은 무가로의 정권 교체라는 변화를 맞아 교육의 주도권을 무가나 사원에 넘겨주고, 고대 이래의 관직·의식 등을 연구하는 유소쿠고지츠(有職故實) 교육에 전념하게 된다.

발전 양상을 보였다. 가마쿠라・무로마치 시대의 중세에는 기본적으로 무가나 사원[11]이 학교의 역할을 하고 있었다. 가마쿠라 시대의 가나자와 문고(金澤文庫)[12], 무로마치 시대의 아시카가 학교(足利學校)[13]의 두 시설은 중세 무사 계급의 대표적인 도서관 및 교육기관이었다.

한편 근세 에도 시대에 들어와서는 중앙의 막부와 지방의 번 지배 하에서 신분제도적인 교육이 실시되었다. 중앙에는 막부 직할의 관리 양성 목적의 학문 교육기관으로 오늘날 동경대학의 전신에 해당하는 쇼헤이자카가쿠몬죠(昌平坂學問所: 1797)가 설립되었다. 지방에는 번사 자제 교육 목적의 한코(藩校)가 만들어졌다. 이밖에 유식자들이 젊은 인재를 양성하는 곳으로 우리의 서당에 해당하는 시쥬쿠(私塾)[14]을 비롯해 데라코야(寺子屋)[15]・고가쿠(鄉

11) 불교 사원에서는 한문학이나 학문(주자학)을 연구・교육하였는데, 대표적으로는 가마쿠라・교토의 오산(鎌倉・京都 五山)을 들 수 있다.

12) 가마쿠라 시대의 호죠 사네토키(北條實時)가 현재의 요코하마시 가나자와쿠의 쇼모지(称明寺)에 개설한 사설도서관이다.

13) 아시카가 학교는 관동 간레이(關東 管領) 우에스기 노리자네(上杉憲實)가 현재의 도치기현 아시카가시(栃木縣 足利市)에 1439년에 부활시킨 중세의 대표적 학교 시설로, 승려들에 의해 주로 유학을 중심으로 역학(易學)・병학(兵學) 등이 교육되었다.

14) 일가를 이룬 지식인이 제자를 양성하는 사설 교육시설로 사숙의 성격에 유학・국학・난학 등이 교육되었다.

15) 서민 교육을 위한 대표적인 초등 교육시설로서, 학자・승려・신관 등이 20~30인 정도의 학생을 대상으로 쓰기・읽기・주산 등의 일상생활에 필요한 교육을 실시했다. 18세기

學)16) · 신가쿠샤(心學舍)17)와 같은 서민 교육시설이 다수 설립되었다.

근대 일본의 교육은 불평등 조약 체결을 강요한 서양 열강을 따라 잡기 위해 추진된 메이지 정부의 근대화 정책을 뒷받침하기 위한 목적에서 이루어졌다. 1871년 문부성이 발족하고 이듬해에는 학제(學制)가 공포되어 신분 · 남녀를 불문한 초등교육의 필요성이 강조되었다.18) 또한 게이오대(慶應大 1868) · 도지샤대(同志社大 1875) · 와세다대(早稻田大 1882) · 도쿄대(東京大 1877) · 교토대(京都大 1897) 등의 사립대학과 제국대학 그리고 사범학교 등의 고등교육기관이 잇따라 설립되었다.19)

말 이후, 전국적으로 15,000개 에도에만 800개가 설립될 정도로 급증했다.

16) 번이 직접 설립하거나 번과 서민이 공동으로 설립하여 서민에게 다양한 교육을 실시한 서민 교육시설이다.

17) 신가쿠(心學)는 교토의 이시다 바이간(石田梅岩)이 신도 · 유교 · 불교사상을 혼합하여 검약과 정직에 기초한 상인의 영리 행위를 도덕적으로 정당화한 학문이다. 신가쿠샤는 이시다 바이간 사후 그 제자들이 신가쿠를 보급하기 위해 만든 교육 시설이다.

18) 학제에 따라 전국에 약 25,000의 소학교가 개교되었다. 그러나 비싼 수업료, 학교 건설 비용의 학부모 전가, 취학으로 인한 농촌 일손 부족 등의 이유로 초기 단계에서는 취학반대 운동이 일어났다. 그러나 1886년 학교령 공포를 통해 소학교 4년의 의무교육제도가 실시된 이후 취학률이 1900년에는 90%에 달하였다. 1907년 의무교육기간이 6년으로 연장 되고나서부터는 취학률이 95%에 달하였다.

19) 1918년 대학령에 의해 대학이란 명칭이 관립의 제국대학에만 인정되어 오던 것을 고쳐 관립 단과대학 및 공립대학 ·

신정부 출범 직후 프랑스·미국 교육제도의 영향으로 자유주의적 색채가 강했던 근대 교육은 1880년 개정교육령 제성으로 메이지 정부의 입김이 강한 국가주의 교육으로 전환되었다. 1890년 충군애국을 강조하는 교육칙어(教育勅語)를 공포하여 국가주의 교육 방침을 확립하였다. 교육칙어는 가족국가관을 토대로 천황을 절대적인 주권자로 하는 국가에 대한 충성을 강요한 교육 방침이었다. 교육 현장에서의 강제 실시로 국민은 신격화된 천황을 숭배하고, 나아가 천황을 위하여 목숨을 내던지도록 요구받았다.

한편 패전 이후 맥아더 점령체제 하에서 민주주의 교육이 이루어졌다. 우선 종래의 국가주의적·군국주의적 색채가 강했던 획일적인 황민화 교육 즉 수신(修身)·일본역사·지리 수업 등의 금지와 일선 교육 현장에서의 교육칙어 봉독이 폐지되었다. 1946년 3월 GHQ의 요청으로 일본을 방문한 미국 교육 사절단이 교육의 민주화를 권고함에 따라 1947년 교육기본법·학교교육법 등을 제정했다. 교육의 기회균등, 남녀공학, 6·3·3·4제의 단선형 교육 체계, 의무교육 9년 제도가 마련되어 오늘에 이르고 있다.

이상으로 살펴 본 바와 같이 일본의 학문 체계는 특히 근세 이후 막번체제 유지의 사상적 버팀목이 된 오랜 전통의 주자학을 중심으로 체제 비판적인 국학·난학 등이

사립대학의 설치가 가능하도록 했다. 이로 인해 대학은 물론 고등학교·전문학교도 증가했다. 종전까지 사립의 경우 대부분 대학이 아닌 전문학교의 명칭을 사용하고 있었다.

주변 역할을 해왔다고 볼 수 있다. 교육 정책에 있어 고대에는 유학 중심의 관리 양성 정책이 공교육의 중심을 이루었으나, 공교육이 제 기능을 다하지 못하는 헤이안 시대에 들어와서는 귀족의 사교육도 이루어졌다. 중세에는 무가·사원을 중심으로 지배 계층을 위한 교육이 이루어진 반면, 일반 서민을 위한 교육은 고대와 마찬가지로 제대로 이루어지지 못했다.

근세에는 주자학을 중심으로 중앙과 지방에서 각각 신분계층에 맞는 맞춤식 교육이 이루어졌고, 그 과정에서 일반 서민들에게도 교육의 기회가 점차 확대되었다. 근대에 들어와서는 서양화를 뒷받침하기 위한 목적에서 지방 사정을 고려하지 않은 획일적인 교육 정책이 강제 실시되어 한때 민중의 저항을 맞기도 했으나, 일본인들이 교육이야말로 가난 극복과 입신출세의 수단임을 자각하게 되면서 정착하게 되었다. 그러나 국가의 교육 방향은 초기의 자유주의적 교육에서 1880년 이후 국가주의(군국주의)적 색채를 강하게 띠어 갔다. 이러한 전전의 교육 정책은 패전 후 미국식 민주주의 교육이 자리 잡게 되면서 사라지게 되었다.

일본 사회는 고도 경제성장기를 거쳐 나오면서 수험 전쟁·입시 지옥이라는 말이 회자될 정도로 교육열이 뜨겁게 고조되어 왔다. 그리고 최근에 와서는 다른 선진국과 비교되어 밝혀진 학력 저하를 이유로 교육재생(教育再生)이라는 명목 하에 유토리(학습 내용의 완화) 교육의 재고,

학교 현장에서의 기미가요 제창의 지도, 교과서 검정 및 학습 지도 요령의 개정 등, 이전보다 정부(문부과학성)의 간섭이 강화된 경쟁 우선주의·보수적 교육 정책으로 회귀하고 있다.

<참고문헌>

〔1장〕

藤原彰・荒川章二・林博史,『日本現代史』, 大月書店, 1986.

佐原眞~藤原彰,『大系日本の歴史 1~15』, 小學館, 1987~89.

北岡伸一,『日本政治史』, 放送大學教育振興會, 1989.

佐々木高明~松尾尊兊,『日本の歴史 1~21』, 集英社, 1991~93.

朝尾直弘 編,『要說日本歷史』, 東京創元社, 2000.

蒲島郁夫,『戰後政治の軌跡』, 岩波書店, 2004.

吉村武彦 編,『古代史の基礎知識』, 角川書店, 2005.

荒井裕晶 編,『資料日本史』, 東京法令出版, 2009.

〔2장〕

田中健夫,『中世對外關係史』, 東京大學出版會, 1975.

佐伯有淸,『古代の東アジアと日本』, 教育社, 1977.

西嶋定生,『日本歷史の國際環境』, 東京大學出版會, 1985.

村井章介,『アジアのなかの中世日本』, 校倉書房, 1988.

荒野泰典,『近世日本と東アジア』, 東京大學出版會, 1988.

田中健夫 編,『世界歴史と國際交流』, 日本放送出版協會, 1989.
村井章介,『 中世倭人伝』, 岩波書店, 1993.
沈箕載,『幕末維新日朝外交史の研究』, 臨川書店, 1997.
石井正敏,『東アジア世界と古代の日本』, 山川出版社, 2003.
村井章介,『境界をまたぐ人びと』, 山川出版社, 2006.
鶴田啓,『對馬からみた日朝關係』, 山川出版社, 2006.
池內敏,『大君外交と「武威」』, 名古屋大學出版會, 2006.
仲尾宏,『朝鮮通信使』, 岩波書店, 2007.
이재석,「5세기 倭王의 對南朝外交와 통교 단절의 요인」,『日本歷史研究』13, 2001.
나행주,「6세기 한일관계의 연구사적 검토」,『임나문제와 한일관계』한일관계사연구논집 편찬위원회 편, 경인문화사, 2005.
심기재,「한국과 일본의 만남」,『史學誌』, 2008.

〔3장〕

芝原拓自・猪飼隆明・池田正博,『對外觀』, 岩波書店, 1988.
淺井基文,『日本外交 反省と轉換』, 岩波書店, 1989.
池井優,『日本外交史概説』, 慶應義塾大學, 1992.
增田弘・木村昌人 編著,『日本外交史ハンドブック』, 有信堂, 1995.
木村昌人 編,『日本史小百科近代外交』, 東京堂出版, 1999.
五百旗頭眞 編,『戰後日本外交史』, 有斐閣, 1999.
池井優,『戰後日本外交史』, 日本放送出版協會, 2006.

佐々木隆爾,『新安保体制下の日米關係』, 山川出版社, 2007.

〔4장〕
石井良助,『日本法制史概説』, 弘文堂, 1948.
中田薫述・石井良助 校訂,『日本法制史講義』, 創文社, 1983.
石井良助,『刑罰の歴史』, 明石書店, 1992.
石井紫郎・水林彪,『法と秩序』, 岩波書店, 1992.
牧英正・藤原明久 編,『日本法制史』, 青林書院, 1993.
笹間良彦,『日本拷問刑罰史』, 柏書房, 1997.
小和田哲男,『すぐわかる日本の歴史』, 東京美術, 2000.
名和弓雄 지음・김인호 옮김,『일본고문형벌사』, 자작, 2002.
重松一義,『日本獄制史の研究』, 吉川弘文館, 2005.
重松一義,『日本刑罰史年表 増補改訂版』, 柏書房, 2007.
荒井裕晶 編,『資料日本史』, 東京法令出版, 2009.

〔5장〕
竹内理三 編,『体系日本史叢書 6　土地制度史Ⅰ』, 山川出版社, 1973.
北島正元 編,『体系日本史叢書 7　土地制度史Ⅱ』, 山川出版社, 1975.
丹羽邦男,『土地問題の起原』, 平凡社, 1989.
渡辺尚志・五味文彦,『土地所有史』, 山川出版社, 2002.
牧原成征,『近世の土地制度と在地社會』, 東京大學出版會, 2004.
服部英雄,『武士と荘園支配』, 山川出版社, 2004.

荒井裕晶 編,『資料日本史』, 東京法令出版, 2009.

〔6장〕

石井寛治,『日本經濟史』[第二版], 東京大學出版會, 1976.
永原慶二,『日本經濟史』, 岩波書店, 1980.
堀江保藏 지음・黄明水 옮김,『日本經濟史』, 韓國日本學會, 1980.
正田健一郎・作道洋太郎,『概說日本經濟史』, 有斐閣, 1981.
守本順一郎,『日本經濟史』, 未來社, 1987.
瀧澤武雄,『日本貨幣の歷史』, 吉川弘文館, 1996.
東野治之,『貨幣の日本史』, 朝日新聞社, 1997.
瀧澤武雄・西脇康,『日本史小百科「貨幣」』, 東京堂出版, 1999.
櫻井英治・中西聰,『流通經濟史』, 山川出版社, 2002.
川勝平太,『經濟史入門』, 日本經濟新聞社, 2003.

〔7장〕

外間守善,『沖縄の歷史と文化』, 中央公論社, 1986.
喜舍場一隆,『近世薩琉關係史の硏究』, 圖書刊行會, 1993.
菊池勇夫,『アイヌ民族と日本人』, 朝日新聞社, 1994.
計良光範,『アイヌの世界』, 明石書店, 1995.
海保嶺夫,『エゾの歷史』, 講談社, 1996.
新崎盛暉,『現代日本と沖縄』, 山川出版社, 2001.
麓愼一,『近代日本とアイヌ社會』, 山川出版社, 2002.
紙屋敦之,『琉球と日本・中國』, 山川出版社, 2003.

菊池勇夫 編,『蝦夷島と北方世界』,『日本の時代史』19, 吉川弘文館, 2003.
浪川健治,『アイヌ民族の軌跡』, 山川出版社, 2004.

〔8장〕

歴史學硏究會 編,『天皇と天皇制を考える』, 青木書店, 1986.
歴史教育者協議會 編,『日本歴史と天皇』, 大月書店, 1989.
田中彰,『明治維新と天皇制』, 吉川弘文館, 1992.
吉村武彦 編,『日本の歴史を解く100話』, 文英堂, 1994.
ドナルド・キーン,『明治天皇を語る』, 新潮社, 2003.
吉田孝,『歴史のなかの天皇』, 岩波書店, 2006.
笠原英彦,『明治天皇』, 中央公論新社, 2006.
歴史科學協議會 編,『天皇・天皇制をよむ』, 東大出版會, 2008.
本郷和人,『天皇はなぜ生き残ったか』, 新潮社, 2009.

〔9장〕

井上清,『日本女性史(上下)』, 三一書房, 1955.
江馬務,『結婚の歴史』, 雄山閣出版, 1971.
樋口清之,『日本人の歴史 ④性と日本人』, 講談社, 1982.
根岸謙之助,『古代人の性生活』, 近代文藝社, 1983.
脇田晴子・林玲子・永原和子,『日本女性史』, 吉川弘文館, 1987.
吉見周子,『女と家』, 同成社, 1988.
暉峻康隆,『日本人の愛と性』, 岩波書店, 1989.
綜合女性史硏究會 編, 『日本女性の歴史-性・愛・家族-』,

角川學藝出版, 1992.
中江克己,『性の日本史』, 河出書房新社, 1995.
笠間良彦,『圖錄 性の日本史』, 雄山閣出版, 1996.
勝浦令子,『古代・中世の女性と佛教』, 山川出版社, 2003.
高橋秀樹,『中世の家と性』, 山川出版社, 2004.

〔10장〕
安丸良夫・宮地正人,『宗教と國家』, 岩波書店, 1988.
羽賀祥二,『明治維新と宗教』, 筑摩書房, 1994.
金渙,『韓國と日本の比較文化論』, 明石書店, 1994.
井上滿郎 編,『理解しやすい日本史B』, 文英堂, 1995.
岡田啓助・岡中正行・冲永宣司・加藤健司,『日本文化を知る』, おうふう, 2000.
岡田啓助・岡中正行・冲永宣司・加藤健司,『日本文化を知る』, おうふう, 2001.
子安宣邦 監修,『日本思想史辭典』, ぺりかん社, 2001.
末本文美士,『日本宗教史』, 岩波書店, 2006.

〔11장〕
眞下三郎 編,『新編日本文學史』, 第一學習社, 1969.
川崎庸之・奈良本辰也 編,『日本文化史』123, 有斐閣, 1977.
川瀨一馬,『日本文化史』, 講談社, 1978.
林屋辰三郎,『日本文化史』, 岩波書店, 1988.
井上滿郎 編,『理解しやすい日本史B』, 文英堂, 1995.

尾藤正英,『日本文化の歴史』, 岩波書店, 2000.
阿部猛・西垣晴次 編,『日本文化史ハンドブック』, 東京堂出版, 2002.
大隅和雄 編,『文化史の構想』, 吉川弘文館, 2003.
辻惟雄,『日本美術の歴史』, 東京大學出版會, 2005.
田中日佐夫 監修,『すぐわかる日本の美術』, 東京美術, 2009.

〔12장〕
松本三之介・山室信一,『學問と知識人』, 岩波書店, 1988.
山住正己,『教育の体系』, 岩波書店, 1990.
井上滿郎 編,『理解しやすい日本史B』, 文英堂, 1995.
五味文彦 編,『詳說日本史研究』, 山川出版社, 1998.
阿部猛・西垣晴次 編,『日本文化史ハンドブック』, 東京堂出版, 2002.
荒井裕晶 編,『資料日本史』, 東京法令出版, 2009.

<찾아보기>

(ㄴ)

(ㄷ)

(ㅇ)

(ㅈ)